·华侨大学教材建设资助项目·

华商
管理学

马占杰　衣长军　著

厦门大学出版社 国家一级出版社
XIAMEN UNIVERSITY PRESS 全国百佳图书出版单位

图书在版编目（CIP）数据

华商管理学 / 马占杰，衣长军著. -- 厦门：厦门
大学出版社，2023.5
ISBN 978-7-5615-8980-9

Ⅰ. ①华… Ⅱ. ①马… ②衣… Ⅲ. ①企业管理－案
例－中国 Ⅳ. ①F279.23

中国版本图书馆CIP数据核字(2023)第076485号

出 版 人	郑文礼
责任编辑	江珏玙
封面设计	李嘉彬
技术编辑	朱 楷

出版发行	厦门大学出版社
社　　址	厦门市软件园二期望海路 39 号
邮政编码	361008
总　　机	0592-2181111　0592-2181406(传真)
营销中心	0592-2184458　0592-2181365
网　　址	http://www.xmupress.com
邮　　箱	xmup@xmupress.com
印　　刷	厦门金凯龙包装科技有限公司

开本	787 mm×1 092 mm　1/16
印张	17.25
插页	2
字数	320 千字
版次	2023 年 5 月第 1 版
印次	2023 年 5 月第 1 次印刷
定价	48.00 元

本书如有印装质量问题请直接寄承印厂调换

厦门大学出版社
微信二维码

厦门大学出版社
微博二维码

序 一

从海外华商发展的曲折历程来看,他们总能在危中寻机,磨炼出敢打敢拼的冒险精神和勇于探索的品质,具有很强的适应性和生命力。长期以来,广大海外华商在跨越不同制度和文化的过程中,实现了与当地社会或交融杂处,或竞争合作,在经济上创造财富,在文化上增加元素与色彩,在知识与技术上形成了开放的思维和创新的意识。尤其是新生代华商,他们的学习能力很强,在科技、金融等方面有更大的优势,特别是在数字经济、平台经济领域引领先机。

中国历史与文化具有包容性,当今海外华商更是如此,他们在中华文化的滋养下成长发展,用跨越国界、跨越文化、跨越制度的商业实践,诠释了包容开放的中华文明。海外华商以儒家伦理为准则,融入西方经营理念,诠释了内涵丰富的企业家精神,我将其归纳为"创业创新是其灵魂、冒险与执着是其基石、诚信与合作是其关键、学习与探索是其本色"。在实践中,一代代海外华商正是秉承这种精神,在住在国创造了一个个商业奇迹,也为祖(籍)国的发展贡献了力量。

目前,从企业经营管理的视角,国内关于华商管理的理论框架还未形成权威性结论,有待相关领域的专家学者进一步深入研究与探讨。在此背景下,华侨大学华商科研教学团队撰写的这本《华商管理学》,从理论根基、经营理念、企业家精神、组织管理、员工管理、战略管理、华商网络等七个方面,构建了具有一定科学性的华商经营管理框架体系,并进行了较为深入的分析与论证,是对华商管理学术研究与教学推广的有益探索。因此,本书的核心观点对华商管理的理论发展与应用,都具有较为重要的价值和意义,值得广大读者学习、分享与讨论。

清华大学华商研究中心 龙登高

2023 年 4 月

序 二

改革开放以来,有大批海外华商带着资金、人才、技术融入祖国发展大业,在投资中国经济、推动中国产业走向海外等方面做出了重要贡献,成为改革开放建设中的一支特殊力量。据统计,海外华商投资作为中国内地引进外资的主体,约占我国实际利用外资总额的 60% 以上,对我国经济发展起到了至关重要的作用。在未来,华商的作用还可以继续放大,他们既要当"红娘",又要做"新娘",让中国和其住在国联系起来,这就是我们现在说的"一带一路"的民心相通。

进入 21 世纪以后,海外华商整体经济实力呈加速提升之势,不但华商富豪的财富翻倍积累,中小华商的数量和实力也快速成长,并成为海外华侨华人社会的主体。于是,与华商企业如何健康可持续发展相关的企业管理问题,就成为侨界和企业管理领域关注的核心内容之一。例如,从企业管理的角度,如何促进"侨二代"顺利接班的问题就是其中之一。在实践中,一代华商无不重视下一代,尤其是事业接班人的教育培养,这在一定程度上决定了"侨二代"是成为"守二代""创二代",还是"富不过三代"。

华侨大学华商研究院自成立以来,一直致力于华商经营管理的相关研究。经过多年的努力,团队成员承担了与华商发展相关的多项国家和省部级的科研项目,取得了一系列科研成果。正是基于以上学术积累,华侨大学华商科研教学团队最终形成了这本《华商管理学》。该书从企业国际化经营与管理的角度,基于坚实的理论根基,并结合大量案例材料,总结提炼了华商的企业家精神、华商企业发展理念、华商企业的发展战略、华商企业的家族组织结构和代际传承、华商企业的员工管理和华商社会网络等诸多问题,这些都是影响华商企业可持续发展的关键因素。书中的核心观点对于华商企业和"走出去"企业的国际化发展具有重要的借鉴参考价值,推荐相关企业的管理人员、相关管理专业的在校学生认真进行学习与领悟。

华侨大学讲席教授、厦门大学特聘教授　庄国土
2023 年 4 月

序 三

　　中国东南沿海地区是中国经济发展最快的地区之一,不仅仅得益于广大华商在改革开放之初的资金投入,更得益于广大华商带来的先进技术和管理经验。美国前总统经济顾问瑟罗指出,"华商对中国改革的最大贡献,不仅是投资,而且是教会了他们的民族同胞运用市场经济的游戏规则"。实际上,广大华商在经济特区及侨乡投资企业的成功,对当地民营企业发展起到了示范作用,他们努力学习华商的经营理念和管理经验,通过华商建立起与国际市场的联系。

　　长期以来,关于华商群体的研究一直是学者们关注的焦点。已有成果主要集中在以下几个方面:一是从历史视角,重点关注华侨华人移民和经济发展历程,着力梳理华商海外发展的历史脉络;二是从经济视角,重点研究华商经济在国内外的规模水平与区域分布、行业格局等,并以此为基础分析华商经济的优劣势等;三是从企业经营管理角度,探讨华商企业如何加快国际接轨,改善家族经营模式、充分发挥华商网络优势与比较优势,以此做大做强华商企业。

　　福建社会科学院华侨华人研究所与华侨大学华商研究团队关系紧密,2022年3月华侨大学工商管理学院海外华商研究管理团队党支部与华侨华人研究所党支部共建结对,并就联合开展涉侨课题研究、华侨华人交流培训等方面进行深入讨论,并期待产生有一定影响力的研究成果。经过多年的科研教学积累,《华商管理学》的出版是华侨大学华商研究团队的重要成果之一。这一成果从企业经营管理的角度,依据大量翔实的具体案例,对杰出华商经营管理经验进行了有效总结、积极归纳与丰富提升,形成了华商管理的理论框架,可为华商经营管理的理论研究和相关培训服务提供重要参考,我们期待它结出丰硕的成果。

福建社会科学院　李鸿阶

2023 年 4 月

前 言

　　党的二十大报告指出，中华优秀传统文化源远流长、博大精深，是中华文明的智慧结晶，蕴含的天下为公、民为邦本、为政以德、革故鼎新、任人唯贤、天人合一、自强不息、厚德载物、讲信修睦、亲仁善邻等，是中国人民在长期生产生活中积累的宇宙观、天下观、社会观、道德观的重要体现。从促进企业发展的角度，这些宝贵思想更是企业管理领域重要的实践指导和理论支撑。

　　在企业管理实践中，广大华商穿行于海内外不同地区、横跨多种文明，既拥有中国文化的根基，也具有世界文化的视野，他们在带领企业发展的过程中，以博采众长的开阔胸襟，将中华优秀传统文化、所在国本土文化和西方管理思想融入企业管理实践中，形成了超越国界的"管理文化"，并借此提高了华商企业的核心竞争力。因此，管理学大师彼得·德鲁克曾经断言，"海外华商是世界上最伟大的企业家，一种大企业管理的新形式随着华人经济实力的崛起而产生"。

　　从企业管理学科的角度，华商管理根植于中华优秀传统文化，它是广大华商在海内外多元文化中形成的"中学为本，西学为用"的企业管理思想精髓，具有"中西合璧"的特色。即，它既不同于中国管理文化，因为华商更多地受住在国文化、西方文化的影响；同时，它也不完全属于海外管理文化，因为华商拥有中华优秀传统文化的基因。基于此，华商管理理论不仅能够充分彰显对中华民族的"文化自信"，还能够很好反映我国"民族化"的管理学理论，也更适合于指导我国企业的管理实践，尤其是对于"走出去"的企业。

　　华侨大学工商管理学院秉承学校"为侨服务，传播中华文化"的办学宗旨，致力于"研究华商、服务华商、学习华商"，积极开展华商管理的科学研究与教学服务工作。为此，申请设立了华侨大学华商研究院和闽籍华商发展协同创新中心，组建了海外华商管理研究团队。近几年来，经过科研教学团队的不懈努力，在科学研究、课程建设、教学服务等方面取得了一系列显著成果，受到了社会各界的广泛关注，本书就是其中的代表性成果之一。

在内容上,本书立足于我国共建"一带一路"和构建"双循环"新发展格局的现实背景,综合了国内外学者的核心观点,采用"引导模式"和"故事模式"的写法,创造性形成了包括理论根基、经营理念、企业家精神、组织管理、员工管理、战略管理、华商网络等七个方面的华商管理内容体系。具体来讲:

第一,"兼容并蓄"的华商管理理论根基。本部分从融合特性的视角,剖析了中国传统文化和商帮文化、西方宗教文化和管理理论等华商管理的理论根基。

第二,"和合共生"的华商企业经营理念。在对"和合共生"理念全面归纳的基础上,重点分析了"和合共生"理念在华商管理实践中的形成、应用与价值。

第三,"历久弥新"的华商企业家精神。从华商个体的角度,重点阐述了华商企业家精神的内涵构成、显著特征、形成机理和重要价值。

第四,"与时俱进"的华商家族式组织管理。包括华商企业"家族制"式产权结构和治理方式的根源、表现、趋势,以及代际传承过程中累积的经验等。

第五,"德法兼容"的华商员工管理模式。剖析了华商"以德为基"的伦理型管理模式、"以法为器"的制度化管理模式的理论根基、管理实践和融合方法。

第六,"顺势而为"的华商战略管理。分析了华商通过融合东西方文化特征,所形成独特战略决策思维的构成与特征,并以此实现华商企业的"顺势而为"。

第七,以"五缘"为纽带的华商网络。在全面阐述"五缘"文化的基础上,剖析了以"五缘"纽带华商网络的构成、特征、功能和运行机理。

本书融学术性和可读性为一体,基于已有成果和专家观点,剖析了华商管理的理论根基、构建了华商管理的理论框架,并用大量的华商个人和企业案例,对该理论框架进行了验证或阐述,使内容通俗易懂,也更便于读者理解、掌握、运用。但受种种限制,本书中还存在理论框架"科学性"有待深入论证、内容体系"广而不深"等诸多缺陷和不足之处,恳请各位专家和广大读者提出宝贵意见和建议,以督促笔者在后续研究中补充完善!

最后,笔者要感谢万文海老师、林春培老师、叶笛老师、张媛老师、石琳老师等华侨大学华商科研教学团队成员对本书撰写提出的宝贵意见!感谢王勃竑、刘玉婵等研究生在资料收集和文字整理等方面的大量工作!感谢厦门大学出版社领导的指导与支持,感谢编辑老师们的辛苦付出!

马占杰　衣长军

2023 年 4 月

于华侨大学陈守仁经济管理大楼

目　录

第一章 概 论

"华侨一个最重要的特点就是爱国、爱乡、爱自己的家人,这就是中国人、中国文化、中国人的精神、中国心。中国的改革开放,中国的发展建设跟我们有这么一大批心系桑梓、心系祖国的华侨是分不开的。"

——摘自《2020 年 10 月 13 日习近平总书记在广东省汕头市考察时的讲话》

"华侨旗帜,民族光辉"——著名爱国华侨领袖陈嘉庚

陈嘉庚(1874—1961),福建同安(厦门)人,著名实业家、教育家、慈善家,是 20 世纪海外华侨华人的杰出代表。他早年在新加坡商业领域取得成功后,为我国辛亥革命、民族教育、抗日战争、解放战争、经济建设都做出了卓越贡献,被毛主席誉为"华侨旗帜、民族光辉"。

1891 年,17 岁的陈嘉庚南渡新加坡,在父亲经营的"顺安米店"学习经商,这为他以后在商业领域的发展打下了坚实的基础。不幸的是,在1903 年,陈嘉庚父亲的生意因经营不善而濒临破产。于是,在经历了父亲由鼎盛到衰败的历程后,陈嘉庚决心独立创办实业。1904 年,陈嘉庚自己

陈嘉庚

集资 7 000 元(叻币),开办了"新利川"菠萝罐头厂,所生产的"苏丹"牌菠萝罐头,占有马来亚一带市场的一半份额,其后将经营领域逐步扩大到米业、轮船航运业、橡胶业等。

1919 年,陈嘉庚对原有企业进行整合,组建陈嘉庚公司,研发、生产质量过硬的橡胶成品,实现橡胶种植、生产、销售一条龙。至其事业鼎盛时期的 1925 年,他拥有 1.5 万英亩橡胶园,橡胶鞋、轮胎、手套等橡胶制品的营业范围远及五大洲,有 30 多座工厂、150 多家分店,雇佣职工多达 3.2 万人,他本人也因而被冠以"菠萝苏丹"和"橡胶大王"的称号,成为当时新马一带最具实力和影响力的华商,资产高达 1 200 万元(叻币)。

在商业领域打拼的过程中,他兢兢业业,奋斗是其中最鲜明的基调。在一封致友人的信中,陈嘉庚曾这样说:"非常事业要达成功,亦应受非常之辛苦,若乏相当之毅力,稍不如意,便生厌心,安能成事哉?"1904 年,父亲企业破产后,而立之年的陈嘉庚以菠萝种植加工业起家,并套种橡胶成功。另外,除了过人的毅力,诚信也是陈嘉庚一直恪守的信条,1907 年他"代还父债"的举动在华侨中赢得了广泛赞誉。

在缔造企业王国的同时,他开创了倾资兴学的伟业。他认为教育"是提高国民文化水平的根本措施,不管什么时候都需要"。他本人生活简朴,对于办学所需却从来义无反顾。早在 1894 年,陈嘉庚就把家里用于他结婚成亲的钱,在家乡福建集美创办了一所取名为"惕斋学塾"的私塾。从 1913 年开始,他在集美创办小学,此后又陆续创办师范、中学、水产、航海、农林等十多所学校,另设幼稚园、医院、图书馆、教育推广部,统称为集美学校。1921 年,他捐资创办厦门大学,这也是国内第一所华侨独资创办的大学。因此,厦门大学、集美学校各校师生都尊称陈嘉庚为"校主"。

更为可贵的是,陈嘉庚虽身在南洋,却始终心系中华民族的强盛与复兴。他于 1910 年加入中国革命同盟会,积极募款资助辛亥革命。抗日战争全面爆发后,他发起成立了"南洋华侨筹赈祖国难民总会"(以下简称"南侨总会"),源源不断地在财力、物力上支援祖国抗战,仅 1938 年和 1939 年两年,南侨总会共募得一亿四千多万元,占同期海外华侨捐款总数的 70%。在抗战危急关头,为保障滇缅公路军需运输的畅通,他以深孚众望的号召力征召了 3 000 余名华侨青年司机和汽车修理工(通称"南侨机工"),书写了抗战史上可歌可泣的热血篇章。

而且,他还以一言九鼎之声,在汪精卫抛出对日"和平论"之际,提出了被赞为"古今中外最伟大的"著名提案——"敌未出国土前,言和即汉奸"!1940 年 3 月,他亲率南侨总会组织的"南洋华侨回国慰劳考察团",慰劳抗日前线将士与后方各界人士,了解中国抗战的真相。在访问延安过程中,他在思想认识上实现了飞跃,盛赞陕甘宁边区的新气象,认为"中国的希望在延安"。回到南洋后,陈嘉庚如实向当地侨胞报告了他在国内的见闻及观感,有力促进了海外华侨对中国共产党的了解和认同。

新中国成立后,陈嘉庚回国出任中国人民政治协商会议全国委员会副主席、中华全国归国华侨联合会主席等职,积极为国家的建设和发展建言献策,推动华侨爱国大团结。

2014 年,习近平总书记给集美校友总会的回信中评价陈嘉庚:"他爱国兴学,投身救亡斗争,推动华侨团结,争取民族解放,是侨界的一代领袖和楷模。他艰苦创业、自强不息的精神,以国家为重、以民族为重的品格,关心祖国建设、倾心教育事业的诚心,永远值得学习。"信中同时提到,"实现中华民族伟大复兴,是海内外中华儿女的共同心愿,也是陈嘉庚先生等前辈先人的毕生追求。希望广大华侨华人弘扬'嘉庚精神',深怀爱国之情,坚守报国之志,同祖国人民一道不懈奋斗,共圆民族复兴之梦"。

第一节 华商的崛起与突出贡献

一、华商的界定与群体特征

(一)华商的界定

中国人移居海外已有千余年历史,早期的华侨华人主要来自福建、广东、浙江、江苏等沿海沿江地区,改革开放后的新侨则来自全国各地。他们中的一部分人,依靠中华民族传统的勤劳、智慧与拼搏进取精神,本着"吃得苦中苦,方为人上人"的信念,依靠自身卓越的经营管理才能,经济实力和影响力逐渐增强,成为活跃在世界经济舞台上的商人群体,社会各界称之为华商。

在学术领域,根据林善浪等(2006)的观点,目前对于"华商"的概念有三个视角:

(1)第一种是广义的华商,即"具有中华传统的华商企业投资者和经营者,包括中国企业家、海外华侨华人的企业投资者和经营者"。

(2)第二种是狭义的界定,即"具有中华文化传统的中国海外移民及其后裔中的企业投资者和经营者,不包括中国的企业投资者或经营者"。

(3)第三种介于上述两者之间,即"具有中国传统文化的中国港澳台地区同胞和海外华侨华人的企业投资者或经营者,不包括中国境内的企业投资者和经营者,但包括在中国境内创办'三资企业'的中国港澳台同胞和海外华侨华人"。

已有成果中,对华商的界定大多采用第一种和第三种。例如,香港亚洲周刊在《华商1 000 强排行榜》中,侨资企业全球化智库(CCG)(2018)在评选"世界最具影响力十大华商企业"时,采用的就是广义界定,研究对象涵盖中国以及海外华侨华人创办的企业。而庄国土教授在《华侨华人研究报告(2020)》中就第三种定义,即将华商界定为中国境外的华人企业经营群体,这是基于他们在中国境内的企业和投资享受外资待遇。

本书采用华商的第三种定义,将华商界定为"具有中华民族血统,所属企业或主要业务起源于中国境外,活跃在世界经济舞台上的商人群体,包括我国香港、澳门和台湾地区的商人,以及遍布海外各地的华侨华人中从事商业活动者,但不包括在中国境内土生土长的企业经营管理人员"。

我们为什么要采用该定义呢?主要原因在于:

第一,本书的主题是"生长在不同制度和文化中华人企业家的企业管理",如果把中国境内的企业家也作为本书的研究对象,相关内容就会与"中国管理学"或"东方管理学"相重叠,导致与本书的焦点和特色相悖。

第二,港澳台地区虽然是中国不可分割的一部分,但由于"一国两制"的模式和不同的历史发展背景,导致中国港澳台地区的企业经营者与海外华商有相似的特性和成长经历,因此把中国港澳台地区的企业经营者也作为研究对象。

(二)华商的群体特征

1.在地域和行业分布上呈现"广分散、大集中"的特征

首先,华商群体呈现"广分散"的特征。在地域分布上,由于华商悠久的历史和深厚的耕耘,华商遍布世界各地,"有太阳的地方就有华商",无论是欧美发达国家还是非洲欠发达国家,无论是人口过亿的泱泱大国还是人口不足百万的袖珍小国,华商几乎覆盖了全球所有角落。在经营范围上,无论是在互联网行业、芯片制造、金融业,还是在零售业、房地产、制造业、酒店服务业、食品加工业,都有华商奋斗的身影,他们几乎涵盖了所有行业。

其次,华商群体也呈现"大集中"的特征。从地域分布上,东南亚地区是华商集聚地,香港《亚洲周刊》2016 年"全球华商1 000 排行榜"中,分布在新加坡、马来西亚、泰国、菲律宾、印度尼西亚和美国的 53 家华商企业,一定程度上代表了世界范围内大型华商企业的状况。在经营领域方面,华商呈现出明显的区域特征,如欧洲华商以餐饮业、皮革业、服装业和贸易业为主要产业,美国和加拿大华商企业在科技创新领域有较大优势。

2.华人富豪实力快速增长,但中小型华商依然是华商的主体

一方面,大型华商资产雄厚,近年来实力不断增强。1992年9月,美国《财富》杂志列出了全世界100个拥有10亿美元的著名家族中,华人或华人财团就有17个。根据《世界华商发展报告(2018)》的数据,全球华商企业1 000强中,东南亚企业平均资产269亿美元,其中新加坡华商企业平均资产高达567亿美元,从2007年至2017年的十年间,入选福布斯富豪榜的华商增加了1.6倍,绝大多数分布在东南亚、我国港澳台地区和北美地区。

另一方面,目前华商的主体依然是中小型华商。根据庄国土教授(2020)的研究,即使在华商富豪最集中的前东盟五国,中小型华商资产总额或能占到华商资产的一半。而在大型华商企业较少的非洲、大洋洲等地区,中小型华商的数量更是占绝对优势。例如,《非洲华商概况分析(2011)》的数据表明,在南非30多万华侨华人中有高达10万~20万华商从事批发零售业,其中几乎垄断莱索托8个城市几百家超市、商场的是2 000多名福建籍中小型华商。

3.具有中华文化传统价值观,但受西方和住在国的文化影响较大

一方面,华商的文化根基依然是中华传统文化。由于历史和文化的原因,"信用、勤奋、节俭"等思想对华商的人生观、价值观和企业管理理念有着重要影响,尤其是国内区域文化价值观对华商的影响更不可小觑。例如,由于历史上闽南地区对外贸易发达,是华商的重要来源地之一,于是在新加坡、马来西亚、印尼和菲律宾的华裔中,闽南语是通用语言之一,闽南文化中"爱拼才会赢"的理念对华商引领企业发展起到了重要作用。

另一方面,华商的思维模式和价值观受到外来文化的冲击。华商多数集中于我国港澳台和东南亚地区,广大华商生活和企业经营的文化环境发生了深刻改变,包括企业管理文化在内的东西方交融是这些地区文化的突出特征,传统文化中适应现代化进程的部分得到保留和发扬,不适应现代化进程的部分得到调整或扬弃。而在欧美等经济发达国家,华商受当地强势文化和管理思想的影响则更为直接。

4.谋求企业转型升级一直是华商群体发展的主题

广东外语外贸大学粤商研究中心申明浩教授以粤商为例,探讨了华商成长的过程:第一阶段是实用主义的生存哲学,只要有钱赚,大家干什么都行;第二阶段是家族主义与关系治理,现在很多家族企业也这样;第三阶段是管理转型与突破,引入了职业经理人、海外的经营模式等。

2022年9月,在由中新经纬、中国侨网、华侨大学工商管理学院联合主办的"2022全球新生代华商云峰会"上,与会者认为,与老一辈"筚路蓝缕"闯世界的华商相比,新生代华商在受教育水平、创新思维和商业格局、融入住在国程度等方面

则青出于蓝,这些优势使新生代华商们正超越"三把刀"(菜刀、剪刀、理发刀),在科技、金融、数字经济和平台经济等新领域崭露头角。

实际上,由于发展环境的变化,各地华商在成长过程中不断转型升级。具体来讲:

(1)在东南亚。根据王辉耀(2018)的观点,东南亚华商经济在历史上经历了三次转型:第一次转型是在20世纪初,华商从"三把刀"转向从事小商贩、承包商等职业,华商资本开始以商业形态出现;第二次经济转型是在第二次世界大战以后,基于住在国工业化发展的趋势,部分华商开始进入纺织、酒店、银行和房地产等领域;第三次转型升级是在20世纪90年代以来,华商开始发展比较优势产业和高新技术产业,如最早布局农牧业领域的泰国正大集团创始人谢国民,逐渐扩大到金融、商业零售、传媒、工业和制药业,在大健康产业也取得了长足发展。

(2)在欧洲。根据欧洲华商学院戴小璋(2020)的观点,欧洲华商从过去"三把刀"经济,正逐步向目前"三网"(信息网络、信用网络、销售网络)经济过渡,在未来肯定要向"三创"(创造税收、创造就业、创造增量市场)经济发展。对于此,法国欧瑞泽基金集团总经理陈永岚在2021博鳌年会上的发言也印证了该观点,"随着新一代华商的崛起,法国华商的产业链、价值链正由中低端向高端拓展,产业领域由过去主要集中于消费品制造、餐饮、零售等传统产业,向信息技术、制药、电子商务、电信、医疗、环保等高新技术领域拓展"。

(3)在美国。在早期,美国华商以餐馆业、杂货业和车衣业为三大支柱,到了20世纪80—90年代,华商产业开始多元化,进入金融业、房地产业和旅游业等,尤其是在20世纪90年代以后,华人高科技产业迅猛发展,当时全美华商创办的高技术产业已达上千家,如杨致远创办的雅虎公司、王安创办的王安电脑公司、王嘉廉创办的冠群电脑公司等。

 **案例 1-1**

钟廷森:拥 140 家商场,50 年商海沉浮的东南亚钢铁大王,蜕变归来!

钟廷森祖籍广东潮阳,生于新加坡,小时候他父亲就在新加坡开办了一家金属家具制造厂,之后又在马来西亚开发了橡胶制品生产业务。在15岁的时候,钟廷森被父亲派到马来西亚的公司锻炼,生意被他做得红红火火。在30岁的时候,钟廷森在印尼经营起了金属家具产业,驾轻就熟就赚了100万。有了这笔财富后,他决定投身钢铁行业。在他的精心策划下,他的金狮合营制钢厂终于投产并于1981年在吉隆坡上市,最后占领了马来西亚钢铁总产量的70%,成为钢铁行业的翘楚,因此也被称为"钢铁大王"。

1985年，马来西亚经济处于低迷阶段，不少百货商场陷入困境，出现了资金危机，很多百货商场选择了破产。钟廷森凭着对市场的独特见解和高瞻的眼光，成立了百盛商业集团，大量收购兼并那些倒闭的百货商场，果然没过多久市场经济回暖，百盛商业集团一举成为马来西亚最大的超级市场集团。

近年来，电商形势咄咄逼人，百货、零售业寒冬到来，纷纷关店。号称"外资第一店"的百盛也没能逃脱这场"灾难"。2012年以来，百盛利润持续下滑，在中国已经关掉了12家店，被质疑"老矣"。

2013年5月，古稀之年的钟廷森出山重掌百盛后，大刀阔斧进行改革。具体包括：第一，在关掉一些业绩不理想门店的同时，在优质城市继续开店；第二，面对互联网的冲击，百盛开始进军电商；第三，应对消费者的需求的多元化，百盛把自己的购物中心打造成体验互动的场所，重视体验感和时尚感。

当前，正在转型中的百盛仍在稳步前行。公司继续专注于从传统百货店向多元化零售业态转型的策略，同时增加产品供应，以夯实公司作为中国领先生活方式零售商的地位。

资料来源：作者根据东南亚在线等资料整理。

二、华商全球化发展中取得的骄人业绩

(一)华商在世界经济领域取得的成就

历经数代人的努力，广大华商顽强生存于世界几乎每一个角落，面对陌生的市场环境、法律规则、人脉关系，许多新移民创业者面对着从未遇到过的压力，克服了在国内从未想象过的困难，最终依靠雄厚的资本实力楔入世界，成为全球商团中一支不可忽视的力量，在海外经济领域有着举足轻重的地位，华商经济圈也因此被称为"世界第三大经济体"。

1.东南亚地区

东南亚是华商最早的创业基地，也是海外华人漂洋过海创造财富最集中的地方，经过多年的打拼和积累，在各个时期涌现出了一大批引领当地潮流的商界精英，他们的个人财富令人刮目相看，成为当地经济界的翘楚和社会名流。例如：

在民国时期以前，典型代表包括近代中国"实业兴邦"的先驱、被美国人称作中国"洛克菲勒"的张裕葡萄酒创始人张弼士，被毛主席誉为"华侨旗帜、民族光辉"的陈嘉庚，"锡矿大王"胡国廉，"木材大王"李清泉，"糖业大王"黄仲涵，"万金油大王"和"报业巨子"胡文虎等。到了20世纪六七十年代，郭鹤年的郭氏兄弟集团、郭令灿的丰隆集团、林梧桐的云顶集团、骆文秀的东方实业集团、邱继炳的马联工业集

团、刘玉波的磨石集团、钟廷森的金狮集团等快速崛起。改革开放以来,东南亚华商的发展势头不减,SM集团创始人施至成则连续多年蝉联菲律宾首富,而"糖王"郭鹤年多年以来一直也是马来西亚的首富,邱德拔、黄廷芳、郭令明家族则保持了最近20年来新加坡首富的地位。

根据2021福布斯全球富豪榜的数据,印尼上榜的22位富豪中有超过50%是华商企业家,其中祖籍福建晋江的黄惠忠和黄惠祥兄弟分别以205亿美元和197亿美元身家名列印尼富豪的前两名。在泰国,潮商群体从商的氛围浓郁,他们几乎掌控了泰国的各大经济领域,据泰国《星暹日报》在1996年7月刊登的文章称,"每天早上他们开会商定全泰国的金价;每周一次他们制定泰国的出口米价……"在泰国2021福布斯全球富豪榜上榜的28人中,华商占了9位,其中谢国民以181亿美元身家成为泰国首富,他的兄弟谢中民、谢正民、谢大民则分列第四至六位,谢氏兄弟身家合计达344亿美元。

2.我国港澳台地区

除了东南亚以外,我国港澳台地区华商的发展成就同样令人瞩目,自新中国成立以来该地区涌现出了大批杰出华商,在世界经济舞台上也占据重要地位。在香港,有长江实业李嘉诚、立信置业霍英东、"世界船王"包玉刚、邵氏兄弟邵逸夫、蟠龙实业吕振万等。在澳门,有"赌王"何鸿燊、宝龙集团创始人许健康、金龙集团创始人陈明金、永同昌张宗真等。在台湾,有台塑集团创始人王永庆、宏碁集团创始人施振荣、华硕集团创始人施崇棠、长荣集团创始人张荣发、鸿海集团创始人郭台铭等。

2013年胡润全球富豪榜数据表明,在上榜的1453人中,我国港澳台地区华商有83人,财富达到1.8万多亿元人民币。另据2021年福布斯富豪排行榜的数据,我国港澳台地区华商达到89人,以李嘉诚为代表的杰出华商在房地产、娱乐、投资、零售等领域占据着绝对优势。而且,2021年福布斯还专设了香港地区富豪排行榜,上榜50位富豪的财富总额达到3331亿美元,同比2020年增长251亿美元,涨幅达7.5%。其中,位居香港地区富豪榜首的李嘉诚,其财富高达354亿美元,位居榜单第二名的房地产巨头李兆基的个人财富也达到了305亿美元。

3.欧美等其他地区

第二次世界大战后,由于东南亚很多国家的民族政策调整等政治原因,该地区部分华商向欧美等其他地区迁移,再加上改革开放以来中国新侨也到上述地区发展,使得华商在这些地区有了相当的发展,在经济领域的影响力也日益扩大。

在美国,早在2009年,由美国华商创立的银行、证券公司等金融机构超过2000家,控制着数百亿美元的资本,华商在硅谷创立的公司超过1000家,至少20家公司已经上市,其中15家入选2009年度硅谷150强排行榜,它们在2008年销售额达 262 亿美元,市值近 325 亿美元。近年来,美国华商的发展依然强劲,根据美国最有影响力华人社团"百人会"2021 年报告的数据,美国华裔共有 530 万人,有超过 16 万家华商企业,创造约 2 400 亿美元的收入,并提供 130 万个工作岗位。与此同时,在美国也涌现出了一大批知名华商,包括龙胜行集团的邓龙、美孚国际集团的陈清泉、威特集团的李学海等。

在欧洲各国,华商虽然起步较晚,但发展迅速,已经形成了具备庞大经济规模的群体,在酒店餐饮、皮革、服装加工、食品行业、进出口贸易等行业占据重要地位。例如,在意大利,距佛罗伦萨不远的一个小镇几乎被几万华商全部占据,在这个奢侈品帝国的中心从事人造皮革制造行业。在法国,陈克威、陈克光兄弟开设的陈氏兄弟百货公司,1990 年公司的营业额达到 6 亿法郎,2000 年的营业额突破 10 亿法郎,在巴黎已经发展到了 8 间连锁店,成为世界上较大的华商企业之一。在英国,华商叶焕荣创办的"荣业行"由杂货铺发展为集团企业,成为英国人最重要的特色食品供货商。在丹麦,"春卷大王"范岁久建立了 14 条自动生产线,日产春卷 50 万只的冷冻食品厂,产品不仅满足丹麦消费者的需要,而且运销德国、荷兰、法国以及美国、新加坡等地。

在其他地区,也有大量华商成为各个行业的杰出人物,在当地有较高的影响力。例如,墨西哥"超市大王"李华文、柬埔寨运输行业巨头郑源来、文莱"船王"关英才、越南"食品大王"陈金成和陈荣源兄弟等、新西兰"薯片大王"黄玮璋等。

(二)华商在住在国社会事业贡献和声誉

古人云:"穷则独善其身,达则兼济天下。"很多华商在经济上取得成功后,倾力回馈当地社会,对改善当地民生和基础设施做出了巨大贡献,他们用自身行动赢得了当地政府和民众对华人的赞誉和尊重,为广大华侨华人与当地民众的民心相通奠定了良好的基础。

1.早期华商的贡献与声誉

历史上,在华侨华人最为集中的东南亚地区,众多华商积极参与社会事业建设(如表 2-1 所示)。例如,在 19 世纪,著名华商陈笃生、张弼士、余有进、胡亚基、陈金声、佘连城、陈若锦、章芳琳、颜永成,20 世纪以来的陈嘉庚、胡文虎、李光前、高德根、陈六使等,被后世景仰者奉为"先贤"。

直到今天,东南亚许多国家的学校、街道、医院和建筑物就是以他们的名字命名,如陈笃生医院、金声路、连城街、颜永成中学等。尤其是,张裕葡萄酒公司创始人张弼士逝世后,当他的灵柩自巴城经过新加坡、中国香港时,英、荷殖民政府都下半旗致哀,时任港督亲往凭吊,由汕头溯韩江而上时,两岸群众摆设牲仪致奠。同样,由于李成枫积极投身慈善事业和社会服务工作,其灵柩的送殡队伍也长逾十公里，新加坡"国宝"潘受先生曾撰挽联曰："真正理解并号召继承陈嘉庚精神，君是健者；深切爱护且慷慨举办我华文教育，世失斯人。"

表 2-1　早期华商投身当地社会事业的典型事迹与声誉（部分）

姓名	职务及荣誉	典型事迹
陈笃生 1798—1850	1846年，被新加坡当局封为"太平局绅"，为第一个获此荣衔的华人	• 1844年，他捐资在珍珠山兴建贫民医院，后改为陈笃生医院，平生行善济世，帮助穷苦人民，乐善好施，排解侨胞纠纷，为世人称颂
张弼士 1841—1916	先后出任驻槟榔屿副领事、驻新加坡总领事，被《纽约时报》誉为"中国的洛克菲勒"，并被《美国历史杂志》选为封面人物，成为第一个登上国外杂志封面的华商	• 1894年，任新加坡总领事期间，组织中华总商会，多方维护华侨利益； • 大力弘扬中华文明，在新加坡等地创办了中华学校和应新华文学校，设置福利基金为外出学子辅助学费。在他的带动下，新加坡、马来西亚两地相继兴办了8所华文学校
陈嘉庚 1874—1961	被毛泽东誉为"华侨旗帜、民族光辉"，担任南侨筹赈总会主席、福建会馆主席、道南学堂总理	• 领导筹赈：1925年"筹助新加坡婴儿保育会"，共募集到约6万元；1934年领导成立"福建会馆河水山火灾募捐小组"； • 资助教育事业：1907年领导创办道南学堂，1919年领导创办"新加坡南洋华侨中学"，1941年领导创办南洋师范学校； • 创办媒体：1923年创立《南洋商报》，提升华族知识和中华传统文化
陈六使 1897—1972	新加坡树胶工会主席 中华总商会会长 福建会馆主席	• 捐助30万元支持马来亚大学； • 1952年领导创办光华学校；1953年领导创办南洋大学，推广华文教育，完善了华文教育从小学、中学到大学的完整体系
李光前 1893—1967	被马来西亚吉兰丹州及柔佛州的苏丹封为拿督，马来西亚最高元首赐封"丹斯里"（PMN）勋衔，自1958—1964年担任新加坡福利协会主席	• 20世纪50年代设立"李氏基金"，捐资助学、发放奖学金、赞助文化活动、筹建安老院、孤儿院、残障中心、寺庙、教堂等； • 1957独资捐建华侨中学图书馆，捐资37万将莱佛士图书馆扩建为新加坡国家图书馆； • 1934年起担任南洋中学的董事长，负责学校每年的经费、建筑费等，修建校舍。还兼任南益学校、道南学校、导侨学校等9所中学和十几家会馆的董事
陆佑 1846—1917	1904年任雪兰莪中华商会会长	• 1894年捐建吉隆坡同善医院； • 1904年捐款3万元给吉隆坡老人院，5万元给新加坡陈笃生医院； • 1906年创办吉隆坡第二间尊孔学校； • 1910—1912捐款100万元给香港大学

续表

姓名	职务及荣誉	典型事迹
胡文虎 1882—1954	"万金油大王""报业巨子""大慈善家""东南亚传奇人物"	• 1932年将"每年公司盈利不超过50%的部分用于慈善"写进公司章程; • 1935年独资创办新加坡民众义务学校; • 在慈善公益事业投入巨大
李延年 1906—1983	从20世纪70—80年代同时担任马来西亚10个华人社团的会长或主席,被誉为"华团精神领袖",1975年获最高元首封赐"丹斯里"勋衔,1978年获雪兰莪州苏丹赐封"拿督"勋衔	• 1978年领导"一人一元"捐款活动,挽救了雪兰莪精武体育会; • 积极弘扬中华文化,1981年在雪兰莪中华大会堂第一届文化节开幕仪式上强调华裔文化在当地的价值; • 为公益事业慷慨解囊,投入教育、文化、医疗等,其中典型的包括拉曼学院(100万元)、国家防癌中心(100万元)、同善医院(70多万元)、吉隆坡黎明小学(25万元)、国家图书馆基金(10万元)等
林连登 1867—1963	马来西亚潮州公会联合会主席,1938年、1940年先后获得吉打苏丹和滨州元首赐封的"太平局绅",1958年获得最高元首颁赐的JMN勋衔	• 在槟城捐资创办韩江学校,独资兴建中华华小; • 资助马来亚大学、双溪大年新民学校、吉打中华学校、尚德中学、中华小学等数十所学校; • 南洋大学创建之时,被委任为南洋大学槟城委员会主席,并认捐50万元
李成枫 1908—1995	马来西亚橡胶公会总会长、吉隆坡及雪兰莪中华工商总会副会长、名誉会长,雪兰莪福建会馆副会长等	• 1929年创办吉隆坡黎明学校; • 1949年创办南益华文小学; • 1974年起连任中华独董事长21年,支持建设中华独中,学生数由他接任董事长之初的172名,增至近5000名

2.新时期华商的贡献与声誉

在新时期,广大华商秉承中华传统文化和老一辈华商的优良传统,继续投身于住在国的社会民生事业,为他们个人和华商群体赢得了赞誉(如表2-2所示)。

在马来西亚,郭鹤年被首相称为"国家支柱",杨忠礼先后荣获雪兰莪州苏丹殿下颁赐拿督勋衔、最高元首颁赐丹斯里勋衔和拿督斯里勋衔。在印度尼西亚,黄世伟一手创立的实嘉集团,打造出了被尊为印尼国家食品标志的FINNA品牌虾片,印尼政府在他家乡泗水的徐图利祖镇,建造了永久的大型FINNA虾片纪念塔。在菲律宾,陈永栽、施至成、郑少坚、陈本显、施公旗、李昭进、陈祖昌等著名华商都是当地慈善事业的积极推动者。在新加坡,以著名华商李光前命名了新加坡国立大学李光前自然博物馆、南洋理工大学李光前医学院、南洋艺术学院李氏基金礼堂等。

在欧美及其他地区,华商同样积极履行社会责任。例如,2009年以55亿美元身价登上美国华商首富之位、2020年个人财富突破610亿人民币的华商陈颂雄,他从 2007 年开始回馈当地社会,先是捐赠 3 500 万美元给健康中心,接着又向圣约翰医院捐赠 2 亿美元,他还积极响应巴菲特的号召,承诺在生前或者去世以后捐赠出至少一半的财产,此举大大提高了华人在美国人心目中的形象。在加拿大,华商潘妙飞积极号召和动员华人华侨为学校捐助体育活动经费、为列治文医院和老人协会捐资。在英国,叶焕荣因为在食品业方面的贡献,荣获英女王颁发的 OBE 大英帝国勋章。在非洲的毛里求斯,鉴于华商朱梅麟对当地的突出贡献,1980 年获英国女王伊丽莎白二世册封爵士,他的头像还被印在该国 25 卢比的钞票上。

表 2-2　新时期华商在住在国的典型慈善事迹举例(部分)

姓名	住在国家	主要事迹及影响
蔡天宝	新加坡	• 设立"和美中华经济与商业教授基金",捐资 500 万元在南洋理工大学设立"蔡天宝创业教育基金"; • 2004 年,获公共服务勋章,2005 年、2010 两次获封"太平局绅"
陈永栽	菲律宾	• 已投入数亿美元致力于振兴菲律宾教育和改善当地人生活; • 成立"陈延奎基金会",参与设立"提高教育水准基金会",设立"亚啤医学奖学金",参与"贫者民宅方案"
陈祖昌	菲律宾	• 捐建了四十多座政府的农村校舍和图书馆、数十座平民屋,资助晋江同乡总会、旅菲金井镇联乡总会等团体兴建会所; • 被誉为"菲中民间慈善大师""文坛知音"
施恭旗	菲律宾	• 2004 年 6 月,被推举为菲律宾宋庆龄基金会首任会长,致力于慈爱老幼、扶贫义诊、关怀贫童、扶助贫民等工作; • 加深了菲律宾主流社会对菲华社会的正面了解
翁俊民	印度尼西亚	• 已向中国、印度尼西亚、新加坡和美国的多所大学捐款超过 5 000 万美元; • 2013 年 4 月,捐献 1.035 亿美元,和比尔及梅琳达·盖茨基金会合作,用以改善印度尼西亚和东南亚以及其他国家的弱势者家庭卫生计划
李文正	印度尼西亚	• 2007 年分别在印度尼西亚成立了玛中大学和李文正肿瘤医院,其中玛中大学以他和雄德龙为基金会主席
林联兴	印度尼西亚	• 为当地的华人社会与本土社群捐资捐物无数,82 岁寿宴时将儿女们祝寿的财物换成粮食,分给了印度尼西亚当地生活困难的人们; • 因为常年坚持投身慈善事业,在印度尼西亚享有极高的赞誉
蔡云辉	印度尼西亚	• 积极参与当地社会及市政的建设与发展,捐资兴办各种文教公益福利事业,直接参与当地的建设,公众形象良好
陈志远	马来西亚	• 2012 年,将 6 亿林吉特的资产拨入其创建的"让马来西亚更美好基金会",推行各种社会慈善工作; • 登陆《福布斯》亚洲慈善英雄榜,成为亚洲 48 位慈善英雄之一

续表

姓名	住在国家	主要事迹及影响
林梧桐	马来西亚	• 是为人熟知和公认的慈善家,捐款 950 万马币予大马各医疗、教育及慈善机构; • 为了表彰他对马来西亚国家经济所做出的贡献,国王封赐他为爵士
吴少康	南非	• 每年主动出资 100 多万人民币为当地华侨华人服务,并通过多种方式维护在非侨胞的基本权益
陈清	南非	• 关注非洲妇女儿童慈善事业,2013 年组织当地华人为孤儿捐建"爱心之家中国馆",成为当地的一个中国慈善形象工程
尹相丛	巴西	• 里约发生特大水灾时,积极募集资金,购买基本生活用品,并租车将救灾物品送到灾民手里,得到当地政府和民众的欢迎和赞扬; • 每年都会资助和看望里约郊区的孤儿院
潘妙飞	加拿大	• 积极号召和动员华人华侨为阿尔伯塔省火灾捐款,为学校捐助体育活动经费,为侨团捐助活动经费,为列治文医院和加拿大老人协会捐资

三、华商是中华民族实现"中国梦"的重要力量

"中国梦"是中华民族近代以来最伟大的梦想,凝聚了全球华人对中华民族伟大复兴的憧憬和期待。习近平总书记 2014 年 6 月在会见第七届世界华侨华人社团联谊大会代表时指出,"广大海外侨胞有着赤忱的爱国情怀、雄厚的经济实力、丰富的智力资源、广泛的商业人脉,是实现中国梦的重要力量"。

由于历史、文化、血缘上与祖国天然的、割舍不断的联系与情感,广大华商一直都是实现"中国梦"的重要参与者,无论是在贫穷落后的旧中国时期、我国的改革开放时期,还是目前的"一带一路"建设和"双循环"经济格局构建,他们都积极为"中国梦"的实现贡献着自己的力量。

(一)华商与我国改革开放的成功实施

改革开放以来,广大华商是我国开放的先行者、改革的参与者和经济腾飞的贡献者!他们利用自身融通中外的天然优势,全程参与到祖国日新月异的经济建设之中。朱镕基总理 2003 年在世界华商大会上指出:"如果没有海外华商的参与,没有港澳台地区华人的参与,中国的改革开放是不可想象的。"

那么,作为中国经济发展的参与者、见证者和受益者,华商群体在这个时期到底发挥了怎样独一无二的作用? 在 2018 年国际投资论坛上,全球化智库(CCG)理事长王辉耀把华商比作"新娘",就是在过去改革开放 40 年的过程中,他们带进来

了资本、技术,还有新的管理的模式。

1."雪中送炭":华商带来了资金与技术

1978年中国刚举起改革开放的大旗,经济建设急需大量的资金,然而当时很多外商对中国市场仍抱怀疑和观望态度。就在此时,谢国民、郭鹤年、许荣茂等一大批华商克服万难,率先进入中国,带着资金、人才、技术在各地投资兴业,为我国的改革开放注入了"源头活水",他们为改革开放贡献了第一桶金。其中,泰国正大集团的谢国民在1979年取得了深圳市"001号"中外合资企业营业执照,并在接下来的几年中相继拿到了珠海、汕头等地的"001号"外商营业执照。

此后,华商在中国的投资由经济特区、侨乡向内陆地区发展,这也与中国对外开放在空间上的进程是一致的。据统计,改革开放以来,华商投资在我国实际利用外资总额中的占比达到70%,在投资中国经济、推动中国产业走向海外等方面做出了重要贡献。例如,新加坡金鹰集团的陈江和在20世纪90年代进入中国市场,作为中国改革开放的见证者、参与者和受益者,他经历了中国经济发展的每一个历史瞬间,数十年来他恪守"利民"、"利国"和"利业"的经营理念,截至2020年在华总投资已超过500亿元人民币。

其实,我国在改革开放之初设立经济特区时,很大程度上也有吸引华商投资的考虑。邓小平曾经指出:"那一年确定四个经济特区,主要是从地理条件考虑的。深圳毗邻香港,珠海靠近澳门,汕头是因为在东南亚国家潮州人多,厦门是因为闽南人在外国经商的很多。"1986年,荣毅仁家族200多名亲属回到祖国大团圆,邓小平亲切接见他们时说:"你们有本领、有知识,是能够为我们国家做出重要贡献的。"实践中,正如邓小平所言,荣毅仁通过中国国际信托投资公司和荣氏家族广泛的海外联系,为我国引进外资、融通资金、引进先进技术设备和管理方法等方面做出了重要贡献。

2.从"输血"到"造血":带动了国内民营企业的发展

改革开放之初,在华商的资金支持和带动下,广东、福建等东南沿海的民营企业逐渐发展起来,实现了从"输血"到"造血"的转变。更为重要的是,华商还通过降低区域贸易的社会壁垒、提高区域微观经济体的跨国经营能力、影响当地政府的政策取向等途径,成为促进中国经济快速增长的重要力量之一。

例如,在土地贫瘠、资源匮乏的福建省晋江市,1978年时它的GDP只有1.45亿元,财政收入只有1 833万元,入不敷出。改革开放之后,充分利用施至诚、陈永栽、陈祖昌等华商企业的"三来一补",并将其发展为本地企业,到1994年就成为全国百强县,在2020年以2 616亿元的GDP排名全国百强县第4位。

案例 1-2

从"输血"到"造血"的印尼华商林文镜：被家乡人亲切唤为"大哥"

林文镜1928年出生于福建福清。8岁随母亲到印度尼西亚，16岁时父亲重病，林文镜从此担负起养家的重任。他从跑单帮开始，做过长途贩运、开过服装厂，克勤克俭、步步为营。至20世纪60年代末，林文镜已开办20多家企业，涉足食品、纺织、采矿等多个行业。到林氏财团成立时，他拥有亚洲最大的水泥厂和世界最大的面粉厂，拥有属于自己的矿山和船队。

早年，当林文镜成为闻名南洋的商业巨鳄时，他曾多次寄钱回福清，用于周济乡亲和支持当地建设。然而1985年当他再次踏上故土时，却看到福清依然贫困。一次偶然的机会，他听到一位乡亲说"全县就两座工厂，坐吃山空"，这无意间点醒了林文镜。他意识到，要彻底改变家乡面貌，不能光靠输血，还需要造血！

经过一年多的调查研究和深思熟虑，1987年林文镜在福清正式宣告："我要为福清造一部造血机器……我不但要办工业，还要办工业区，要让福清在5年内工业产值达到5亿美元，要让福清成为工业城市，让福清的经济实力进入全省前10名！"从此，他又开始了第二次创业，这次是为了振兴家乡！

当时，这些话赢得满堂掌声，但也引来质疑，要知道福清当时工农业总产值只有4.3亿元人民币。为了实现自己的目标，林文镜毅然将如日中天的印度尼西亚事业委托他人打理，与福清政府签订了无偿帮助家乡的"五年计划"。为什么下此决心，林文镜说："孩子有钱了，再看着母亲受穷，孩子能睡得着、吃得香吗？不能！"

1987年底，林文镜借助改革开放政策，从改善福清投资环境入手。在他的鼎力支持下，福清相继成立了融侨工业区、元洪工业集中区和洪宽工业区。林文镜甚至多次自掏腰包去台湾招商，甚至以"亏了算我的，赚了算你的"方式，通过出资、垫资帮助台商入驻福清。在他的强力带动下，很快就有80多家台企入驻福清。

5年时间转瞬即逝，林文镜超额完成了目标。他不满足于此，又立下帮助福清工业产值突破50亿美元的新目标。1992年，林文镜发现福清的江阴半岛有条件建设深水码头，有港口就可以吸引更多投资。林文镜重金聘请国内外专家，规划开发江阴半岛。

为了家乡江阴，林文镜堪称呕心沥血。初创时，他到北京体检都带着江阴的宣传册，逢人都要介绍，医护人员笑他"简直是来开新闻发布会的"。投建时，遭遇外资退资，他咬牙扛下了全部外方股份。当江阴被人看好、股份大涨时，他又平价释股给有港口管理经验的企业，以期引入成熟的理念和技术……

终于，在2002年12月，江阴港第一个5万吨级深水码头建成，为福清发展临港重工业打下基础。如今，江阴港已成为中国十大集装箱港口之一，福清也早已旧貌换新颜。

　　令人感动的是,林文镜之所以看中江阴半岛,还有更深层次的原因。林文镜说:"我的血管里流的是中国人的血,两岸的分离让我心痛,我做梦都盼着两岸能早日统一,因为团结起来的中国人才更有力量!江阴码头将成为大陆和台湾共享的码头、共享的心脏。"

　　爱家乡的人,家乡永远爱他!一直以来,不论是长者还是青年,都亲切地称林文镜为"大哥"!当享年90岁的林文镜安详离世时,他的追思会就在他的家乡溪头村举行。人们从四面八方赶来,排着长队送别"大哥",道出大家的敬重与不舍。

　　资料来源:改编自《人民日报》,2018年08月02日

(二)华商与我国"一带一路"倡议的整体推进

　　自从习近平总书记提出"一带一路"倡议以来,基于文化认同、情感认同、民族认同的原因,广大华商是"一带一路"倡议的积极响应者和参与者。根据清华大学一项针对"一带一路"沿线国家和地区华商的问卷调查结果,近80%的受访者认为华侨华人参与"一带一路"建设的意义"非常重大",65%的华商对参与"一带一路"建设的"热情非常高",34%的华商"热情高"。

　　事实上,广大杰出华商用最忠诚的爱国之情、最好的表达方式、最得住在国民心的言语,知行合一讲好中国故事,为"一带一路"建设做出自己的贡献!例如,印尼华商林文光十分认同中国提出的"一带一路"倡议,他说:"'一带一路'是和平发展、合作互信、融合包容的利益共同体、命运共同体和责任共同体,既是中国的机遇,也是印尼的机遇。"于是,2018年8月,林文光投入500万港元在香港创办"世界一带一路商贸总会",目的是团结"一带一路"沿线国家的商会与企业家共同谋求发展,他还将"泗水新加坡国民学校"改名为"泗水一带一路国际学校",希望能够为"一带一路"建设培养更多人才。

　　那么,广大华商是如何讲好中国故事,为"一带一路"建设服务的呢?根据《华侨华人历史研究》杂志主编张秀明(2021)的观点,推动经贸合作和文化交流是最重要的两种。

　　1.经贸方面

　　实践中,广大华商遍布世界各地,拥有庞大的商业网络,活跃于中外贸易等领域,是中国与"一带一路"沿线国家开展经贸合作的桥梁与纽带。例如,新加坡华商郭孔丰率领的丰益国际在全球产业布局与中国"一带一路"倡议高度契合,业务遍及"一带一路"沿线国家,包括棕榈种植园、农业加工和营销网络。

　　如今,无论是80岁高龄的泰国正大集团资深董事长谢国民等老一辈华商,还是在新加坡缔造出东南亚互联网巨头Shopee(虾皮)的"70后"李小东等新生代华

商,他们都紧扣中国对"一带一路"的政策,以各自的方式,书写我国与"一带一路"沿线国家经贸合作发展的新篇章。

尤其值得一提的是,自2018年以来,我国连续举办国际进口博览会,加速了我国与"一带一路"沿线国家的经贸合作。首届盛会吸引了来自172个国家和地区的参展商,其中,"一带一路"沿线的国家和地区参展踊跃,活跃着大量华商们的身影。例如,美国全球创新联盟主席辛洪军表示,"中国国际进口博览会将打造开放合作、互惠发展的新型国际公共平台。我身边的多位华裔企业家朋友都报名参展。"泰国正大集团则第一批报名参展,而且准备每届都参与,其创始人谢国民说,"进博会完全符合中国经济从大出口到既可大出口又可大进口的转型"。还有,加拿大华商联合总会于2018年8月25日在多伦多专门召开了说明会并组团参加。

2.文化交流方面

长期以来,广大华商都是弘扬中华文化的重要使者。他们在促进住在国与中国友好合作的基础上巧妙发声:一方面积极向外国人讲好中国故事,在表达上强调"一带一路"是共赢和多赢,强调中国与世界分享红利;另一方面向中国人讲好外国故事,国外也有很多优秀的东西值得我们借鉴。例如,对奔跑在"一带一路"上的葡萄牙侨商林昱来说,醇香的葡萄酒正像一位特殊的外交使者,沿着"一带一路"擘画的合作路线,从葡萄牙流进中国。

具体来讲,在"一带一路"沿线国家,广大华商积极推动中餐、中医、春节等中国文化符号,以及勤劳拼搏、艰苦创业等中华传统核心价值观,并与各国文化交流互鉴、交相辉映,促进"民心相通"。数据显示,2017年全球近200个国家举办了中国春节庆祝活动,有近20个国家和地区将中国春节定为法定节假日;全球有至少109个国家、3 000多所高等学校都开设了汉语课程,这背后或多或少都离不开陈永栽、施恭旗等杰出华商的大力支持。

 案例 1-3

在非洲响应"一带一路"倡议的华商张志刚

每当"中国—乌干达姆巴莱工业园"的名字在国内媒体上亮相时,必然还伴随着一个人的名字,就是打造这个中乌工业园的当地侨领——张志刚。当年,在中国对外贸易体制改革逐步深化、国家重视对非经贸合作、市场多元化战略的大背景下,作为退伍军人的张志刚萌生了"到非洲闯荡"的想法。他认真思考后离开了自己的工厂,远赴非洲。

2008年,张志刚在乌干达购地40英亩,用作钢铁的生产基地,这就是天唐工业园的开始,也是中国人创办的首个工业园。随着工业园走上正轨,张志刚又开始扩张其他产业,如酒店餐饮、旅游、安保、机械商贸、房地产开发、矿产开发等。创业20载,源于乌干达尚未开发的市场和张志刚正确的决策,其集团越发强大,如今已成为拥有20家子公司的综合性多元化大型企业——天唐集团。

"一带一路"倡议为中国企业开展国际产能合作提供了新机遇,张志刚觉得凭借他在非洲创业多年的经验,可以为中国企业"走出去"实实在在多做些事情。为此,他积极了解中国政府的相关政策,发现中国需要压减的过剩产能主要是基础材料类,而这些恰恰是非洲国家所稀缺的,双方在农产品加工、冶金建材、装备制造、电力电子、医药化工等领域存在巨大的合作空间。于是,张志刚多次在河北、山东、湖南、浙江、广东等地调研考察并洽谈合作,给国内企业介绍和分析乌干达市场,想带中国企业真正"走出去"。

于是,他凭借在非洲多年的丰富经验,积极响应中乌两国政府号召,投资建设了2.51平方公里的中乌姆巴莱工业园。这个工业园是在乌干达总统穆塞韦尼和时任中国外交部部长王毅提议下,经乌干达财政部批准,由天唐集团投建的乌干达国家级工业园,同时也是河北省重点扶持境外产业园和"一带一路"峰会签约项目,致力于为国内企业服务,帮助更多产业走向海外。项目得到了中乌两国政府的高度关注,穆塞韦尼总统多次参观访问园区,并且特派军队、警察和保安联合治安、昼夜巡逻确保入园企业人身财产安全。

对于张志刚来说,开办工业园仅仅是服务于"一带一路"的开始。他说,无论任何时候,只要想到我们背后有中国共产党和中国政府,我的脊梁就挺得比什么时候都直,因为这是我们海外赤子的骄傲!今后我们将以实际行动一如既往地促进中乌两国经贸文化交流,推进"一带一路"建设。

资料来源:改编自《中国新闻网》2021.04.29。

(三)华商与新形势下我国"双循环"新发展格局的构建

2020年5月,面对复杂的国内外经济形势,我国提出了"深化供给侧结构性改革,充分发挥我国超大规模市场优势和内需潜力,构建国内国际双循环相互促进的新发展格局"的战略构想,受到了国内外的广泛关注。

对此,广大华商信心满满,香港中华总商会会长蔡冠深在博鳌亚洲论坛2021年年会上表示,"华商在寻求新发展、新机遇时,要积极从中国'双循环'入手"。广东省侨联主席黎静(2020)也认为,广大华商将是"双循环"发展格局的积极贡献者和坚定支持者。在未来,华商将再次扮演"红娘"的角色,起到先锋队、催化剂、变革推动者的作用,并充分利用国内、国外两个市场带来的机遇,促进所在企业的茁壮成长。例如,正大集团创始人谢国民积极帮助中国企业在泰国拓展市场,并与上汽集团合作在泰国建设了一家整车工厂,使上汽的自主品牌汽车第一次在中国以外生产制造,通过合作实现了双赢。

事实上,根据张一力(2020)的研究,海外温商紧贴国内外市场,深耕跨境商品,利用全球化优势整合国际供应链,努力成为"国内外双循环"的先行者和领跑者。从出口到进口、从商品到服务,海外温商早已做到全球化与市场化同步,是国内外经贸循环网络的重要节点。

在未来,华商能够促进"双循环"发展格局的优势主要有两个方面:

第一,熟悉国内外市场。长期的客居生活使他们对海外的经济文化发展情况较为熟悉,而天然的亲近感又使他们对于国内消费水平和模式等也知根知底,因此能够"以侨搭桥",通过"双文化"优势,高效快速链接国际市场。

第二,强大的华商网络。在海外,华商网络能够成为国内国际双循环的对接平台,华商之间已有的纽带作用和双向交流机制,有利于形成信息对接共享机制,为国内大循环与国际大循环相互连通提供重要渠道,促进他们与国内外客户深入开展合作。

基于此,在2021年博鳌亚洲论坛上,香港玖龙纸业董事长张茵等华商表示,"在未来'一带一路'建设和'大循环、双循环'的发展中,我们一定会和国内民营企业家共同成长、共同进步,为新时代国家的经济建设和社会发展发挥更大的作用"。

第二节　华商管理学的形成与核心思想

一、华商在企业经营实践中形成了独特的管理思想

根据陈宏愚(2005)的观点,"管理活动对政治、经济、文化的依附性强,管理是政治的工具、经济的伴侣、文化的影子"。经济的崛起往往预示着文化的复兴,华商在经济领域取得一系列辉煌成就的同时,也形成了丰富的管理思想,他们将西方管理学的"术"与中华传统文化的"道"相结合,形成了独具特色的管理文化与管理思想。

目前,华商管理思想已经成为世界商文化的一部分,在世界商文化里占据非常重要的席位。正如管理学大师彼得·德鲁克所说,"海外华商是世界上最伟大的企业家,一种大企业管理纳新形式随着新华人经济力的崛起而产生"。

(一)华商管理思想的来源

回顾华商的发展史,他们经历的艰辛令人震惊,面对"海外排华""经济危机"

等重重困难,他们为什么总能以超乎寻常的毅力和智慧走出困境,甚至"化危为机"?

究其根源,华商管理来源于"融合",它既不同于中国管理文化,因为华商更多地受住在国文化、西方文化的影响;同时,也不完全属于海外管理文化,因为华商拥有中华传统文化的基因。也就是说,华商穿行于中外两个世界,横跨多种文明,既拥有中国文化的根基,也具有世界文化的视野。

在管理实践中,广大华商在带领企业发展的过程中,以博采众长的开阔胸襟,将中华传统文化、本土文化和西方文化的管理思想融入企业管理实践中,形成了以华人为基础的、超越国界的"管理文化",并借此提高华商企业的核心竞争力:一方面,华商管理传承了中华民族的优良传统,在历史、文化、地缘、亲缘等方面有着密切联系,勤劳、勇敢、智慧的民族特质在优秀华商身上体现得淋漓尽致;另一方面,在华人族群聚聚的世界各地,都有其当地的民族优秀文化和西方文化的精华,被久居那里的华商所学习和汲取,成为华商管理理念的重要组成部分。

(二)华商管理思想的强大生命力

历史表明,当一种管理思想或管理工具拥有扎实的理论根基,来源于实践经验的总结与提炼,同时又能很好地服务于实践时,它就会有强大的生命力。例如,20世纪管理史上,泰罗的"科学管理"和日本的"精细化管理"是两个著名的管理体系,直到今天依然被很多企业所采用。主要原因在于,建立在工业大革命基础上的"科学管理"开启了人们对劳动效率的认知,而"精细化管理"将常规管理引向深入,在日本促进了一批大企业的成功崛起。

基于此,根据苏东水(2005)、林善浪(2006)、颜世富(2019)等学者的观点,我们认为,华商管理兼容东西方管理文化,来源于几代华商管理实践,是传统与现代的结合、东方与西方的结合、科学与人文的结合,而且在华商企业崛起过程中起到了重要作用,因此必将具有旺盛的生命力。

1.全球华人持续增长的"文化自信"是华商管理生命力的根基

世界上大凡有生命力的管理思想,都是基于本土文化之上。改革开放以来,随着中国综合实力的增长,中华文化在全球的影响力也与日俱增。而且,随着"一带一路"倡议和"双循环"经济格局建设的推进和实施,中华文化"走出去"的步伐将加快。

在此背景下,包括华商在内的海外华侨华人对中华文化的自信展现出新的热情,他们会以传承中华文化为荣,这种强烈的文化认同、文化自信,能够促使华商在未来的企业经营管理中,积极理解、提炼、践行和弘扬中华传统文化中的管理思想,促进华商管理思想在世界各地继续发扬光大。

2.持续增长的华商群体是华商管理生命力的基础

海外华人社会的规模是华商管理学赖以存在的基础。毋庸置疑，随着中华民族从"站起来"到"富起来"再到"强起来"，历史上因天灾人祸大规模海外移民的现象不会再重演。但是，我国仍然是发展中国家，在今后相当长的时间内，国内会有一定数量的人口通过技术、留学和劳务等移民方式走出国门，并且以劳动力相对比较短缺、人口密度比较低的发达国家为主要目的地，这些移民中必然有部分会成为新的华商群体。另外，随着我国"一带一路"倡议的实施和"双循环"经济格局的构建，我国"走出去"企业的经营管理人员也是未来新华商的重要组成部分，他们会不断传承和创新华商管理的理念与方法。

3.日益强大的华商经济是华商管理生命力的源泉

管理理论的生命力来源于背后的经济成就，这也是为什么美国式创新、日本式管理、中国式管理轮番引起人们关注的原因。正如20世纪80年代日本管理文化风靡全球一样，20世纪东南亚华商的辉煌成就，引起了各界对其经营模式的浓厚兴趣，国内外大批学者开始关注和研究华商管理。如前文所述，华商在过去相当长的时间内取得了非凡的成就，未来追求企业的步伐不会停止。

在博鳌亚洲论坛2018年年会上，香港世茂集团董事局主席许荣茂认为，"当下华商经济涌现出一些可喜的新特点，包括新型战略拓展眼光、新兴经济元素、新时代发展定位等"。这表明当前华商经济已经进入转型升级与创新发展新时期，是广大华商在努力适应时代和市场变化，不断推动自身转型升级的缩影。因此，方兴未艾的华商经济是华商管理生命力的来源之一。

4."兼容性"和"适应性"特征是华商管理生命力的保障

一方面，华商管理的生命力在于兼容了"中西方管理哲学思想"，对东西方管理学的管理思想进行了有效"扬弃"，既有中国传统文化精华的"道"，又有西方现代管理技术的"术"，这种"兼容性"正是华商管理旺盛生命力的有力保障；另一方面，在企业经营管理过程中充分体现了"适应性"，与时俱进的心态和犀利独到的眼光是很多华商获得成功的原因。

例如，面对2008年的金融危机，欧洲华商出现以"整合与升级"为特点的专业化、正规化、规模化的经营模式，从被动式供货逐步改变为主动地迎合市场和零售商的需求，更为精细地服务于目标市场，经营思维的改变使他们"柳暗花明又一村"。

二、东方管理学派与华商管理学

(一)东方管理学派的兴起

1.东方管理思想的探索

中华民族在几千年的文明进程中,形成了《周易》、道家、儒家、法家、墨家、兵家等睿智的管理思想,曾使古代的中国由于出色的管理和能工巧匠的创造,谱写过世界文明史上极其光辉灿烂的一页。但是,鸦片战争以后,中国逐渐在世界经济舞台上落伍,中国传统文化一度沦为落后的代名词,西方文明成为真理、先进的代名词,中国文化自信缺乏。

在管理学领域,由于管理理论和经济发展的高度相关性,现代管理学比较著名的一些管理学流派,几乎都是西方学者提出的。例如,管理过程学派、人际关系学派、群体行为学派、经验(或案例)学派、社会协作系统学派、社会技术系统学派、系统学派、决策理论学派、数学学派或"管理科学"学派、权变理论学派,等等。

改革开放以来,随着中国成为世界第二大经济体,中国企业的发展越来越受关注。国内一批学者和企业家,执着挖掘中国古代优秀管理思想,探寻成功企业管理经验,提出中国管理学、中国管理模式、中国式管理、东方管理学、周易管理模式、五行管理模式、和谐管理模式、无为管理模式、混沌管理模式、柔性管理模式、自导式管理、水型组织等 20 余个中国管理模式。

例如,世界著名管理哲学家成中英提出了"C 理论",该理论以《易经》为基础,以中国传统智慧与西方科学精神的融会贯通为目的,以"中国管理科学化,管理科学中国化"为宗旨,以集科学、文化、艺术三位一体为特征,注重管理功能与中华文化资源(尤其是哲学智慧与道德价值)的整合与组合,使两者相得益彰。"C 理论"是体察中西文化差异、东西方社会组织差异,东西方哲学思维方式、价值体验和历史经验的差异,并运用中国《易经》哲学思想,而创新研究的学术成果。它将中国传统学术七家(易学、儒家、道家、兵家、墨家、法家、禅学)之言渗透在各部分管理的功能与整体的管理体系之中,不但成为管理功能的智性资源,也成为管理者发挥管理功能的德性资源,进一步修正了微观经济学缺少人本或人文主义的特质。

"中国式管理之父"曾仕强教授认为,21 世纪是中国管理哲学与西方管理科学相结合并获得发扬的时代,他自 20 世纪 80 年代开始推广中国式管理,著有《胡雪岩的启示》《易经的奥秘》《家庭教育》《孙子兵法与人力自动化》等,为企业家群体进行了大量与之相关的企业管理培训讲座,还在央视"百家讲坛"讲解《易经》、函谷关现场讲解《道德经》,吸引了大批国学爱好者。

2."东方管理学派"的形成与发展

东方管理学从最初的管理思想萌芽到形成一个比较完整的学科体系,胡祖光和苏东水等一大批学者和教授等做出了重要贡献。1994年6月,浙江省社科联原主席、浙江工商大学原校长胡祖光教授正式出版专著《管理金论——东方管理学》,1998年出版《东方管理学导论》,2002年出版《东方管理学十三篇》,引起了社会各界的高度关注。

1997年,在上海举行的IFSAM"97世纪管理大会"上,来自30多个国家的300多名教授、学者和专家代表,就东方传统文化与现代管理、东西方管理文化比较、当代企业管理和国际管理问题等展开了热烈讨论。其中,复旦大学苏东水教授作了题为"面向21世纪的东西方管理文化"的报告,有50多家媒体报道了此次大会的盛况。这次会议成立了IFSAM中国执行委员会,并推选苏东水教授担任主席。于是,包括苏东水教授本人在内的一大批东方管理研究学者,首次被媒体称为"东方管理学派"。

从此,东方管理学成为以中华优秀传统管理文化为核心,不断吸收世界各民族管理文化之精华的开放系统。其中,苏东水教授更是辛勤耕耘,执着地向管理学学术、教学和实践领域汇入中国传统文化力量,提炼出"道、变、人、威、实、和、器、法、信、筹、谋、术、效、勤、圆"等15个哲学要素,总结出以人本论、人德论、人为论为核心的"三为"东方管理理论,即"以人为本、以德为先、人为为人",从而构建了"学、为、治、行、和"的东方管理"五字经"理论体系,把沉淀千年的中国思想文化融入当代管理学的科研与应用,创造性地进行系统转化而形成一门学科——东方管理学。为表彰苏东水教授的杰出贡献,2018年11月,复旦管理学奖励基金会向他颁发"复旦管理学终身成就奖"。

为了扩大东方管理学的国内外影响力,从1997年开始,苏东水教授发起了"世界管理论坛暨东方管理论坛",至2021年10月已在复旦大学、北京大学、华侨大学等地成功举办了25届,如表2-3所示。每届论坛都以深刻而富有前瞻性的主题、高水平的演讲嘉宾和丰硕的会议成果在国内外赢得高度关注与认可,进一步促进了世界管理学的发展、创新和融合,在国内外产生广泛影响。其中,2021年10月在南昌举办的第25届世界管理论坛暨东方管理论坛上,隆重发布了由吕力、苏勇等25位知名学者共同起草的《中国管理哲学(南昌)宣言》,受到了社会各界的广泛关注。

表 2-3　历届"世界管理论坛暨东方管理论坛"主题

届别、时间和地点	主题	届别、时间和地点	主题
首届,1997 年 7 月,上海外国语大学	面向 21 世纪东西方管理文化	第 12 届,2008 年 7 月,复旦大学	东西方管理融合发展
第 1 届,1998 年 10 月,复旦东方管理研究中心	东方管理学派创立学术大会——管理的国际化与本土化	第 13 届,2009 年 10 月,河海大学	走向世界的东方管理
第 2 届,1999 年 11 月,复旦大学、上海管理教育学会	21 世纪世界华商管理的发展——首届世界华商管理大会	第 14 届,2010 年 7 月,法国巴黎:法国国立艺术及文理学院(ISC)	正义、可持续性与人为为人
第 3 届,2000 年 4 月,复旦东方管理研究中心	东方管理文化与当代经济发展	第 15 届,2011 年 3 月,华侨大学	东方管理、华商管理与中国软实力
第 4 届,2000 年 12 月,复旦大学	新概念、新国企、新规则	第 16 届,2012 年 12 月,上海工程技术大学	东方管理 300 年、30 年和未来——中国管理模式创新研究
第 5 届,2001 年 10 月,复旦大学	东方管理文化的创新与发展	第 17 届,2013 年 10 月,复旦大学经济管理研究所、上海管理教育学会	人与人、社会(组织)、自然的和谐发展——中国管理模式的融合创新
第 6 届,2002 年 12 月,复旦大学	东方管理与产业发展	第 18 届,2014 年 10 月,复旦大学	东方管理理论与实践——过去、现在、未来
第 7 届,2003 年 11 月,上海交通大学	东方管理科学的创新与发展	第 19 届,2015 年 12 月,东华大学	新常态・新思维・新实践
第 8 届,2004 年 12 月,复旦东方管理研究中心、上海管理教育学会	东方管理、中国管理、华商管理——苏东水教授从教 50 周年欢聚会	第 20 届,2016 年 12 月,上海管理教育学会	创意、创新、创业
第 9 届,2005 年 12 月,复旦大学、上海管理教育学会	东方管理与和谐社会——两岸 Oriental Management 学术研讨会	第 21 届,2017 年 11 月,上海交通大学安泰经济与管理学院	开放共享多元包容:东方管理学新发展
第 10 届,2006 年 12 月,上海管理教育学会、上海外国语大学	全球化背景下的东西方管理	第 22 届,2018 年 6 月,上海外国语大学	国别区域管理与跨文化管理
第 11 届,2007 年 12 月,北京大学	东方管理思想与中国管理创新	第 23 届,2019 年 11 月,上海工程技术大学	东方管理智慧与新时代企业家精神

续表

届别、时间和地点	主题	届别、时间和地点	主题
第 24 届,2020 年 11 月,山东省人社厅、上海管理教育学会	东方管理智慧时域下的现代人力资源管理	第 25 届,2021 年 10 月,江西财经大学	新变局、新理念、新发展——东方管理再思考

资料来源:"世界管理论坛暨东方管理论坛"官网,http://www.omforum.cn

在苏东水教授精心组织下,在复旦大学、上海交通大学、上海外国与大学、华侨大学、江西财经大学等多家高校成立了东方管理研究中心,上海工程技术大学还设立了东方管理本科专业。1995 年,复旦大学产业经济专业中设立"东方管理"研究方向;1998 年,复旦大学成立了"东方管理研究中心",组建起一支东方管理学的基本研究队伍;2005 年,复旦大学设立"东方管理"二级学科博士点和硕士点,苏东水、王家瑞、苏勇三位教授在全国范围内率先招收"东方管理"专业博士生和硕士生。

从 2005 年开始,在苏勇、苏宗伟、颜世富、林善浪等学者的努力下,陆续出版了"东方管理学派著系",具体包括:

"三学":《东方管理学》《中国管理学》《华商管理学》;

"四治":《治国》《治生》《治家》《治身》;

"八论":《人本论》《人德论》《人为论》《人道论》《人心论》《人缘论》《人谋论》《人才论》。

这 15 部首创性专著,对东方管理文化的各个方面进行深入发掘、整理和研究。

(二)华商管理学:东方管理学的核心内容之一

苏东水教授这么描述东方管理学:"它是包含着中外管理精华的现代管理学科,是中、西、华商管理精华的融显,也是管理精华的实践成果。"实际上,华商管理正是中国传统文化与西方管理文化以及华商足迹所至的土著管理文化相融合的成功典范,成为东方管理学中的"三学"之一,是东方管理学的核心内容。

长期以来,广大华商在实践中思索,在学习中前行,他们充分运用东方管理学的核心思想,并以开放的心胸吸收西方管理理论的精华,并为己所用。纵观华商在海外发展过程中的经营管理理念,正是东方管理学中"以人为本,以德为先,人为为人"核心思想的具体体现和成功实践。具体来讲:

1.运用"人缘"文化,强调"以人为本"的观念

从管理学角度来说,中国古代的人本思想就是要求管理者要为他人着想,要重视人际关系的协调,关心他人,爱护他人,帮助他人成就事业。东方文化倡导家庭成员和谐同心,对家族外的成员也是强调礼仪协调。

华商企业在创业初期一般都是采用家族式管理,家庭成员内部彼此信任、便于协调,节省信息不对称成本。在发展过程中,依托"五缘"形成的华商网络进行经营,这种"人缘"文化强调"以人为本"的观念,为华商提供情感、服务、伙伴关系、经济等多方面的支持,将"人和"置于"天时"和"地利"之上,增强了企业的竞争优势。

2.遵奉"人德"文化,突出"以德为先"

《大学》中有"德者本也"之说,它是对管理学哲学基础的界定。"修己"与"安人"就是强调通过管理者道德威望的感召和示范,在无形中影响着被管理者。东方管理学也强调"德"的重要性,其内涵可概括为"诚"(以诚相待)、"信"(以信为上)、"和"(以和为贵),以德为先、人品至上、德才兼备则是对个人发展的基本要求。

在实践中,广大华商深谙此理,他们在个人及其企业的发展过程中,极为重视个人道德和企业商德。秉承中国优良文化传统的海外杰出华商,都把"诚"与"信"奉为自己人生处世和企业经营的信条,在管理中努力通过自我约束提升领导力,在与其他人的经济往来中努力赢取"诚商"的美誉。

3.坚持"人为为人"文化,体现"儒商"优秀品质

东方管理强化了企业管理的人性、整体、共生、人为为人的管理价值,企业管理正进一步走向整合化、柔性化和人性化。作为东方管理文化的本质特征,"人为为人"揭示了管理主体与管理客体之间的辩证关系。其中,"人为"就是"人的行为、作为","为人"是"人为"要达到的目的。

在华商成长过程中,"勤俭、拼搏、慈善"是华商的优秀品质,也是"人为为人"特征的集中体现。其中,勤俭和拼搏体现了华商的"人为",慈善体现了华商的"为人"。一方面,华商以"俭、搏"为美,在日常生活和企业管理中"能省则省",在企业发展过程中努力拼搏,他们的成功往往克服了令人难以想象的困难。另一方面,华商成功后非常注重"善",他们对教育和社会事业的慷慨与他们自我的"俭"形成鲜明的对照。

第三节　华商管理学的核心内容和价值意义

如前文所述,生活在海外的华商或多或少地受到中国文化的影响,总会自然地、习惯性地运用中国传统文化对自己的企业进行管理。同时,华商又受住在国家或地区文化、西方文化的影响,从而表现出一些与其他族裔商人不同的、带有浓厚中国文化色彩的特征,从而形成了独具优势的管理文化。

基于此,对上述内容进行总结、归纳、提炼,就构成了华商管理学的核心内容,不仅能够彰显东方管理文化的智慧与魅力,对于"一带一路"和"双循环"背景下越来越多"走出去"企业,也具有重要的指导意义和参考价值。

一、华商管理学的核心内容

管理学是理论性和实践性都很强的学科,管理实践的丰富性衍生出管理学多样性、动态性和可变性等特征。具体来讲:

(1)从理论的角度,管理学是艺术、哲学和科学相互融合的系统整体。其中,管理艺术是指理论的应用必须符合人伦的基本原则,管理哲学是指需要顺应不同文化背景以及环境条件衍生相应的管理理念,管理科学是指对物的管理方法要遵循客观规律。

(2)从实践的角度,管理学是一门实践性和操作性都很强的学科。管理不是玄学,它不是为学术而学术的逻辑思辨和经院哲学,而是学以致用、经世济民的实践性理论,以能够指导企业管理实践作为重要目标。

我们认为,作为东方管理学的一个重要分支,华商管理学是融合东西方管理理论的最佳范例,它融合了东方管理思想和西方管理理论,既拥有坚实的理论基础,又不是务虚的空谈学问。

基于此,本书将系统分析华商如何坚持"中学为本,西学为用"的原则,把东方管理学中的"管人之道"与西方管理学中的"管事之术"有机融合,成功做到博取中西方文化之长:战略层面充分发挥中华文化的综合思维和长期取向的优势,把握全局和发展方向;战术层面学习和借鉴西方文化的目标可度量,过程推进的节点和节奏、绩效导向、精准数据和结果说话等先进管理经验,并在全球发展过程中形成了个人与企业成长的成功经验,使学习者能够充分认知和借鉴东西方文化融合下的华商经营管理智慧。

基于上述目的,本书综合了苏东水(2006)、林善浪(2005)、胡祖光(2002)等学者的华商管理理论框架,参考龙登高、庄国土、王辉耀、康荣平等学者对于华商发展的观点,并根据企业管理的核心内容体系构成,形成了华商管理的整体框架体系(如图1-1所示),主要包括华商管理的理论根基、华商个人的企业家精神、华商企业经营理念、华商企业组织结构、华商企业的战略管理、华商经济网络等内容。

具体来讲,各部分的主要内容包括以下几个方面:

第一,"兼容并蓄"的华商管理理论根基。任何管理理论的形成都离不开文化的支撑,本部分在阐述中华传统文化、商帮文化和地域文化等,以及西方的宗教文化、管理文化核心思想的基础上,重点剖析它们如何奠定华商管理的理论基础。

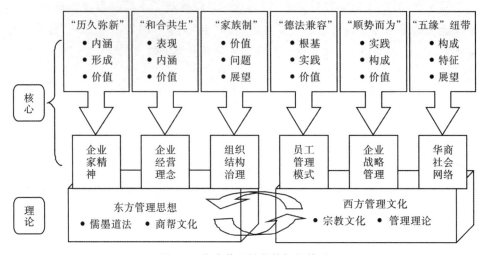

图 1-1　华商管理的整体框架体系

第二,华商企业家精神的特征与形成。企业的管理成效首先源自管理者的自我修养和领导力,企业家精神是管理者个人特质的核心组成部分。本部分重点关注华商自我修养和企业家精神的特征、来源与相互关系,以及它们与企业成长的关系。

第三,华商经营企业"和合共生"的理念特征与形成。本部分在剖析"和合共生"理念的基础上,关注华商如何践行"和合共生",即华商企业如何与社会、国家、环境等和谐发展,与同盟者和竞争者协同合作、以和取利,与员工荣辱与共、共同发展。

第四,华商企业组织结构设计与治理中的"家族制"管理模式。本部分在针对华商企业"家族制"管理结构的特征、对华商企业发展的价值和存在的问题进行剖析的基础上,重点关注新形势下华商企业"家族制"的新特点和未来趋势。

第五,华商"德法兼容"的员工管理模式。管理的核心问题是"人",本部分剖析华商基于东西方管理理论,所形成"以德为基"的伦理型管理模式和"以法为器"的制度化管理模式,包括各个模式的内涵、特征与实践应用等。

第六,"顺势而为"的华商企业战略管理。在海外复杂环境的多重约束下,华商用胆识、谋略和汗水书写着创业传奇。本部分重点分析华商如何融合东方管理的"谋略"思想和西方管理的企业战略思维,通过提升"适应性"和"柔性"实现企业的"顺势而为"。

第七,"五缘"为纽带的华商社会网络。由于华商网络在华商企业发展过程中扮演了重要角色,本部分基于"五缘"文化,剖析华商网络的角色功能与运行机理、"五缘性社团"与华商网络的互动机制等问题。

二、华商管理学的价值意义

(一)理论价值

1.融合东西方管理,构建了"民族化"的管理学理论框架体系

管理现代化必须管理民族化,"借来的火,点不亮自己的心灵"。但现实是,反映中国社会和文化特征的管理学理论不仅没有占据主导地位,而且很少加入国际学术界的对话中。改革开放以来,西方管理理论涌进我国,ISO 认证、6σ 管理法等西式管理方法和工具等风靡一时。

不可否认,西方管理理论的很多方面对于企业成长具有重要的指导作用。但它的形成有其特殊的背景条件,包括与市场经济体系发育相生相辅的产权制度变迁,与之相应的法制与执行系统,西方文明,特别是以新教伦理为重要内容的文化背景等。但是,我国不仅不完全具备上述背景条件,而且还有着自身独特的悠久厚重的文化背景,完善的市场运作系统和与之相应的法制及其执行系统尚未完全建立,这使得西方理论在中国并不完全适用,在有些领域、有些企业出现了"消化不良""水土不服"的现象。

主要原因在于,人是在特定的民族、国家、社会、家庭中成长,受特定的民族文化、习俗的浸润、熏陶而具有特定的思维方式、价值取向、心理类型和行为方式的。所以引进外来科学管理,要顾及运行机制的文化环境,也就是不能脱离国情、民情、厂情,否则就难免会产生诸多问题。

例如,在许多中国企业家眼里,为了管理效益的提高,还有比引进西式管理方法和工具更重要的事情要做,比如处理好政府机构、供应商、经销商等外部关系,协调高层经理的利益关系,做好中层和基层员工的思想工作,完善给公司员工的生活配套服务等。一位中国 MBA 的学员曾经写道:"当你基本上掌握了西方企业管理规律,熟练运用了各种管理工具,那么你在外资企业或者管理西方化的公司会如鱼得水,但到了国企或者中小民营企业,你会发现一切都变了样,他们会说你的模型太深奥难懂,你的报告结论下得太早,你的计划复杂、烦琐,你的个性不够成熟,你的沟通太不老练。所以,有时最要紧的是要暂时放弃让人听不懂的'理论术语'、看不明白的分析模型、用不习惯的管理工具,学会用东方的语言来描绘西方的管理思想、规律与方法……"

因此,根据徐淑英教授在 2009 年"中国管理研究的展望"论坛中的判断:"过去二十多年来,中国管理学研究追随西方学术界的领导,关注西方情境的研究课题,验证西方发展出来的理论和构念,与借用西方的研究方法论,而旨在解决中国企业

面临的问题和针对中国管理现象提出有意义解释的理论的探索性研究却迟滞不前。"郭毅(2010)也有类似的观点:"有关'中国的'本土管理研究总是缺乏一个'好'理论建构和发展所必需的过程,如同一棵长不大的歪脖子树,总是只有几个短短的树枝和小小的枝芽,始终长不成茂盛的参天大树。"

事实上,近年来在海外涌现出大量优秀华商企业,在中国也产生了一大批具有世界竞争力的企业,人们对中国情境的兴趣日益浓厚,对基于华人企业和组织的管理学知识需求日益强烈(Tsui,2009)。因此,根据贾良定等(2015)的观点,我们要走具有中国特色的管理学理论自信道路,不仅要求我们的理论能够反映中国社会、制度和文化的特征,体现中国企业和组织管理现状及其变革的内涵,而且要求我们积极加入世界范围内的管理学对话中,把具有中国特色、反映中华社会文化和制度的管理学理论体系化和制度化。

那么,为了构建现代意义上的"民族化"管理理论框架,我们该如何对中国传统文化进行扬弃,如何吸收西方管理理论的有益成分? 广大华商在企业管理实践中对这个问题做了很好的回答,他们虽身在异域但保留着中国文化传统,而这些传统并不妨碍他们融入当地社会,他们经营管理企业具有"中西合璧"的特色,既具有中国传统文化,又不妨采用现代管理方法。因此,根植于中西方文化、来源华商管理实践的华商管理学,能够很好地反映我国"民族化"的管理学理论,也更适合于指导我国企业的管理实践,尤其是对于"走出去"的企业。

2.核心思想依托中国传统文化,强力彰显文化自信

文化自信是一个国家和民族对自身文化价值的充分肯定,对自身文化生命力的坚定信念。习近平总书记指出,"文化自信是一个国家、一个民族发展中最基本、最深沉、最持久的力量","历史和现实都表明,一个抛弃了或者背叛了自己历史文化的民族,不仅不可能发展起来,而且很可能上演一幕幕历史悲剧"。

自古以来,中华传统文化以儒学为主体、儒佛道共构、法家墨家兵家等百家争鸣,诗词歌赋书画小说等百花齐放,形成了自强不息、厚德载物、和合共生、穷变通久等一系列核心价值,思考和表达了人类生存与发展的根本问题,成为人类共有的精神财富。但近100多年来的内忧外患使中华文明受到一次又一次严重的挑战,导致很多人几乎不具备传统文化素养。

在管理学领域也是如此,马克斯·韦伯在20世纪初的论断是,"儒教文化阻滞资本主义的自动兴起"。诚然,中国传统文化是在农业社会的土壤中生长起来的,缺乏与近代工业生产、科学技术和市场经济的有机联系,在各种长处之中也包含着一些弊端。但近年来东亚经济的快速发展使马克斯·韦伯的命题受到了质疑,众多学者认为中华优秀传统文化含有丰富的管理哲学思想,能够从根本上提升企业的管理水平。

事实上,西方管理也一直在吸收东方管理的智慧,例如生态管理、绿色管理、可持续发展等是对"天人合一"思想的回归,创新管理、集成管理、知识管理、柔性管理、网络管理、合作竞争管理、后发展管理、跨文化管理等,其实质就是"以人为本、以德为先、人为为人"的网络生态管理。

因此,华商管理学将中国传统文化作为基本的世界观和价值,以人情、面子、关系、阴阳、五行等中国文化中最有特色的概念为载体,深入挖掘中华优秀传统文化蕴含的思想观念、人文精神、道德规范,结合时代要求集成创新,创造中国式的管理理论,形成系统的基于中华文化传统的管理理论框架,让中华文化展现出时代风采,能够使学习者在学习企业管理理论的同时,充分理解中华文化的博大精深,实现文化自觉和理论自信。

(二)实践意义

1.为国内市场经济启蒙

全国工商联原副主席保育钧 2001 年在第六届世界华商大会上指出,"华商凭借特有的华商网络和适应驾驭市场的经验,帮助和影响中国内地企业家摆脱传统计划经济的束缚,实现从计划到市场的平稳转轨过渡。这恐怕是海外华商为中国经济建设和改革开放事业起到的最重要的作用"。

首先,华商的经营管理经验促进了我国从计划经济向市场经济的转型。美国前总统经济顾问瑟罗指出,"华商对中国改革的最大贡献,不仅是投资,而且是教会了他们的同胞运用市场经济的游戏规则"。几乎可以说,没有最初海外华商的商业启蒙和市场启动,就没有现在的市场经济。改革开放以来的观念更新与思想解放、制度创新与体制变革,都浸透着华商的影响与推动。因此,中国社会科学院世界华商研究中心主任康荣平认为,"在给华商企业打工的过程中,内地人知道了什么是市场,什么是市场经济"。

其次,华商通过经营管理经验将市场观念传递给内地企业,催生了大批民营企业。华商投资最多的中国东南沿海是中国经济发展最好的地区。这不仅仅得益于华商的资金投资,更得益于华商带来的先进技术和管理经验。而且,华商在经济特区及侨乡投资企业的成功,对当地民营企业起到了示范作用,他们学习华商的经营理念和管理经验,通过华商建立起与国际市场的联系。因此,全球化智库理事长王辉耀认为,"除了华商的资金库、人才库和关系网给中国带来巨大发展以外,更重要的是他们带进来的国际上先进的管理经验,包括跨国公司、更多风险投资模式、创新创业的精神等"。

例如,黄鸿年在国内收购多家国有企业后,企业中原来管理团队的身份和责任就发生了质的变化:第一,合资前厂长们注重完成上级交给的任务,包括来自经济的和社会的任务,而合资后他们必须全力以赴地进行企业经营和管理,重点关注利润增长率;第二,合资前他们可以就工作任务向上级讨价还价,合资后他们则必须无条件执行公司董事会的决议;第三,合资前他们的职位是安全的,即通俗来讲,以前坐的椅子是铁的,合资后坐的椅子是活的,干得好可以坐下去,干不好就得换别人来坐;第四,合资前他们要用很多精力来处理关系,关系处好了,即使有失误也没多大问题,而合资后大家都在看着硬指标,达不到目标,自己心里立刻就没底。

2.为"走出去"企业引路

改革开放以来,中国政府鼓励有实力的企业到国外寻求发展空间,而且随着"一带一路"倡议和"双循环"经济格局建设的全面推进,中国企业走出去的步伐只会加快不会放缓。

但是,中国企业在"走出去"过程中面临重重挑战,正如香港特别行政区财政司前司长梁锦松的观点:"这些企业需面对五大方面的困难和挑战,即政治歧视、国际化人才、银行的支持、企业对于员工的保护能力和政府的审批。"清华大学经济管理学院中国—拉丁美洲管理研究中心主任陈涛涛教授2018年在"中资企业走出去的挑战与发展"座谈会上也指出,"中国企业海外发展目前所面临的障碍,从横向来看包括文化差异、政治差异、地理距离、经济发展差异四大方面;从纵向层次来看,这些挑战存在于宏观、行业和企业三个层面,从而被形象地称为'牢笼挑战'"。

在上述挑战中,文化差异带来的管理冲突是其中影响中国企业海外发展的重要因素之一,正如三一重工原副总裁贺东东在第六届中国CEO年会上所说的那样,"中国企业管理风格在国外,面对的文化差异非常大,非常容易引起管理上的冲突和文化上的冲突,这是中国企业'走出去'时面临的一个较大的软挑战,也是非常致命的挑战"。

而融合中西方管理思想的华商管理在指导"走出去"企业在海外发展具有天然优势。因此,国侨办原副主任任启亮认为,"由于华商管理源于中国文化,成长于世界各地,具有'中西合璧'的特色,它对目前我国寻求走向国际化的企业颇具借鉴价值,海外华商理所当然可以成为中国企业的引路人,他们的成功经验也可以为中国企业学习借鉴"。

本 章 精 要

1.华商是指具有中华民族血统,所属企业或主要业务起源于中国境外,活跃在世界经济舞台上的商人群体,包括中国香港、澳门和台湾地区的商人,以及海外各地的华侨华人商业活动者。

2.华商的群体特征包括：在地域和行业分布上呈现"大集中、广分散"；华人富豪实力快速增长，但中小型华商依然是华商的主体；受中华文化传统价值观与西方文化综合影响，且代际差异较大；谋求企业转型升级一直是华商群体发展的主题。

3.华商在世界经济领域取得了非凡的成就，为我国及其住在国的社会事业做出了突出贡献，享有较高的社会声誉。

4.华商是中华民族实现"中国梦"的重要力量，对我国改革开放、"一带一路"倡议、"双循环"新发展格局构建等方面，都发挥了重要作用和影响。

5.华商在企业经营实践中将中华传统文化、本土文化和西方文化的管理思想融入企业管理实践中，形成了独具特色的经营管理模式，具有强大的生命力。

6.苏东水教授提炼出"道、变、人、威、实、和、器、法、信、筹、谋、术、效、勤、圆"等15个哲学要素，总结出以人本论、人德论、人为论为核心的"三为"东方管理理论，华商管理学是东方管理学的核心内容之一

7.华商管理学的核心内容主要包括"兼容并蓄"的华商管理理论根基、"历久弥新"的华商企业家精神、"和合共生"的华商经营理念、"家族式"华商组织管理、"德法兼容"的华商员工管理、"顺势而为"的华商战略管理、基于"五缘文化"的华商网络等内容。

8.华商管理学的价值与意义在于：一方面，从理论上构建了"民族化"的管理学理论框架体系，强力彰显了中华民族的文化自信；另一方面，在实践中能够为国内市场经济启蒙，为"走出去"企业引路。

第二章 "兼容并蓄"的华商管理理论根基

"古为今用、洋为中用、百花齐放、推陈出新"。

——毛泽东对待中外古代文化遗产的"十六字方针"

引 导 案 例

多元文化影响下的马来西亚华商郭鹤年

2012年,在有着"中国经济界奥斯卡"之称的CCTV年度经济人物颁奖盛典上,全场唯一的"终身成就奖"颁给马来西亚华商郭鹤年,场内嘉宾纷纷起立,报以热烈而持久的掌声。这是因为,郭鹤年不仅有"亚洲糖王"和"酒店大王"等诸多商业美誉,还是积极投身祖国建设的典范。

作为在海外成长的杰出华商,多元文化对郭鹤年的商业思维和做人理念产生了重要影响。小学毕业后,郭鹤年和两个兄长进入马来西亚极负盛名的新山英文书院学习,打下了良好的英文基础,并使他对西方文化产生了兴趣。后来,郭鹤年又在马来西亚最为著名的华文学校宽柔中学系统接受了华文教育,之后进入另

郭鹤年

一所名校新加坡莱佛士学院深造。这两种背景迥然的学习经历成就了郭鹤年的多元文化思想,他不仅同时具备了英文和华文的沟通能力,还和很多马来西亚日后的政界要人成为好友,为其事业的发展提供了有力的支持。

其中,中国传统文化对郭鹤年的影响主要来自家庭教育,尤其是他的母亲。在他的印象中,没有人比母亲更有原则。从小,母亲对他的家教就非常严苛。如果调皮捣蛋,母亲会让他脱掉裤子,然后用细细的藤条打他,在屁股上留下伤痕。上学时,他穿着短裤,母亲就打他的小腿,故意让他丢脸,提醒他不要再犯同样的错误。在郭鹤年的记忆里,他被母亲打过 50 到 70 次。在成年之后经商的过程中,母亲总是劝告郭鹤年:"永远不要贪婪,永远不要。"母亲还曾告诉他,"大米、糖等都是人类生存不可或缺的食物,无论如何不能从中牟取暴利,不要成为推高主要粮食价格的罪魁祸首,因为穷人都是以此为生。"另外,母亲留给郭鹤年家族的家训是:"儿孙能如我,何必留多财;倘若不如我,多财亦是空。"因此,郭鹤年将母亲比作自己背后隐藏的船长,他在自传的扉页中写道:"谨以此献给先母郑格如——郭氏集团的真正创始人。"

在家庭教育之外,郭鹤年还受到了海外文化的熏陶。当 1941 年,郭鹤年进入名校新加坡莱佛士学院深造时,他刻苦学习,博览群书,并与先后担任过马来西亚总理的拉扎克与侯赛因·奥恩,以及新加坡前总理、前国务资政、前内阁资政李光耀等成了校友。

1953 年,郭鹤龄在内战中牺牲,郭家被英殖民当局严密监视,生意也大受影响。在这样的情况下,为拓宽视野找寻新的机会,郭鹤年离开马来西亚,去往正殖民统治马来西亚的老牌资本主义国家——英国。作为"自由主义"经济学说的发源地,很多现代化的产业运作方式当时已经在英国出现并大行其道,比如期货、股票等,这些都让郭鹤年倍感新鲜。

因此,在英国期间,他深入各种商业场所广泛熟悉当地的经济与商业环境,在很长一段时间内,他甚至天天流连于商品交易所,一边学习现代化的商业交易方法和英国人的高效经营管理理念,一边潜下心来研究自己所熟悉的糖业,也因此对全球糖业的贸易情况有了宏观认识与把握,并由此萌生了在糖业上有所作为的想法。

"求木之长者,必固其根本;欲流之远者,必浚其泉源。"江河万里必有源,文化是一个民族、一个国家的国际竞争力的核心要素与根基,也是一个国家的精神命脉和经济发展最重要的社会资本。因此,我们中华民族之所以始终屹立于世界民族之林,其"根本"和"源泉"就是丰富厚重的中华传统文化,它是国家发展"日用而不觉"的丰厚养料。

从企业管理的角度,厉以宁教授强调,"文化可能就是生产要素中未被列入但很可能今后会被列入生产力的组成部分、生产要素的新组成部门"。复旦大学苏勇教授也指出,"任何组织的管理,都不是无源之水、无本之木,无论是管理者或被管理者,无不受到文化传统的影响"。

"最美味的鱼生长在咸水和淡水之间。"研究表明,在全球化时代,华商群体在商业领域成功的一个深层因素是,他们从不同的思想流派中汲取有益营养,将中华传统文化和海外多元文化融入企业发展之中,形成了"兼容并蓄"的管理理念和方法。

第一节　中华传统文化与华商管理思想

2014年6月,习近平总书记在会见第七届世界华侨华人社团联谊大会代表时指出,中华文明有着5 000多年的悠久历史,是中华民族自强不息、发展壮大的强大精神力量。我们的同胞无论生活在哪里,身上都有鲜明的中华文化烙印,中华文化是中华儿女共同的精神基因。

千百年来,中华民族创造了历史悠久和博大精深的传统文化,形成了兼爱互利、扶贫济困、凝聚和合、团结互助的优良传统,它不仅是海内外中华儿女价值认同的"最大公约数"和修身养性的坚实根基,而且还蕴含了丰富的管理思想,为华商的全球化成长提供经营理念与管理方法的强力支撑。

一、华商对中华传统文化的传承与传播

一般来讲,文化继承侧重"纵向",核心是"古为中用",文化传播侧重"横向",突出"对外推广"。作为"东方来客",华商已成为在海外传承和传播中华传统文化的重要力量,他们通过自己的"言"与"行",让中华优秀传统文化在海外生根发芽。

(一)华商对中华传统文化的传承

所谓文化传承,是指针对人类在社会发展过程中所创造的物质财富和精神财富,在上下两代人之间的传递和承接过程,它是文化创新的基础。作为中华文化命脉的海外维系者和推动者,华商群体在海外传承中华优秀传统文化过程中,非常明白这样的道理:"感动别人之前先要感动自己,融入才能更好地推动。"

因此,广大华商在实践中身体力行,通过"家庭教育"和"在华裔新生代中推广华文教育"等方式,把勤学、修德、明辨、笃实等中华文明的精髓落细、落小、落实,融入一代又一代华侨华人的血液中。

1.华商通过家庭教育,推动家族内部的中华传统文化传承

"父母是孩子最好的老师","家教"和"家风"起到了非常重要的作用。华商在

成长过程中,他们在餐桌旁听取父母的教诲,在行动中遵循父母的建议,以这种"润物细无声"的方式进行着中华文化传承。

例如,对于泰国华商李泰增而言,源自母亲"脚踏实地走正道,遇到困难不退缩"的"做人准则",已成为他们一家三代的"生意经",而且必将一代代传承下去。同样,旅美华人船王赵锡成夫妇常与子女们谈论"我们的根,我们的祖先"以及"他们的童年",他们小女儿赵安吉对此感触颇深,"虽然我在美国出生,在美国受教育,但父母传授给的中国文化和智慧给了我很多启发"。

2.华商通过推广华文教育,促进中华传统文化在华侨华人中代代相传

华文教育是我国面向海外侨胞开展的民族语言学习和中华文化传承的重要事业。对于广大华商而言,他们在内心把祖籍地当作自己的"根",而华文就是"根"的象征。因此,在海外推广华文教育既是华商的一种情怀、一种寄托、一种群体责任,也是他们人生价值的一种体现,"即使身在海外,也不能忘记家乡与国家。特别是海外华侨的子女们,更应该加强华文教育,将乡土情结种到心中"。

长期以来,广大华商依托自身经济实力和整合资源能力,对华文教育提供了巨大的支持。无论是早期以张弼士、陈六使等为代表的老一辈华商,还是当代以陈永栽、陈江和、古润金、蚁光炎等为杰出代表的新一代华商,他们都努力在海外推动华文教育事业。例如,截至 2016 年 10 月,马来西亚共拥有 1297 所华文小学、60 所华文独立中学,马来西亚也成为除中国以外唯一拥有小学、中学、大专完整华文教育体系的国家,而这些海外华文学校大多由华商捐资或资助开设。

 案例 2-1

菲律宾华商陈永栽:不遗余力让中华优秀传统文化"海外留根"

陈永栽的商业传奇引起众多人的好奇,他成功的秘诀在哪里? 他曾感慨地说:"我从小受到中华文化的熏陶,一生受益匪浅。"在企业管理实践中,陈永栽将《老子》《易经》《三国演义》等中文古籍的"祸兮,福之所倚;福兮,祸之所伏"、阴阳辩证、《三国演义》小说中群雄争霸的战术与策略等融入经商之道,为其成为一名成功的儒商打下了深厚的基础。

作为海外杰出华商,陈永栽自幼秉承母训,喜爱研究中华文化,能整篇背诵《三字经》《唐诗三百首》《古文观止》《孙子兵法》《论语》等。甚至,他还专门聘请北京大学的教授,为其讲授《四库全书》。

陈永栽不仅自己学习中华传统文化,也要求自己的子女必须具备中华文化的素养。不但让孩子们在华文学校接受启蒙教育、在家中坚持讲汉语,还要求孩子们从小背诵古诗词,有的甚至被送回中国进修中文与历史,在学习的同时边周游神州

了解中国。在他的带领与熏陶下,学习中华文化已成为陈永栽家族的传统。这种方式教育出来的陈家子女,从中华文化层面理解父亲的经营理念与行为,为发扬光大家族事业奠定了基础。

更难能可贵的是,为了"不能让中华文化在海外断了根脉"这个朴素的愿望,陈永栽倾其一生推动华文教育。2015 年 3 月,他捐款 5 000 万元人民币建设华侨大学陈延奎大楼用于华文教育培训。他还多次出资开展"挽救行动"和"留根工程",资助菲律宾华裔青少年来中国学习汉语和中国文化,支持华侨大学在菲律宾举办"中华文化大乐园"夏令营。据不完全统计,2001 年至 2012 年,陈永栽连续 11 年共资助近 7 700 名菲律宾华裔学生来福建参加"菲律宾华裔青少年学中文夏令营活动"。

因此,2011 年 11 月,在第二届世界华文教育大会开幕式上,陈永栽获得了国务院侨办与中国海外交流协会授予的"热心华文教育杰出人士"荣誉称号。

资料来源:作者根据相关材料整理。

(二)华商对中华传统文化的海外传播

所谓文化传播,是指文化从一个社会传到另一个社会、从一个区域传到另一个区域、从一个群体到另一个群体的互动现象,它以人群的迁移和流动为媒介,是引起社会变迁的重要驱动因素之一。

从传播学的角度,广大华商为了提升中华传统文化海外传播的效果,努力做到"既要看得起,又要不自大,还要善表达"。具体来讲,"看得起"就是他们高度信仰中华优秀传统文化的生命力和真理性,"不自大"就是他们能够科学判断与准确把握中华优秀传统文化的合理元素和内在价值,"善表达"就是他们努力把中华优秀传统文化的基本内涵和核心要义准确无误地传递给住在国的朋友。

为此,广大华商既是"民间使者",又是一颗颗火种,让中华传统文化闪耀全球是他们的夙愿与追求。裘援平指出:"海外侨胞是对外文化交流的重要载体和依托力量,正是华侨华人的执着与热情,为海外中华文化的传扬和春节文化的繁荣奠定了坚实的基础,提供了依托的力量,营造了浓郁的氛围,扩大了国际的影响。"在纷繁复杂的异域环境中,他们以推动中华优秀传统文化的海外传播为己任,积极拓展中华优秀传统文化的对外传播途径,不仅身体力行用当地民众喜闻乐见的方式表达中华传统文化,还为各种东西方文化交流活动出钱、出力、出场地,在促进对外交流和华文教育方面做出了突出贡献。

1.将中华文化传播与春节等重大节庆相结合,讲好中国故事

近年来,过年、舞龙舞狮、贴春联、挂灯笼、中秋月饼、吃水饺等庆祝春节的习俗已被许多外国人熟知。例如,2021 年中国春晚创纪录地在全球 170 多个国家和地

区的620多家媒体播出;巴拿马从2022年起将中国农历新年定为全国性节日;就连远在尼日利亚的在菜市场,过年时也时常能听到大家用生硬的中文说"过年好";在马来西亚,"中秋节我们一样吃月饼,端午节到处都能买得到粽子,春节有2天的公共假期";在印度尼西亚,中华总商会推动华人舞龙、舞狮文化成为国家运动会的正式比赛项目。

而这一切,与包括广大华商在内的华侨华人的"深耕"是密不可分的。具体到华商个人,例如:

(1)在巴西,叶碎永等华商带领华侨华人舞起中国龙、中华狮欢庆春节、元宵节和中秋节;

(2)在荷兰,由胡志光等华商推动成立的荷兰中国文化发展基金会专门负责组织春节活动,每年都有多名荷兰部长参加;

(3)在英国,华商邓柱廷所在的伦敦华埠商会每年都会举办春节活动,每年吸引几十万人来参观。

2.中国特色的产品文化是华商在海外传播中华文化的载体

除了语言以外,茶道、酒文化、中药、戏曲等都是具有中国文化特色的产品。例如,印尼华商陈大江每次从中国回印尼时都买很多中药,他说:"中药是中华民族的瑰宝,这些药我带回去不仅能给朋友们治病祛疾,还能把中药文化推广出去。"

具体到华商个人,他们积极以具有中国特色的文化产品为载体,积极推动中华文化海外传播。例如:

(1)在新加坡,从事中国白酒贸易的新加坡华商云伟龙"以酒为媒,广交天下朋友",这是因为,"白酒文化其实代表了一种中华文化,有历史,有故事,有感情,有灵魂。中国人重感情,酒代表的是情谊"。他还多次组织围棋比赛、象棋比赛、书法比赛等独具中国特色的文化活动,希望让更多外国人了解并爱上博大精深的中华文化。

(2)在我国香港地区,华商余国春创办了"裕华国货",用售卖药材、食品、墨宝、手工艺品、茶叶等国货的方式传递中华文化,"我们希望不断增加中国产品和中国品牌在整个东南亚,甚至中东的影响力,让更多的人通过国货了解中国和中华文化"。

3.华商积极助力中外文化交流

根据文化传播理论,文化交流是传播中华文化的有效方式之一。广大华商不仅自己主办各种文化交流活动,而且积极参加中国驻外使领馆举办的活动和赴外文化交流活动。例如,世界青年华商会等主办"一带一路再续经典"、十一届世界精英青年领袖高峰会,高峰会举办期间,特意安排福建三和茗茶工夫茶道表演,展示"丝路文化"中的传统茶道魅力。

具体到华商个人,他们通过各种形式积极推动文化交流,例如:

（1）在英国，华夏文化协会会长贝学贤率先将《弟子规》等中国传统经典读物翻译成英文，传播到英国各地。

（2）在巴西，华人文化交流协会主席尹相丛在里约热内卢多次协助由我国国务院侨办和侨联主办的"文化中国·四海同春"和"亲情中华"等慰问演出。

（3）在马来西亚，完美公司董事长古润金2016年主办了"时间的船——2016马中文化交流艺术盛典"，希望中华文化能够成为马中友好的"黏合剂"，让更多的马来西亚人了解、喜爱中华传统文化。

4.华商积极构筑海外传播中华传统文化的平台

长期以来，华商拓展中华优秀传统文化的对外传播途径，他们创办的媒体已经成为传播中华文化的窗口。

例如，泰国华商李桂雄于2005年创立的泰国中文电视台致力于中泰文化交流，目前电视信号已经覆盖东南亚，提供了一个全新的展示中华宽广文化的重要平台。在印度尼西亚，华文报刊《国际日报》《世界日报》与《印度尼西亚商报》具有较高的知名度和权威性，这些华文媒体是印度尼西亚当地居民了解我国内政治经济动态和学习中国文化的途径。

除此之外，香港中华总商会会长蔡冠深在越南河内国家大学捐建"蔡冠深文化中心"，亚洲第二个"蔡冠深文化中心"也在日本九州大学成立，主要是为了积极促进包括儒学在内的文化交流。该中心自成立以来，曾在越南举办儒学国际论坛，邀请了中国内地、中国香港、日本、韩国等地的儒学大师赴会，大家畅聊儒家的人文精神和价值，其中很多外国学者对儒学的认识都非常深刻。

 案例2-2

"弟子规"、"筷子"，都可以成为华商在海外弘扬中华传统文化的法宝！

（一）新加坡华商不忘传统文化，卖饮食兼推"弟子规"

新加坡华商苏胜添学习《弟子规》后，觉得这是很好的东西，萌发与他人分享的念头。于是，他与几名志同道合的同行一起，在宏茂桥4道第672座和实龙岗路上段1014号的咖啡店实践推广《弟子规》的理念，店内墙上和柱子写着"对饮食，勿拣择，食适可，勿过则""彼说长，此说短，不关己，莫闲管""奸巧语，秽污词，市井气，切戒之"等词句。可贵的是，尽管苏胜添后来不再经营宏茂桥的咖啡店，但他的合伙人仍然保留他在咖啡店内推广《弟子规》的理念。

由于这样的字句在其他咖啡店不常见，一些母亲早上带着小孩上学经过咖啡店时，也会边走边把墙上的字句，如"父母呼，应勿缓"等念给孩子听。

受苏胜添影响，华商谢玉合也觉得《弟子规》和中国传统文化相当重要，于是拜托苏胜添帮忙罗列"文化书轩"的书籍,自己也决定用《弟子规》中的字句来装饰咖啡店。"文化书轩"24小时播放圣贤教育的光碟,书柜上主要摆放由几位老板出钱印刷的圣贤教育光碟、《弟子规》和《了凡四训》,供食客自取。谢玉合说:"'文化书轩'不浪费空间。我们学儒学,就是要把学到的回馈社会,让大家多了解中国文化,了解人活着的时候应该要做什么样的人。毕竟这种人文教育已经失传,我们只想出一点力。"

资料来源:改编自《新加坡华商卖饮食兼推"弟子规"不忘传统文化》,中国新闻网,2014年06月10日。

(二)通过"一双筷子"传播中华文化,华商给外国食客带来一份惊奇!

筷子是中国餐饮文化的重要标志,甚至有人说它是中国"第五大发明。"作为奥地利华人餐饮服务联合总会副会长的单家潜,曾在当地中餐厅中发起一场"筷子革命"。他回忆起1986年到奥地利中餐馆打工时的场景,"当地人几乎全部使用刀叉,他们用叉子在小碗里叉起米饭吃的样子很笨拙,于是会将米饭扣到盘中,与菜搅拌着吃,失去了中餐原本的美妙"。十年后,单家潜自己的中餐馆里不见了刀叉,取而代之的是一双双筷子,餐馆还特别做出鼓励食客使用筷子进食中餐的规定,因为当时会使用筷子的当地客人不到5%。

"于是,我们看到了这样的画面",单家潜说,"客人们有的左右手各持一支筷子,有的用橡皮筋把另一头捆住,有的索性用勺子吃饭。我给了他们吃中餐要用筷子的理由:首先,用筷子吃饭非常健康,因为使用筷子需用巧力,可疏通经脉。同时,吃中餐需领略中餐文化,而筷子则是中餐文化的精髓"。当外国食客们拿起筷子,叹服中国餐饮文化之不可思议时,他们向中国文化走近了一步,"如今在欧洲,讲中文、吃中餐成为一种时尚。通过旅游,欧洲人对正宗中餐越来越了解,中餐在欧洲的市场也将会越来越大"。

而对于美国全美中餐业联盟常务副会长黄民而言,一双小小的筷子不仅传播了中华文化,还帮助他的餐厅招徕生意。在美国的中餐馆大多提供一次性木筷子,但这种筷子不容易使用。黄民想了一个方法,将纸质筷子套折叠起来,夹在筷子顶部,用橡皮筋将他们绑在一起,以此教食客们使用筷子。这样的自制筷子就像一些快餐店随餐赠送的玩具一样,吸引了许多美国人前来就餐。"在我的中餐馆中,自制的筷子唤起了美国孩子学习使用筷子的兴趣,他们甚至因为这样的筷子而更喜欢来我的中餐馆用餐。许多成年人就餐后会特意多要几双自制筷子,拿回家练习使用。"黄民自豪地表示,通过筷子,他将中国人的礼仪文化、饮食文化传递给美国民众及世界各地的游客。

同样,在俄罗斯莫斯科友谊酒店,食客以俄罗斯当地人为主,其总经理刘祥飞被问及最多的问题便是:筷子应如何使用?他说:"俄罗斯人认为,中国人用两根竹棍就能将花生米夹起来,是非常了不起的事情。"于是,刘祥飞耐心地教每一位食客使用筷子,并讲述中国人使用筷子的禁忌和风俗故事。他自豪地说,"我会告诉他们不能把筷子插到碗中央,因为那是祭祀活动的方式;吃饭的时候不能用筷子敲打饭碗,因为那是乞讨的动作;在碗上放一双筷子,则寓意'晚上愉快'"。当食客们发现一双筷子背后隐藏着如此多精彩有趣的故事时,他们对中国文化产生了浓厚的兴趣。他们中的许多人,手持筷子,品尝着中国美食,告诉刘祥飞,"我们想要亲自到中国去看一看"。

资料来源:改编自《中餐在海外:一双筷子蕴含的中国文化》,中国侨网,2015 年 4 月 29 日。

二、华商管理中的中华传统文化基因

关于华商为什么会在海外取得卓越成就,有一种观点是"文化决定论",即强调从海外华人的文化特性和以其为纽带的华人网络功能进行解释,强调以儒家文化为核心的中华传统文化是华商取得经济成功的驱动力之一。

"参天之木,必有其根;怀山之水,必有其源。"文化与管理的关系犹如土壤与庄稼,中华传统文化博大精深,蕴含着丰富的管理思想,如儒家的"仁爱"与"德治"、道家的"天人合一"与"道法自然"、法家的"法不阿贵,绳不挠曲"、墨家的"兼相爱"、"阴阳五行学说"中的"相生相克"等,它们对华商的人生观和价值观、企业经营管理理念的建立起到了非常重要的作用,是华商管理理论的重要根基之一。

(一)儒家思想与华商管理

儒家思想(Confucianism)是一个博大精深的理论体系,它由孔子(公元前551—公元前479 年,名丘,字仲尼,春秋时期鲁国人)创立,以"仁""和"等为核心理念,倡导"礼、义、廉、仁、爱、忠、孝"等基本价值观,是海内外华人思想行为特征的重要根基。

从管理学的角度,它从古代管理国家的角度出发,对于如何治理国家有大量完整的思想,对于现代企业管理也有重要的指导作用和借鉴价值。

1.儒家思想所蕴含的经营管理哲学

儒家思想蕴含着丰富的管理哲学:一方面,它信仰"人之初,性本善",强调人的自觉性、主动超越性,以"温柔敦厚"的道德为导向对人进行教育和感化,实施内部控制;另一方面,它承认人性中的自发被动性和偏离可能性,用"克己复礼"实施外在控制。

从企业管理的视角,它以"和"为管理目标,以"道德教化"为管理手段,以"修己安人"为实现途径,突出"人"是管理活动的中心,彰显"重义轻利"的价值观。具体来讲：

第一，"和为贵"的管理目标。儒家思想认为，"和"是宽容主义精神的表现，包含着人与自然之间、人与人之间、自我身心的和谐，它是儒家关于伦理、政治和社会的基本原则，此所谓"和者，天地之正道也"。从管理学的角度，"和"是儒家管理哲学的出发点和目标，它能够使整个组织充满浓郁的亲情和温情氛围，使组织具有强大的向心力和凝聚力。儒家思想对"仁"的强调，对"礼"的推崇，也都是为了协调、规范和平衡人际关系中"和"的管理目标，它倡导组织的领导与成员之间、同事之间，以及组织和利益相关者之间，都能够和平相处，努力实现共赢。

第二，"为政在人"的管理核心。儒家思想认为，"仁者爱人"，儒家强调"人"是全部管理活动的中心，还提倡以"仁"为中心观念的管理思想，即仁的本质是"爱人"，这里的"人"既包括管理者也包括被管理者。从管理学的角度，"以人为本"的儒家管理哲学主张"贵人"，即要关心人、爱护人，重视人的价值。在管理实践中，为了实现"爱人"，管理者要坚持"己欲立而立人，己欲达而达人""己所不欲，勿施于人"等推己及人的"忠恕之道"，管理过程中反对"不教而杀"是对管理者最起码的要求，管理者对被管理者要"富之"而后"教之"是对管理者更高的要求。

第三，"为政以德"的管理手段。"德治"是儒家区别于其他学派管理思想的最突出的标志之一。儒家的"德治"，就是主张以道德去感化教育人，相信"人格"有绝对的感召力，提倡以德服人的"王政"，反对以力服人的"霸政"。因此，儒家管理哲学认为，"物有本末，事有终始"，管理者要从修养个人的品德做起，提出"道之以德，齐之以礼"（《论语·为政》）。而且，无论人性善恶，都可以用道德去感化教育人。在管理实践中，为了达到"以德治人"的目的，儒家以"忠恕之道"作为人际关系的行为原则，提出"立德"为先，即要求管理者注重人格气节，做到"富贵不能淫，贫贱不能移，威武不能屈"。

第四，"修己安人"的领导方式。在儒家看来，管理是"修己安人"的行为。也就是说，管理者要先"修己"以做出道德示范，"正人必先正己"，在无形中影响被管理者的行为，从而达到"安人"的目的，即"其身正，不令而行；其身不正，虽令不从"。在实现途径上，儒家提出了包含"格物、致知、诚意、正心、修身、齐家、治国、平天下"八个条目的"内圣外王之道"。其中，"格物、致知、诚意、正心、修身"被视为"内圣之业"，即通过自省、自讼、内省等方法致力于心灵的修养，达到圣人所具有或应有的品格；而"齐家、治国、平天下"则被视为"外王之业"，是一种君王般的人生理想，"譬如北辰，居其所而众星拱之"。

第五，"重义轻利"的经营哲学。"义"与"利"是中华传统文化的焦点问题之一，其中"义"是指思想道德上的道义，"利"指个人对物质利益的追求。儒家思想从"德治主义"的原则出发，提出了关于"义利之辨"的核心观点。例如，孔子认为"君子喻于义，小人喻于利"，荀子强调"先义而后利者荣，先利后义者辱"，孟子则倡导生与义"二者不可得兼"时要"舍生而取义"，意指人们正确处理义与利的矛盾，重视道义而轻视利益。因此，从管理学的角度，"重义轻利"就成为儒家管理哲学的另一个精髓，后人也因此把诚信经营、对利益取之有道的商人称为"儒商"。

2.儒家管理哲学与华商管理

研究表明，儒家思想作为中国传统文化思想的主流，对华商事业的成功有重要的作用。日本学者中岛岭雄将20世纪80年代后华商企业的成功归结于"儒家资本主义"。在实践中，深谙企业经营的杰出华商以"仁"待人，以"仁"处事，被广泛称为"儒商"。

第一，华商的修身之道源于儒家思想。孔孟的中庸、忠恕、仁义礼智信等思想，深深扎根于一代又一代海外华商的精神中，指导着他们的为人处世思想与经济活动，"其身正，不令而行；其身不正，虽令不从"的理念也深深影响着广大华商。作为高层次管理者，广大杰出华商非常注意修身养性，积极为下属树立榜样。例如，郭鹤年曾经说过，"从小我们就被灌输儒家的道德价值观，老人们经常教育我们要讲商业道德、重视荣誉、言而有信，这一切深深印在我心里"。杨克林也说："一个人的快乐，不是因为他拥有的多，而是因为他计较的少。原谅别人，奉献社会，就是善待自己。"菲律宾明建集团总裁许嘉毅也坦言，"和为贵"的儒家思想对他个人的影响很大。

第二，华商将儒家思想运用于指导企业经营管理。儒家管理思想是居于"道"层面的管理哲学，广大华商从儒家思想"仁者爱人"核心价值观出发，积极践行"两要"的管理理念，即"要以顾客为中心，要以员工为根本"，从而把儒家讲的"仁爱之心"倾注到顾客身上，倾注到员工身上。具体来讲，在如何对待顾客方面，广大杰出华商以诚信为准则，讲求顾客至上、信誉第一。例如，"印尼钱王"李文正认为，"一家银行的成功，不是金钱问题，而是信用问题。广大民众之所以会把钱存入你的银行，就是因为他们相信你"。在关爱员工方面，黄双安、蔡云辉等华商把"仁爱之心"用于企业管理之中，就是在企业中从工作和生活的细微之处入手善待员工，想方设法为他们解决一些实际的困难和问题。

第三，"义利兼顾"的儒家核心思想是华商指导企业发展的基本理念。在海外，林梧桐、林绍良、吴奕辉等一大批杰出华商通过履行社会责任，与本地政府和社会民众均保持着良好关系，林梧桐甚至被马来西亚国王封赐为爵士，以表彰他对马来西亚国家经济所做出的重大贡献。国内，在2018年的中央电视台春节联欢晚会上，香港世茂集团董事局主席许荣茂出资1.33亿元人民币，将在海外漂泊了80余年的《丝路山水地图》带回祖国，并无偿捐赠给故宫博物院；商界精英黄仲咸先生个人生活十分简朴，却倾尽家财造福桑梓，2005年他和夫人戴子媛在厦门市公证处立下遗嘱,将南安必利达大厦、厦门必利达大厦、香港中行寄存的1.1万两黄金、厦门中行800多万元存款、南安水头镇60亩地皮的使用权及其全部收益,悉数捐赠给福建省黄仲咸教育基金会,持续为社会公益慈善事业做出贡献。

 案例 2-3

儒商伍秉谦的"为人之道"

在19世纪前期,商业奇才伍秉谦是东印度公司的"银行家"和最大债权人,他经营的怡和行与英商和美商每年的贸易额巨大,尽管当时的中国积贫积弱,他在西方商人的眼中却享有很高的声誉。而这与他儒商思维下的"为人之道"紧密相关。

例如,当时一位美国波士顿商人与伍秉谦合作经营了一项生意,但由于经营不善,欠了7.2万银圆的债务,当时没有能力偿还,故也无法回到美国。伍秉谦并未为难这个商人,对他说:"你是我第一号的'老友',你是一个最诚实的人,只不过不走运。"说完,他就把借据撕了,并表示对方随时可以回国。伍秉谦还曾经给他的美国义子约翰·福布斯(此人后来成为著名的铁路大王)50万银圆,帮助他建立了旗昌洋行。类似这样的慷慨之举,在外商中广为流传。

伍秉谦去世后,后人在他的墓碑刻着这样的碑文:"庭榜玉诏,帝称忠义之家;臣本布衣,身系兴亡之局。"

(二)法家思想与华商管理

1.法家思想所蕴含的管理哲学

法家思想源于春秋时的管仲,战国时期李悝、吴起、商鞅、韩非子等人予以大力发展。其中,韩非子(约公元前280年—公元前233年)是法家思想的集大成者,创立了一套"法、术、势"相结合的相对完整的学说。

在法家看来,由于"好利恶害,趋利避害"是人固有的本性,"人生有好恶,故民可治也",所以竭力主张以功利、效果论善恶,"其言谈者必轨于法,劫作者归之于功"。也就是说,用法律来判断人的行为是善是恶,法律之外无善恶。为此,只有通过刑赏之法劝禁臣民,才能达到"救群生之乱,去天下之祸"的目的。

就现代企业管理而言,法家思想正是从经济本位分析社会制度和人的行为。对于社会的治理,重视建构制度,采用"赏善罚恶""兴功禁暴"等强有力手段调节了社会关系。而且,法家的精神就是不把企业持续经营的基础寄托在个别领导人的英明之上,而是建立在廉明公正的组织规范和平等客观的标准之上,即唯有健全合理的制度,才能为企业带来稳定性,并使企业持续成长。

具体来讲,法家思想所蕴含的管理哲学主要包括:

第一,"不别亲疏,不殊贵贱,一断于法"的法治精神。它提出"法"本身是基于平等观念形成的规则,乃"尺寸也,绳墨也,规矩也",不仅能"定分止争",还能"兴功惧暴"。因此,法家明确反对儒家的"礼",认为对民众讲道德都是迂腐的,而主张"任法而治",即用规范的制度来管理所有人,做什么、不做什么、怎样做,一切以"法"为最高准绳。而且,在执行过程中要强调一视同仁,即"官不私亲,法不遗爱""法不阿贵,绳不挠曲""刑过不避大臣,赏善不遗匹夫"。

第二,"抱法处势则治"的管理框架。法家管理哲学的框架包括"法""术""势"三个部分。其中,所谓"法",是指通过赏与罚的两种基本手段,建立与实施制度规范来管理众人行为的治理方法;所谓"术",是指通过暗藏不露的机智方法和手段来有效控制下属的治理方法;所谓"势",是指以权力为基础,创造权威的集权管理模式。在管理过程中,管理者需要掌握能够对被管理者形成直接影响的资源,通过"术"的运用,使统治者对被统治者在心理上产生威慑力,形成统治者"势"的构建。

第三,"不法古,不循今""不期修古"的鲜明特征。"不墨守成规、变法革新"的改革进取精神是法家管理哲学的亮点之一,它认为"圣人苟可以强国,不法其故,苟可以利民,不循其礼"。在法家看来,历史是向前发展的,一切法律制度都要随时势的发展而发展,既不能复古倒退,也不能因循守旧,"汤、武不循古而王;夏、殷不易礼而亡"。实际上,法家代表人物中,管仲在齐国,李悝在魏国,吴起在西河,商鞅在秦国等,都是改革创新和锐意进取的代表,成为影响当时中国社会的一股强有力的力量。

2.法家管理哲学与华商管理

在实践中,法家管理哲学的理念也深深影响着华商的企业经营管理,主要表现在员工管理和企业家族治理的制度化特征,以及对企业发展的锐意改革进取等方面。具体来讲:

第一,企业管理突出"法"的功能。近年来,为了应对企业发展的挑战,广大杰出华商纷纷推动企业走向系统和职业化管理方向,通过严格的制度管理,打破"人管人"的旧框架,通过实行"制度管人"提高了管理效率。例如,华商郭鹤年事业的成功,就是因为他成功地将管理制度化,通过严格的制度管理使众多的香格里拉酒店向客人提供第一流的服务,使"香格里拉"在旅游业、酒店业中成为骄人的金字招牌,在每年的"全世界最佳酒店"评选中都名列金榜。

第二,企业治理凸显"法"的特征。合理的企业治理结构成为家族企业永续发展的关键。从制度层面,广大杰出华商企业在"家族式"治理模式中,积极引入规则规范。例如,华商李文达为了使李锦记成为"百年老店",专门设立家族委员会,并制定了"家族宪法",上至股权分配、下至儿女教育皆遵章办事,凡遇大事,需委员会75%以上成员投票表决方能通过。这种"家族宪法"使李锦记从香港走向了世界,也打破了"富不过三代"的魔咒。

第三,企业成长中的"变法革新"。实践中,很多杰出华商企业是以家族企业形式起步的,但随着业务扩大,这样的经营模式难以适应企业发展,并带来企业代际传承等问题。为此,广大杰出华商从管理制度到企业文化不断进行一系列改革创新,使旧式家族企业成长为现代化的新型家族企业,以全球化观念和新的经营思维,随时调整生产经营战略和业务方向,并通过探索和创新,建立了可与欧美、日本大企业一比高低的华商家族企业。

(三)道家思想与华商管理

1.道家思想所蕴含的管理哲学

道家思想形成于春秋战国时期,主要代表人物是著名思想家老子、庄子等。该学派以"道"为核心,认为人类社会的运行要遵照"人法地、地法天、天法道、道法自然"的运行规律,并以其"反者道之动、弱者道之用"的辩证模式,主张清静无为,建议管理者要按照"道"的客观规律办事,即"处无为之事、行不言之教"的管理方式。

从管理思维的视角,道家思想侧重于"道",根植于管理的本体意义,这与西方管理重在"术",并追求精确性和标准化的思维有很大不同。具体来讲,道家思想蕴含的管理哲学主要包括:

第一,"上善若水"——管理者职业素养的最高境界。老子以水为载体对生命进行了诠释,"水善利万物而不争,处众人之所恶,此乃谦下之德也。"即,个人修养的最高境界是像水一样,水善于泽被万物而又不与万物相争。进一步讲,从管理者个人素养提升的角度,水"处弱或示弱"的思维格局,面对经营困难时发扬"滴水穿石"的韧性,个人成长过程中"不争而争、以无私而私"的要旨,率领企业参与竞争时以柔克刚、以弱胜强的"柔德",管理决策时从四周接纳各种意见的"谦下之德",都是道家管理哲学对企业管理者的重要启示。

第二,"无为而治"——管理者领导艺术。在道家看来,"我无为而民自化",但这里的"无为"并非消极的无所作为,而是精通"有为"之上的有为之为。换句话说,就是通过减少干预,"不折腾、不多事",达到领导于无形、成功于无形的"无为而无不为"。从管理的角度,"治大国若烹小鲜",管理者的"无为"是不妄为,是通过"无为"进一步明确企业权责,制定相应的规则、规范,从内部激励机制的角度促进员工的"有为",以此实现"自化""自正""自富""自朴"的效果。否则,管理者的"随便生事"只会"惹事添乱"。

第三,"道法自然"——顺势而为的战略管理思维。道家以"道"作为超越"形而上"与"形而下"的总根源、总规律、总动力,以"自然"作为各项活动的价值标准和指导原则。从企业发展的角度,战略思维是企业宏观维度上"立身处世"的哲学,管理者要以"整体观"的视角审视企业机体的运行,保持企业与外部环境的有效沟通。即,对于企业决策者而言,要遵循企业自身运行的自然规律,随圆就方,以退为进,保持一定的战略弹性和柔性,从宏观方向上把握企业战略发展的"自然之道",使企业始终和环境达到和谐统一的状态。

 案例 2-4

"上善若水":道家的人生艺术

水最根本的特征是什么呢?那就是"善利万物而不争,处众人之所恶"。"随风潜入夜,润物细无声",水是生命之源,它滋养万物,利益众生,却能功成身退,不与万物相争;"人往高处走,水往低处流",人们都厌恶卑湿浊垢,只有水自处卑下,含垢纳污,大度能容。因此,水表现了道为而不争、谦而处下的根本特征。

水启示给我们的人生艺术,只有为而不争,甘居下流,"居善地,心善渊,与善仁,言善信,正善治,事善能,动善时",才能够一生无忧而永无祸患。

居善地——甘居下流。水性向下,自处卑下,人生也应该像水一样,谦而处下,不与人争。老子虽是得道真人,但终其一生却只是以周代守藏史的卑职自处。

心善渊——含容万物。深渊沉潜渊默,容纳百川,人生也应该像深渊一样,含垢纳污,宽厚优容。汉文帝以黄老治国,减省刑罚,宽大治国,监狱中几乎没有犯人。

与善仁——仁爱世人。水润泽万物,利益万物,人生也应该像水一样,以仁待人,以仁处世。长春真人一言止杀,拯救无数生灵,可谓功德无量。

言善信——言而有信。潮水有信,如期而至,人生也应该像潮水一样言出必行,言而有信。刘备白帝城托孤,诸葛亮至于"鞠躬尽瘁,死而后已",可谓言而有信。

正善治——无为而治。湖水如镜,清雅平静,人生也应该像水一样,听其自然,清净无为。汉文帝、汉景帝父子俩,以黄老治国,清净无为,开创了汉初的"文景之治"。

事善能——妙应圆通。水无固形,随物成形,人生也应该像水一样方圆随形,随机应变。道家不是阴谋家,但却多有谋略。张良、陈平皆以谋略著称,妙应圆通,克敌制胜。

动善时——相时而动。水夏涨冬涸,应期而至,人生也应该像水一样随时而动,不失其时。天下大乱,道家人则相时而出,天下已定,道家人多能功成身退。相时而退。姜子牙、范蠡等等皆是如此。

曾经协助丰臣秀吉统一全日本的大将军黑田孝高善于用水作战,他所写的"水五则"是:第一,自己活动,并能推动别人的,是水;第二,经常探求自己的方向的,是水;第三,遇到障碍物时,能发挥百倍力量的,是水;第四,以自己的清洁洗净他人的污浊,有容清纳浊的宽大度量的,是水;第五,汪洋大海,能蒸发为云,变成雨、雪或化而为雾,又或凝结成一面如晶莹明镜的冰,不论其变化如何,仍不失其本性的,也是水。

资料来源:腾讯道学

2.道家管理哲学与华商管理

长期以来,无论是老一辈华商为生计而远走他乡,还是现代华商为了发展而全球化发展,他们都面临着复杂的发展环境,这就要求他们要遵循企业管理的客观规律,即"人法地,地法天,天法道,道法自然"。

从企业管理的角度,道家思想对于广大华商的个人修养、领导艺术和战略思维的形成,都具有非常重要的影响。

第一,"处众之后,而常德众之先"与华商的个人修养。彼得·德鲁克在《巨变时代的管理》一书中指出,"华人创业者共同的特点是非常低调、务实和在多重困难中的坚韧,勤于做事而不过度张扬,这种思想作风和工作作风反映到一个人身上,必然是平心静气、不事张扬",这正所谓"处众之后"但"常德众之先"。因此,无论是老一辈著名华商黄廷方、"亚洲糖王"和"酒店业巨子"的郭鹤年、盐仓集团创始人蔡云辉,还是新加坡新晋首富李小东,都极度低调,但他们心底却藏着常人难以匹敌的雄心。

第二,"无为而治"与华商的领导艺术。道家所倡导的"无为而治"就是一种"德服"。在实践中,广大杰出华商通过对员工的道德教化进行管理,充分信任和依靠下属,让他们在榜样的感召下自觉地行动。例如,在泰国华商谢国民的经营之道中,从来都不是"把手下制服",而是给每一位员工很大的空间,允许员工在一定范围内做他想做的,"你不要去指挥他,人都不喜欢被管,特别是今天的年轻人。你要让他发挥想象力,并且支持他去做"。

第三,"顺势而为"与华商的战略思维。"时刻关注环境的变化,不断调整发展方向"是华商发展的重要理念。例如,从 20 世纪 70 年代开始,东南亚国家提出了"以开拓国际市场为中心,带动国内经济的发展"的方针,基于此,许多华商"顺势而为"从经销外国商品起家,随后通过与外资企业合资经营,促进了企业快速成长。具体到个人,华商陈汉士的经营哲学是"处变不惊、随势应变",他用较为温柔的方式彰显了一个商场精英的"顺势而为","50年来,我赤手空拳,在社会的大洪流中浮沉。倒下去,爬上来,再倒下,再爬上来……"

 **案例 2-5**

"顺势而为"的华商叶祖意

著名华商叶祖意1860年生于福建南安,他自幼父母双亡,从小由祖母抚育至七岁。17岁以"新客"身份抵达马来亚槟城,既没有亲戚朋友,也没有金钱与学识。基于此,最初他曾当过流动的理发匠,所以外号为"剃头意"。

到了1890年,他决定开始经商,他在槟城柏郎正路市场(Prangin Road Market)开设了一家属于自己的小店,招牌为"万兴利"。后来,叶祖意以前期积累的资金做起红糖生意,高峰时每月交易量达3000吨。而当时,威士利省(Wellesley)主要的农产品是来自大园丘的红糖,多数为欧洲公司经营。

20世纪以后,白糖取代了红糖,叶祖意又投资白糖并获得巨额利润,成为爪哇华人糖王黄仲涵的推销代理人达40年之久。随着汽车轮胎产业的兴起,万兴利扩充事业至橡胶市场,在价格上升时,他主动补偿物主。而后又投资米业、茨粉业和其他马来亚物产方面,再获巨大利润。1918年,基于当时的金融环境,叶祖意开办了万兴利银行。20世纪30年代大萧条时期,锡价降到最低点,叶祖意又投资于锡块,不久锡价上升他又获得巨利。

当同行问及他商业成功的秘密时,叶祖意的回答是:"我不赌博(没有投机),当市价跌到最低时,控制股票,然后等待。直到市价腾升到相称之后抛售,这是基本的法则。"

(四)"阴阳五行"学说与华商管理

"阴阳"的概念最早见于《易经》,是指世界上一切事物中都具有既互相对立又互相联系的力量。"五行"的概念最早见于《尚书》,是指宇宙万物都是由"金、木、水、火、土"五种基本要素的运行和循环生克变化所构成的。

到了战国时代,"阴阳"和"五行"渐渐合流,形成以"阴阳消息,五行转移"为理论基础的"阴阳五行"宇宙观。汉朝以后,董仲舒将"阴阳五行"融入了诸家思想之中,形成了中国传统思维的框架,用于说明宇宙万物的起源和变化,成为几千年来解释自然现象和社会各种事物的方法论之一。

1."阴阳平衡"中蕴含的管理思想

根据"阴阳"学说,凡具有运动的、外向的、上升的、温热的、明亮的、兴奋的等刚

健性特征的事物都属于"阳";具有柔弱、向下、收敛、隐蔽、内向、收缩、消极、安静等
特征的事物为"阴"。例如,天为阳,地为阴;日为阳,月为阴;暑为阳,寒为阴;男为
阳,女为阴;刚为阳,柔为阴。作为"阴阳学说"的核心思想,"阴阳平衡"是一种长寿
思维,它认为只有处于平衡状态才可以维护事物的稳定与发展,如图 2-1 所示。

图 2-1　"阴阳平衡"图

　　从管理学的角度,系统平衡是企业管理的重要原则,管理工作就是管理者整合
多种资源,以达到阴阳平衡的结果,即"明于阴阳,如惑之解,如醉之醒"。这是因
为,"阴阳体"存在于企业经营管理的方方面面,组织管理悖论贯穿在战略、组织的
全过程,比如竞争和合作、科层制和扁平组织、集权和分权之间等,大到宏观战略,
小到具体事务,上到高管思想,下到员工言行。实际上,企业成长过程中所遇各
种问题的根源正是"快与慢、内与外、增与减、涨与跌、高与低、大与小"等指标
失衡。
　　颜世富(2020)从阴阳对立、阴阳相感、阴阳互藏、阴阳互根、阴阳转化的角度,
深入探讨了阴阳平衡论与管理的关系。具体来讲:
　　第一,阴阳对立现象在管理中无处不在。管理者要正视组织矛盾的普遍性,认
识平衡、把握平衡,让组织和个人能够在动态平衡之中得到发展,"管理之妙,妙在
阴阳结合;管理之美,美在系统平衡",这也是管理者能力的重要体现。
　　第二,阴阳相感是指阴阳双方可以通过相互感应、联结、合作,达到"天下和平"
的境界,即"天地合而万物生,阴阳接而天地起"(《荀子·礼论》)。在管理实践中,
竞争对手之间除了"水火不相容"之外,还可以"各美其美,美美与共",这就是中国
传统文化中的"和"。
　　第三,阴阳互藏是指阴阳之间"你中有我、我中有你",即"泰中有否、否中有泰"
"孤阴不生、独阳不长"。这就要求管理者不仅要善于发现不利因素中的有利条件,
还要关注有利因素中的潜在危险,做到"居安思危,思想有备,有备无患"(《左传·
襄公十一年》)。

第四,阴阳互根是指对立的阴阳双方互为存在的前提,任何一方都不能脱离另一方而单独存在,就类似于"没有敌我的殊死拼杀,伟大的将军就没有产生的基础"。例如,在实践中,没有客户的适当挑剔,企业就没有改进产品质量、提升服务的动力。

第五,阴阳转化是指阴阳双方在一定条件下,可以向着对立面转化,即"祸兮福所倚,福兮祸所伏"(《道德经》),"物极必反,否极泰来"。在管理决策中,管理者只有实时密切关注经营环境的动态变化,才能使企业立于不败之地。

2."五行学说"中蕴含的管理思想

按照"五行学说"的观点,万事万物皆有五行,即"行者,若在天则五气流行,在地则世所行用也"。例如,人有五元(元性、元神、原气、元情、元精),人做事有五个环节(目标、策划、实施、沟通、总结),企业文化有五个方面(仁、义、礼、智、信)等。

作为朴素唯物主义哲学,"五行学说"利用"相生""相克"两大定律来认识和解释世界。根据《尚书洪范》的描述,"相生"是指两类属性不同的事物之间存在相互帮助、相互促进的关系,即"木生火,火生土,土生金,金生水,水生木";"相克"则是指两类不同五行属性事物之间关系是相互克制的,即"木克土、土克水、水克火、火克金、金克木",如图 2-2 所示。

图 2-2 "五行学说"的相生相克图

五行的变化反映了事物之间微妙而复杂的变化,由于其严谨、实用而被广泛地应用在兵法、中医、企业管理等领域之中。具体来说,"五行学说"的重要内容之一就是,任何"一行"都必须接受其他行的克制,如果是"只有我克人,而无人克我",即如果只有相生没有相克,或者只有相克没有相生,都会破坏大自然的平衡,甚至会导致灾难的降临。

在管理实践中,企业管理者作为企业治理的"中医",不仅需要整体把握企业外部的各种阴阳平衡关系,同时还要理清企业内部计划指挥、产销管理、人才管理、资金管理、沟通协调五行系统之间的生克关系。尤为值得一提的是,寇北辰老师基于"克生原理"提出了管理学的万能公式,即"做好管理＝管什么＋如何管＋谁去管"。其中,"管什么"确定了管理对象和管理目标,"如何管"提出了管理策略和管理步骤,"谁去管"确定了执行者。如果解决了这三个问题,就能使管理活动有目标、有策略、有步骤地进行,规避管理风险,降低管理成本,弥补管理方面的其他缺陷,使管理水平得到快速提高。

因此,反映万事万物之间互相联系及变化发展的"相生相克"是管理学的基本原理。其中,"五行相生"就是把握发展的内在规律,坚定循序渐进,和谐成长;"五行相克"提醒企业管理者要注意发展中的五大关系,即处理好投资(积累)和产品竞争力的关系、产品创新与基础建设的匹配、企业的软硬件关系、创新和品牌传播的关系、品牌持续积累和企业价值观的内在关系。主要原因在于:

第一,管理需要有系统思维。例如,如果企业不生产产品或提供服务,就无法销售给消费者,消费者无法实现使用价值,企业也不能获得利润,这就是生产、销售、利润之间的克生关系。

第二,管理需要有"相克相生"思维。例如,假如经理因私事心情不好,导致在工作中没有正确对待员工小董及其费尽心血研究的方案,打击了小董的工作积极性,这就是忽略了企业管理各个环节的克生关系。

第三,管理需要有整体思维。企业是一个整体,经营成功之处不在于"一城一地"的得失,关键时刻甚至还要"丢车保帅"。为此,各个部门不能"只打自己的小算盘",不能为了自身的小利益而牺牲企业整体利益。

3."阴阳五行"学说与华商管理

华裔历史学家王赓武发现,以陈嘉庚为代表的很多华商受到《易经》思想的影响,他们在看待权力变更时,不是把善恶、阴阳、古今等概念放在对立或互相毁灭的两极来看,而是明白善恶之间的矛盾能化解。也就是说,他们明白光明之后的黑暗不一定是灾难,同时也明白"现在"包含"过去"。

实际上,华商的企业经营实践充分体现了"阴阳转化"的思想。例如,泰国华商李文祥的经商哲理是"强者应以弱者自居,弱者则应更刚强",他指出:"登山必须俯首前进以保持身体平衡,而我们经商,事业兴旺时就像在上山,人必须俯身力求上进,但逢到下山之时,就必须仰着身体,当我们的事业进行到必须仰着身体走的时候,说明正在走下坡路。所以说,经营事业如果俯着身体前进,表示正在向上爬,如果仰着身体则表示走下坡路,在推行协成昌的业务时,我们每一时刻都必须俯着身体前进。"

在新冠肺炎疫情肆虐期间,华商企业在海外的生产运营面临前所未有的挑战。但是,很多杰出华商都明白中华传统文化中"危"与"机"的关系,面对挑战迎难而上拓新路。例如,澳大利亚华商钟坚的观点是,"澳大利亚大多数的生活物资要依赖进口,而中国在这方面又有得天独厚的优势,我们在进一步考虑做中国出口澳大利亚的贸易"。事实上,这确实是一个化"危"为"机"的成功办法,由于当时中国疫情防控取得的良好成果,中国企业快速复工复产,有一些产品已经可以出口澳大利亚,保障了华商的货物供应链。在此背景下,不少在澳大利亚从事电商行业的华商,将中国的生活用品进口到澳大利亚,受到当地顾客的欢迎,也帮助华商成功渡过难关。

实践中,华商的企业经营还体现了"五行相生"原理。例如,面对外界媒体关于海外中餐已变味的报道,丹麦华人总会副主席李忠良认为,单从口味改良来讲,并不能说海外中餐偏离了"正宗","中国饮食文化本就是海纳百川,以融诸多菜系于一身而举世闻名,其特点与中医类似,都讲究地域性与个性化"。而且,中国饮食文化要想深入海外的千家万户,首先要教会来客"食"之道,即口味的变化已不足以留住海外食客,还应教会食客吃的方法,"'吃'中含有大道理,只有吃得正确,才能让外国食客更加喜爱中国饮食文化"。因此,在李忠良的餐厅中,每一位食客都要从学"吃"开始,"先吃冷菜,再吃热菜,汤要餐前饮,等等,步骤混乱了,味道就大不一样,更谈不上饮食文化的内涵了"。

 案例 2-6

"文化传播—客户引流—生意扩大—社会关注—游客打卡地"
——一位西班牙华商经营中的"阴阳五行"原理

在西班牙,位于马德里文化新区 Malasaña 附近的一家中国特色商品店近日来"火"了,它的老板是一位在西班牙奋斗多年的老华人。最近他的一个小小变革和尝试,彻底改变了当地居民对中国商店的看法,成功吸引了许多外国游客前来参观购买,因此获得了丰厚的回报。

据了解,这位华人老板在店门口挂了个黑板,每天在黑板上写一个中文词语,不仅标注了该词语的写法,还解释了词语的读音和意思。而他写的中文是随机的,在一年中,黑板上出现的中文有关于食物、情感、季节、亲属关系、地点等。

自从黑板挂上去以后,附近很多居民感到好奇,每天都凑过来在这里学习一个中文词语才离开。慢慢地,也有人专门跑到这里拍照合影,再后来就吸引了很多游客和顾客前来参观。因为被牌子吸引,这些人也就走进店里挑挑选选。

有一天,华人老板在黑板上用中文写上了某个商品的名字,游客们不知道这是什么东西,就很自然地进店询问,店面的客流随之越来越多,华人老板的生意也越来越好。老板 20 岁的女儿 Enza 说,"我们有一个常客,是一名老太太,每天都会经

图 2-3 华人商店门口教中文的小黑板

过我们的店,即使不进店,也会在店门口停留,在她的笔记本上记下当天黑板上的
中文"。

　　事情到这儿还没结束,随着越来越多的人来光顾,西班牙当地媒体也注意到了
这家店,并请专门的旅游评论家在 ABC 报上为这家店写评论,更是将它比作优秀
中国文化走向世界的代表。华人商店教中文的举动受到了很多意大利人的关注和
赞扬。首先关注此事的是博洛尼亚大学中国学院协会主席罗伯特·格兰迪
(Roberto Grandi),他在其主页上写道:"这是一个很小但却很有意义的创举。"并
建议意大利人经营的商店也可以模仿他们的做法,"你们可以写一个意大利单词,

然后再标注一下单词的意思"。

随着社会各界的关注，现在这家店的名气更大了，一度成为游客在当地旅游时的必去景点之一。

资料来源：意大利《欧洲侨报》微信公众号 2018.05。

第二节 华商管理中的商帮文化基因

我国商帮诞生于宋朝，以"徽商"和"晋商"等为代表的传统商帮在明清时期蓬勃发展，近现代以来，以"浙商"和"闽商"为代表的"新商帮"持续成长。

长期以来，各大商帮在推动经济发展的同时，也形成了各具特色的商帮文化。传承至今，它已经成为一种独特且无形的"文化特质"和"地域性资本"，是后世经济活动的文化土壤，不仅对我国境内企业家的商业行为产生深远影响，也是华商管理思想的重要来源之一。

一、我国的商帮及其蕴含的商帮文化

(一)商帮的内涵与分布

1.商帮的内涵

所谓"商帮"，是以地缘为认同基础，以亲情和乡谊为情感纽带，以"相亲互助"为宗旨，以会馆、公所、义庄、祠庙等为活动场所的一种自发型、半正式、地域性的商业组织。

从商帮形成的背景看，它是特殊历史条件、地理环境和文化背景共同作用的结果。对于企业经营而言，商帮是一种既亲密又松散的自发形成的商人群体，由此形成的关系网络不仅能够发挥资源配置的功能，还能促进成员间的互助。

2.我国的主要商帮分布

我国疆域辽阔，文化的地域特征明显，各地商人群体的经营特色、经营手段与经营策略等都有地域的烙印。在传统商帮中，最具代表性的是徽商、晋商与潮商，史称"三大商帮"。

晋商，通常是指明清年间的山西商人，他们基于诚信和团结的理念经营盐业、票号等商业，尤其是凭借首创中国历史上的票号而显赫一时，留下了"山西人善于经商、善于理财"的佳话。至今，在山西仍留有晋商鼎盛时期的建筑遗产，如著名的乔家大院、常家庄园、曹家三多堂、王家大院等。

徽商,即徽州(包括歙、休宁、婺源、祁门、黟、绩溪六县,即古代的新安郡)商人,俗称"徽帮",早在宋代开始活跃,靠盐业崛起于明朝,全盛期则在明代中叶以后至清乾隆时期的300余年间。徽商经营的行业以盐、典当、茶木为主,其次为米、谷、棉布、丝绸、纸、墨、瓷器等,其营业人数、活动范围、经营行业与资本都位居当时全国前列。

粤商,主要分布在广州、潮州、汕头、东莞、顺德、中山等珠三角地区,发源于广东潮汕地区,是一支具有海洋性格、海洋文化的商帮。其中的潮商被誉为红头船商帮,20世纪初便被泰国国王誉为"东方犹太人",出现了李嘉诚、林百欣、谢国民、陈弼臣、马化腾等商界巨头。有媒体统计,在21世纪初的鼎盛时期,香港股市40%的市值为潮汕人所有。

近现代以来,随着晋商、徽商的影响力下降,除粤商继续独领风骚外,闽商和浙商成为中国"新三大商帮"的新成员,有媒体将之概括为"浙商扎根中国,闽商称雄东南亚,粤商遍布全球"。具体来讲:

闽商,为福建商人的简称,以开放、拓展的精神闻名,从19世纪末至今,在海内外涌现了一大批可圈可点的商界领军风云人物,既有历史上被誉为"华侨旗帜,民族光辉"的陈嘉庚、被称为"万金油大王"的胡文虎等,也有当下福耀玻璃的曹德旺、字节跳动的张一鸣、美团的王兴、世茂集团的许荣茂、安踏体育的丁世忠等优秀企业家。

浙商,为浙江籍企业家的集合,是被习近平总书记称为"敢为天下先、勇于闯天下、充满创新创业活力"的商业群体。浙商中不仅有在历史上颇负盛名的龙游商帮,宁波帮、温州帮等在全国乃至全球的轻工业中也具有举足轻重的地位,他们在发展中逐渐确立了产业集中、竞争力强、优势明显的区域商帮品牌。

(二)商帮文化的内涵与特征

古往今来,商帮文化是商人群体成长的肥沃土壤,被历代商人所看重。研究发现,在传统商业文化浓厚的地区,民众创业更活跃、互助行为更多,企业的行业分布更为多元广泛、实收资本规模也更大(刘蓝予 等,2021)。

1.商帮文化的内涵

所谓商帮文化,是指各商帮以中国传统文化为指导,在发展过程中形成的具有本区域特色的总体商业精神和价值观,包括被该群体普遍接受的商业观念、商业精神和商业道德等核心内容。例如,经过数百年的演变发展,在福建形成了一种基于东方文化代代相传的闽商精神,即"善观时变、顺势有为,敢冒风险、爱拼会赢,合群团结、豪爽义气,恋祖爱乡、回馈桑梓",这已成为广大闽商海内外发展的重要精神支撑。

在管理实践中,商帮文化是各大商帮将中华传统文化精髓与本区域商人实际经营活动结合在一起的产物,是一种集体层面的市场性社会资本。它既有商业文化的属性,也有地区文化的特色,反映了本商帮成员在经营管理行为方面所遵循的商业伦理和规则,不仅是前辈商人终生修炼的经商原则,也是后继商人立于不败的行动指南。

在理论研究中,学者们认为,文化特征并不是某商帮所专属,商帮之间也会有相似的文化特征。例如,谢永珍和袁菲菲(2020)对文献中的商帮文化进行归纳,提炼出"政商关系、家族意识、仁爱取向、诚信取向、创新精神和开放精神"等 6 个共同的维度,如表 2-1 所示。

表 2-1 商帮文化维度关键词提炼

维度	主要关键词	代表文献
政商关系	官与民、官商结合、官本位意识、关系性	王兴元和李斐斐(2014)、易顺等(2017)、殷晓峰等(2010)、张光忠(2008)
家族意识	家庭美满、宗族制度、亲情性	于广涛等(2016)、蔡洪滨等(2008)、张光忠(2008)
仁爱取向	仁义、仁爱有信、关注民生	王兴元和李斐斐(2014)、于广涛等(2016)、卢君(2012)
诚信取向	公平公正、诚信、君子爱财,取之有道、重义轻利	广涛等(2016)、卢君(2012)、殷晓峰等(2010)
创新精神	开拓创新、勇于创新、创新精神、创新性	于广涛等(2016)、张仁寿和杨轶清(2006)、袁行霈(2012)
开放精神	开放性、拓展精神	袁行霈(2012)、张光忠(2008)、陈大路和谷晓红(2007)

资料来源:谢永珍,袁菲菲.中国商帮边界划分与文化测度:"和而不同"的商业文化[J].外国经济与管理,2020,42(9):83.

2.商帮文化的特征

研究表明,经过长达几百年的积淀与创新,商帮文化逐渐成为中国商业文化精髓的重要载体,具有兼容性、情感性、软约束性的特征。具体来讲:

第一,兼容性。无论是历史上的传统商帮,还是全球化时代的新商帮,商帮文化的形成都是中国传统文化与本区域商业文明有效融合的产物。

第二,情感性。由于地缘的纽带作用,总体来讲,各商帮文化具有明显群体本位的价值观,它的关系性和亲情性特征比较明显,倡导成员之间的情感交流和互助行为。

第三,深层次性。实践中,商帮文化已经深深根植于帮域内成员的商人性格之中,影响和制约着他们的价值信念体系和管理行为,是决定帮域内群体成员行为的深层力量。

第四,软约束性。商帮文化不具有强制约束性,它仅仅是一种被普遍接受的习俗与价值信念,以"润物细无声"的方式,对商帮成员的经营管理行为产生影响。

(三)我国商帮文化中蕴含的商业精神和管理思想

在漫长的发展过程中,各大商帮从博大精深的中华传统文化中汲取营养,形成了完整的商业文化体系,蕴含着丰富的商业精神和管理思想。

1."双刃剑"效应的政商关系管理

从本质上讲,政商关系属于"社会资本"的范畴。在传统商帮发展的明清时代,"学而优则仕"的观念对各个商帮的影响深远,对政治与权力的敬畏使得商人崇尚与政府的关联性。而且,由于中国传统社会缺乏维持经营秩序和保障商人权益的有效机制,为赢得企业发展所必需的资源与机会,以晋商为代表的商帮倡导通过各种途径寻求政治庇护,这也是无奈之举(容和平 等,2007)。

历史上,各商帮对政商关系的推崇程度各异,尤以晋商商帮最为突出。他们认为,依靠政府的力量经商能获得巨额利益,即"官路不通,其利微也"。于是,他们用各种手段与封建官僚搞好关系,清朝时甚至有"皇商"的称号,最终将票号发展到了鼎盛的程度。

但是,"成也官商,败也官商"。历史上,在各大商帮、商人崛起与衰落的过程中,权力与资本的博弈长期存在,这种官商结合模式的交易成本和风险会随社会环境的变迁而增加,从而导致经济绩效逐渐递减(刘建生、燕红忠,2003)。还以晋商商帮为例,他们与封建政治势力建立裙带关系的文化氛围,导致其最终与封建社会同枯共衰的命运。

2."以诚待人、尚德守信"的经营理念

受中国传统文化影响,我国商帮文化普遍具有重信守义的特质,在激烈的商业竞争中重承诺讲信誉,注重打出诚信品牌。根据修宗峰和周泽将(2018)的研究成果,我国商帮文化的核心价值观是诚信契约精神,系统内尊崇规范的法制传统。

例如,粤商商帮的经营范围遍及海内外,秉承诚信经商的基本原则。徽商素有"贾而好儒"的称谓,表现出"以诚待人,以信接物,以义为利"的商业价值观。晋商有"信、义、利"并重的经营观,崇尚遵守商业信誉,梁启超曾言"晋商笃守信用"。浙商也将诚信看得非常重要,正如胡庆余堂店训所言,"真不二价,价二不真"和"虚和无人晓,诚信有天知"。

因此,我国商帮文化非常注重对商业伙伴和客户的诚信,这能够降低彼此间的信任成本和交易成本:一方面,历史上晋商对机会主义行为实施多边惩罚机制、徽商定期编纂发行"征信录"、潮汕商帮在儒家伦理文化基础上建立了近代商业信用体系,这为商帮经营创造了和谐的市场氛围和良好的商业氛围;另一方面,多数商帮讲求商业道德,不惑于眼前小利,即"一切治生家智巧机利悉屏不用,惟以至诚待人",以此打造亨通四海的"老字号"品牌,以优质商品质量和服务争取顾客。

 案例 2-7

"胡开文墨庄":一个徽商老字号

徽墨集观赏与实用为一体,具有"拈来轻、嗅来馨、磨来清、坚如玉、研无声"的特点,享有"落纸如漆,万载存真"的美誉。到了清代,徽墨制作出现四大名家,即曹素功、汪节庵、汪近圣和胡开文。"胡开文墨庄"作为后起之秀,在后来的商业竞争中逐渐领先,名列清代四大墨家之首,在相当长的时间内保持着兴盛的局面,特别是他的"苍佩宝"墨,甚至成了"抢"进皇室的贡品。它何以独领一时之秀?

1782 年,胡天柱(1742 年—1808 年)继承汪启茂墨店,并撷取孔庙内"天开文运"匾额的象征意味,将"汪启茂墨店"改名为"胡开文墨庄"。创立伊始,胡天柱极注意制墨的质量,以"造型新颖,墨质精良"而领衔诸家。他曾不惜耗费巨资,派专人去搜集圆明园、长春园、万春园、北海、中南海等的蓝图,在汪近圣的基础上,邀请名家名匠重新绘制雕刻,制出了"御园图"墨 64 块。

为了保护老字号的声誉,1808 年胡天柱逝世前曾立有《天注公分析阄书》,其中规定:"日后儿孙分家不分店,分店不起桌(制墨),起桌必更名。"所谓"分家不分店",就是儿孙们分家时,原来设在休城的"胡开文墨庄"不能分,只能"单传"由一人执业;所谓"分店不起桌",即儿孙们要在别处开设胡开文墨庄,但不准制墨,其所销售的墨锭,还是从老店进货,只能成为休城胡开文墨庄的门市部;所谓"起桌要更名",便是后世子孙要起桌制墨,决不能沿用"休城胡开文"字样,尤其是胡开文所制之墨,都嵌有"苍佩宝"墨印。这一规定有效地保证了胡开文墨品的品质。

这一"祖制"一直延续到清末民初。1910 年胡开文墨获南洋劝业会金牌奖章,1915 年所制之"地球墨"获巴拿马国际博览会金质奖章。

资料来源:作者根据《绩溪县志》、纪录片《神奇的老字号》等整理。

3."勇于开拓"的创新和冒险精神

在各大商帮中,粤商、浙商、闽商的特点是"海商",受海洋文化的影响较大。长期的海上抗争经历练就了他们顽强的生存能力,同时也赋予了他们积极开拓创新的精神品格,包括文化创新、制度创新以及技术创新等,成为商帮文化中开放、创新等特质的重要体现。

而粤商精神的内涵是"开拓创新、务实诚信、包容守法、感恩共赢",其中,冒险精神是粤商最为突出的特性,他们永远敢做第一个"吃螃蟹"的人。纵观广东潮州商帮的发展史,他们在向外开拓、艰苦创业的过程中,面对重大社会历史事件的变故、严酷险恶的自然环境和经营条件的发展变化,总是不断以变求生。

同样,浙江人历来过着"十五习渔业,七十犹江中"的生活,忧患意识浓厚。在与大海的搏斗中,其中宁波商帮突出表现为进取和冒险精神,温州商人是浙商商帮的另一个重要代表,他们则表现出吃苦耐劳、事业心强、创新意识突出等商业特质。"只要有百分之一的可能,就会以百分之百的努力去做",这已成为温州企业家精神的典型代表。

而在福建,由于闽地"负山环海,田不足耕",闽人为了谋生而"轻生死",由此造就了闽南商帮"爱拼才会赢"的文化特征。长期以来,闽南商人敢于冒险犯禁、勇于进取、积极开拓,形成了敢想敢干、敢为人先、百折不挠、永不言败的精神,信奉"三分天注定,七分靠打拼",推崇"少年不打拼,老来无名声""三分本事七分胆"等传统优秀理念。

4."重利"与"保义"结合的商业价值观

通常来讲,商业价值观是对商人更具约束力的道德伦理。虽然重利是商人的天性,但我国商帮文化倡导"利"和"义"和谐存在,鼓励商帮成员投身社会公益和慈善事业,"利以义制,名以清修",追求重利与保义的完美结合。修宗峰和周泽将的(2018)研究还发现,我国商帮文化的基本准则主要体现为以义制利,商帮文化与慈善捐赠之间存在正相关关系。

长期以来,无论是晋商、徽商还是浙商,各商帮文化在对"义利"关系的认识上,都倡导"仁中取利真君子,义内求财大丈夫",主张"见利思义"、"以义制利"和"义中取利",强调"以质取胜,货真价实"。例如,晋商乔致庸认为,"经商第一是守信,第二是讲义,第三才是取利";徽商汪忠富告诫长子说"职虽为利,非义不可取也"。

另外,商帮文化中的"义利观"还表现在它倡导对家乡积极履行社会责任,如救济本族或家乡穷人,通过修城、筑路、架桥、修建书院等支持家乡建设。例如,在传统文化的熏陶下,"贾而好儒"的徽商商帮崇尚儒家义利观,注重商业道德,即"发财不忘乡邻,惠及故里,奉献社会"。据徽州史籍记载,在商帮文化熏陶下,徽商行善之事不胜枚举。

5."抱团取暖,共赢取胜"的互助精神

"放眼天下,抱团取暖,共赢取胜",这是我国商帮文化中的另一个共性特质。作为经商的个体,商业主体各有自己的资金、货物,在经营上是完全独立的。但是,商业经营风险巨大,大多商帮文化倡导成员之间形成团结合作、风险共担、利益共享的商业伙伴关系,即如果商帮成员中有人生意亏损或发生意外,则众人共同扶持;在遇到外敌,整个商帮的共同利益受损时,他们也会立刻团结起来一致对外。

为了在商海中取胜,徽商逐渐实行合作和抱团经营,组成以血缘、地缘为联系的集团化经营群体,不断整合资本和人力,经营规模越来越大。在实践中,徽商在商业活动中常以家族和宗族为纽带,多"挈其亲戚知交而与共事",他们同气连枝,一荣俱荣,一损俱损,形成了以众帮众、相互提携的传统,这使得徽商彼此间具有一种天然的亲和力与认同感,"焚券弃债"体现了徽商同类相感、互帮互助之谊。

浙江商帮文化中也凸显了强大的"抱团精神",这种精神包括互助、互信、共赢等三个层面。在实践中,浙商之间的产业链配套和相互间的资金拆借,体现了求利的层面之上的团结、合作和信任,他们在发展过程中彼此之间精诚合作。即,面对困难就共渡难关,面对机遇则共谋发展,展现了强烈的群体意识。

6. "举贤不避亲、激励约束靠章程"的管理理念

首先,举贤不避亲。从各大商帮文化中呈现出的企业内部管理来看,很多商帮推崇"举贤不避亲"的理念,即特别注重与亲属、同乡之间的合作,在人事制度上倡导"不分亲疏,唯才是举"的理念。胡少东等(2020)研究发现,潮商采用了基于血缘和地缘的乡族关系治理模式;徽商则是以血缘网络为主的宗族关系治理,用的人大多来自宗族子弟;晋商则认为人是最重要的一种资源,如当年的永茂号规定,员工只要确有才干,便可提拔为分号经理。

其次,激励约束靠章程。例如,晋商有非常发达的号规约束,强调经营管理活动务必以各项规章制度为准则,即所谓的"责章程",尤其是"身股制",这是晋商一个非常伟大的创造,就是用接近现代意义的股权制度激励员工。同样,作为明清首屈一指的著名商帮,徽商在大量的经营活动中逐渐意识到,有时仅靠道德自律,或仅靠官府的法规,根本无法有序地运作。于是,徽州人的契约意识不断增强,无论是买卖、交易,还是商讨各种民间事务,开始依靠契约文书来维护权益、协调关系,形成了凡事"恐人心无凭,立文契为照"的习惯。

二、商帮文化与华商管理思想

商帮文化承载了中国数千年的商业文化精髓,它蕴含的商业精神和经营理念潜移默化地影响着世界各地华商的管理理念、决策取向和经营行为,是他们修身养性、经营管理的重要指导思想之一。而福建和广东是著名侨乡,浙江是新华商群体的主要来源之一,因此闽、粤、浙三地的商帮文化对华商经营管理的影响更为突出。

(一)闽商商帮文化与华商管理思想

闽商商帮文化的拼搏理念对华商的海外成长起到了重要作用。例如,菲律宾

华人银行巨擘郑少坚正是依靠这种认准目标不放弃的精神,才能带领自己创办的银行从众多竞争对手中脱颖而出,"最初,我找一些老银行合作,他不跟我们合作,我就立志,有一天,我要比他们做得都大"。同样,闽籍华商陈永栽则认为自己从无到有、由小变大、由弱变强的背后,是他"不入虎穴,焉得虎子"的坚毅,是他敢打敢拼的奋斗和超人的胆识,突出表现了"爱拼才会赢"的闽商精神。

"义"与"利"的兼顾,是闽南商帮文化的集体意识,他们在低调务实和不事张扬中,实践着他们的人生价值和对社会责任的承担。回望历史,海内外闽籍华商素有乐善好施的慈善心,以陈嘉庚、胡文虎等为代表的近现代著名闽籍侨领,及至福建安溪籍印度尼西亚著名侨领李尚大和李陆大兄弟、南安籍印度尼西亚爱国侨胞黄仲咸等众多闽籍华商,他们从在当地兴办学校和医院入手,致力于惠及整个社会。目前,在福建各地的高校中,由海外闽商捐建的教学楼、图书馆随处可见,如厦门大学颂恩楼群、林梧桐楼,华侨大学郑年锦图书馆、洪祖杭大楼、陈守仁经济管理大楼,集美大学的尚大楼等。

 案例 2-8

德国华商陈云斌:闽商特质是他成长的根基

从洗碗打杂晋升为餐厅大厨,从开办餐厅拓展到外贸生意,从底层华侨成长为一方侨领,在他乡音浓郁的娓娓讲述中,一个在德国爱拼敢闯的闽商轮廓逐渐清晰起来,侠义、果敢、有担当、肯吃苦、热心肠,他就是德国福建商会会长陈云斌,同时还兼任德国中国和平统一促进会副会长、中国驻法兰克福总领馆名誉领保联络员……

20世纪80年代末,为了偿还父母投资捕鱼行业失败欠下的巨额债务,年少的陈云斌继承了先辈扬帆出海闯荡南洋的豪情,独自前往德国发展,立志为家庭排忧解难。初到异国他乡,陈云斌毫不畏惧:"我从来没有想过自己能不能在国外生存,我相信,只要努力勤奋肯吃苦,就一定能在当地立足,更能比别人做得好。"

洗碗工、打杂工、二厨,到达德国两年后,陈云斌逐渐接触餐厅管理的核心业务,摆脱了在餐厅内外奔前跑后的工作状态。历经一周的试工,陈云斌应聘成为一家韩国自助餐厅的大厨,"当时我又瘦又小,没人相信我能做好大厨这份工作。为了赢得老板的信任,我必须一点一滴做给他们看"。最终,倔强的他用勤奋和实力赢得了老板的肯定。

通过打工有了一定积蓄之后,陈云斌就有了创业当老板的想法。敢想就要敢干! 1998年,陈云斌在科隆城外的小山坡上开了第一家自己的餐厅。这个只有80多个座位的餐厅,是陈云斌当时的全部希望,因此他非常用心地经营着,从菜单设计、餐具摆放，到食材选择、后厨管理，他都亲自严格把关。"餐厅虽在市郊，也不大，但盈利还可以。"首家餐厅营业逐步稳定，但陈云斌并不满足于此。2003年，第二家餐厅顺利开张；2011年，拥有400多座位的大型自助餐厅开门营业。

在经营餐厅的同时，陈云斌也不断琢磨其他商机。2009年，服装进出口贸易公司开业，为他带来了超过1万欧元的月均利润；2014年，他又开办了出口德国商品的公司。随着"一带一路"倡议的深入推进，陈云斌的事业迎来新的机遇。为了更好地推介中国国内资源，也为了将更多优质的德国产业带回中国，他在2016年初成立了德中文化教育经济促进会，并在德国杜伊斯堡、北京、厦门和遵义四地设立办事处。

在陈云斌的努力下，一系列中欧合作项目落地生根。2016年，他组织德国政府、企业、专家、律所走进福建福州、厦门、龙岩等地，与当地政府联合举办"走进德国"高新技术交流及推介会。2017年9月，他组织欧洲6国17个企业到贵州省遵义市参加第三届遵商联盟大会，并投资考察、项目对接。2018年12月，在他的积极牵线下，成都大邑县的智慧机械设备产业园成功引进意大利达涅利冶金电子炉设备。

2002年，陈云斌开始在德国福建同乡会理事会做侨团工作，2012年任会长一职。为了真正帮助乡亲，他从自己做起，将同乡会工作落到实处，他说，"我的手机一直保持24小时开机状态，所有乡亲如果有困难，随时可以打电话给我。谁对我的工作不满，也可以随时打电话给我"。小到帮助刚抵达德国的同乡租房找工作，大到接待到访的政府部门以及帮助在德遭遇法律纠纷、重病、死亡的海外侨胞，陈云斌一直在默默付出。

资料来源：改编自《人民日报（海外版）》，2019年03月28日。

（二）粤商商帮文化与华商管理思想

长期以来，受粤商商帮文化中刻苦勤劳、诚实可信、拼搏进取等特质的熏陶，出现了一大批来自广东地区的杰出华商，如我国港澳地区的李嘉诚、霍英东、何鸿燊，马来西亚的钟廷森，新加坡的连瀛洲等。

在经营管理过程中，粤籍杰出华商深受其商帮文化的影响，拥有冒险开拓、独立进取的商业精神：战略决策方面强调以快制胜，即"上得快，转得快，变得快"；在经营理念上强调"闷声发大财"，认认真真把事情做好，踏踏实实，不虚张声势。

例如，在经商管理和为人处世方面，祖籍广东潮安的印尼第三代潮州人曾国奎在商帮文化的影响下，始终坚持三条信念：第一是诚信和谦虚，做事凭良心，从来不骗人；第二是勤劳无畏、不屈不挠，量入为出才能累积资本；第三是经营的生意务必专业，在这个领域里把它做到最好。凭借这三条信念，他缔造了一个强大的综合性集团,在 2014 年《福布斯》印度尼西亚富豪榜上名列第 17 位。

 案例 2-9

加拿大知名华商黄明亮身上的"潮汕精神"

在加拿大多伦多,华商黄明亮以具有潮州人的拼搏进取精神和对社会公益活动的无私奉献而为人称道。他出生在柬埔寨,祖籍中国广东潮州。1979 年,17 岁的他随家人离开了时局动荡的柬埔寨,以难民身份移居加拿大。身为长子,他当时放弃了上学的机会,承担起支撑家庭的重任。受祖父辈的影响,黄明亮自幼对经商有浓厚的兴趣。

1980 年,他下决心白手起家到商海闯一闯。他看准的是每人每天都离不开的食品行业。在创业初期,缺少资金的他只能批发来少量海鲜冻品,然后寻找客户,一家一家上门送货。经过 30 余年打拼,他的海鲜冻品小生意,发展为拥有海产品生产基地和遍布世界各地的营销网络的大生意。他从单枪匹马,到成长为加拿大最大的华人海产品公司之一,经营网络遍布南北美洲、欧洲、亚洲、大洋洲等地;他从几千加元的小本生意,发展到建立可容纳约 2 500 吨货物的仓库,每年进口加拿大各类海产品三四百个集装箱;他从简单被动的拿货卖货,发展到投资养殖场、主动控制货源、建立自己的品牌……

黄明亮坦言,这 30 多年来风风雨雨,甘苦自知。当年创业的辛苦,黄明亮记忆犹新。有一次他在接受采访时说:"大超市、大餐馆根本不理我,于是我就瞄准小餐馆。除了提供随叫随到的殷勤服务,我还额外帮助客户做杂事,以赢得好感和信任。"最初,小本生意的利润还比不上打工的收入,但是黄明亮的信念是"做什么事都要坚持不懈,有恒心"。吃苦耐劳的同时,他坚守老一辈潮汕人经商的诚信原则,不论是对客户还是对供货商都一视同仁。

因此,对于从小接受潮州人传统家教的黄明亮而言,拼搏进取、永不言败的潮州精神已融化在他的血液中。谈到成功靠什么,黄明亮一再强调潮汕文化对自己的影响:"勤力,坚持,诚信,专注,恒心。"

资料来源:改编自《从难民到好公民:访加拿大知名华商黄明亮》,新华网,2013 年 10 月。

(三)浙商商帮文化与华商管理思想

近年来,浙商商帮文化随着经济的发展和时间的变化,也体现了不同的内涵,从 2000 年的"自强不息、坚忍不拔、用于创新、讲求实效",2005 年的"求真务实、诚信和谐、开放图强",2013 年的"四千精神(历尽千辛万苦、说尽千言万语、走遍千山万水、想尽千方百计)",到 2016 年马云提出的"新四千精神(千方百计提升品牌、千方百计保住市场、千方百计自主创新、千方百计改善管理)"，不变的是浙商百折不挠的干劲。

2003年9月，时任浙江省委书记习近平三叹浙商文化基因：

首先，感叹浙江人在文化上敢于创新的传统。现代浙商文化的历史起源中，充分借鉴了海洋文化和中原文化的精髓，这一文化基因在"舍利取义、以农为本"的农耕社会中就开始强调"义利并重、工商皆本"的观念。

其次，感叹浙江人在计划经济年代"勿以善小而不为"的精神。在那个年代，一大批浙江人离开浙江，在全国各地从事被当地人所不齿的工作，有收破烂的，有弹棉花的，有补鞋的，而如今许多身价上亿的民营企业家就来源于他们。

最后，感叹浙商"白天当老板，晚上睡地板"。浙江许多企业家一直坚持创业时候的习惯，非常勤俭节约，艰苦朴素，他们创造的财富几乎都是用来投资发展，很少考虑奢华享乐，这也是浙江经济能够持续快速良性发展的根基！

改革开放以来，广大浙商走出国门成为"新侨"，他们在企业经营管理过程中继续秉持浙商商帮文化中敢闯敢创的精髓，打出了一片新的天地。

 案例 2-10

意大利华商冯宪如：奋斗路上的"四千"精神

在意大利罗马，华人华侨贸易总会创会元老、总监，意大利华人百货批发业赫赫有名的"DOLCE CAPANNA"公司的掌门人冯宪如先生，凭借坚强的意志，创立了意大利罗马华人最大的日用品批发王国，成就了一番让人敬佩不已的事业。

千辛万苦磨炼人生成长路

冯宪如1958年出生于浙江温州瓯海区永中镇沧下村一个普通的农民家庭，为了分担沉重的家庭负担，少年就辍学劳作于田间地头，过早地体会到人生艰辛。他放过牛、种过地、拉过板车，还风里来雨里去做起了废旧机床的买卖，社会这所"学校"不仅让他历练了人生，也让他初尝了经商的"甘果"。

随着温州出国热，1987年他只身来到意大利闯荡。当时，华人在意大利主要从事餐饮行业，冯宪如二话不说走进了中餐馆厨房，从洗碗打杂做起。五年间，他在意大利多地中餐馆打过工，一直从三厨做到大厨，因他肯吃苦又肯学，他去打工的餐馆老板几乎都对他称赞有加。

来到罗马打工后，大都市的环境和信息，让他有更多机会接触了解意大利的社会民情，从而为寻找商机奠定了基础。经过一段时间的熟悉，他开始上午出去摆地摊，专门出售一些中国小商品；下午到中国人开办的进出口公司批发商品挨家挨户地零星转批出去，晚上又到老外餐馆打工，每天做三份工作，一直坚持数年。直到今天,当公司人手不足时,他仍坚持去装货、卸货,开着车给客人送货。他说,做任何事业,首先要"勤"。

千方百计要为人先

冯宪如他说他有个习惯,就是每天早上都要想他的事业下一步该怎么办。他说的最多的话就是不能跟着人家屁股走,要想人家没想到的,做人家没做过的,永远要走在别人的前面。正是由于他的这种理念,别人学他摆地摊时,他又租用店面搞起了批发;别人批发搞的最红火时,他却去市郊租用仓库搞起了华人货物仓储和物流;当其他人在物流行业迎头跟上时,他又全面放弃了服装批发和物流,开创他现在的日用商品大型批发业务。

由于他货源渠道直接、品种齐全,意大利及华人的零售商争相去他的批发中心进货,客户不得不排着长队。

近年来华人大型日用品超市在意大利各地如雨后春笋一样发展起来,他的生意发展更加迅猛。见他生意红火,许多仿效者接踵而至,仅他公司周边从事日用品批发的就达七八十家。

面对挑战,冯宪如毫无惧色,他与儿子、儿媳商议决定从加强管理、完善服务入手,率先推出建立客户会员制度,建立档案跟踪,及时反馈需求信息。另外,还建立了优秀的推销员团队,对新从事的推销人员取保底制度,解决他们的后顾之忧,让他们一切以客户需求出发,推销员凭其绩效最大程度分享企业红利。

不仅如此,他还率先采取200公里外安排当地运输公司送货、200公国内由公司自己免费送货制度,客户随需随送。为了让客户节约更多精力,他安排推销员定期巡视,直接为客户的柜台补货。

他说:"要永远走在他人前面。"

资料来源:《旅意华商冯宪如成就大事业:敢想敢干敢为人先》,中国新闻网,2014年8月8日

第三节 海外多元文化与华商管理思想

季羡林在《东方文学的范围和特点》中写道:"在五光十色、错综复杂的世界文化中,共有中国文化体系、印度文化体系、阿拉伯伊斯兰文化体系和欧洲文化体系。这四个体系都是古老的、对世界产生了巨大影响的文化体系。"华商群体生活工作在世界的各个角落,他们的管理思想必然会受到这些海外多元文化的影响。

一、海外多元文化中蕴含的管理思想

(一)西方文化中的契约精神

契约精神是西方社会一个很重要的运行机制,被认为是西方社会的主流精神之一。它起源于商业交易,并逐渐扩展到社会生活的其他领域,孕育了社会诚信、平等的观念,在商业领域促进形成了相应的法律制度和信用体系。

1.契约与契约精神的内涵

所谓契约,是主体之间达成的合意,具有自由、平等、诚实、守信的基本内涵。根据1932年美国律师学会在《合同法重述》的定义,契约是"一个诺言或一系列诺言,法律对违反这种诺言给予救济,或者在某种情况下,认为履行这种诺言乃是一种义务"。因此,在彼德罗·彭梵得看来,契约是以"合意"或"承诺"为特征的一种协议。

所谓契约精神,是社会主体主动、善意地遵守约定和规则,尊重他人合法权益、公共利益的思想观念,分为私人契约精神和社会契约精神。从根源上看,契约精神是基于契约关系产生,体现了平等、自由、公平、民主,重在树立诚信意识、规则意识和权责意识。

根据王滨等(2021)的观点,诚信意识是契约精神培育的核心内容,规则意识是契约精神培育的基础内容,权利意识和责任意识规范着公民个体之间的关系。其中,责任意识使得公民对法律、契约、规则的遵守由外部强制转化为内心自觉,同时也让公民对规则和契约的认同及遵守最终转化为自身的责任感。

2.契约精神的具体表现

卢梭在《社会契约论》一书中高举"天赋人权""人民主权"的旗帜,他认为契约精神贯穿于社会的各个方面,集中体现于法治和道德。

具体来讲,契约精神主要表现为:

第一,主体意识。即,人是一切社会活动的主体,这不仅要求主体意识到自己有独立的权利能力和行为责任能力,而且还是一个独立的利益单元,拥有独立的利益空间和利益诉求。

第二,权利意识。即,它不仅要求公民认识到作为独立主体享有的法定权利,还包括当法定权利遭到侵害、剥夺时派生出的诉讼权和求偿权等。

第三,平等观念。即,它不仅意味着主体地位、机会、利益分配的平等,同时也包含主体及其利益受到法律的平等保护。

第四,自由观念。即,主体在独立存在的前提下,可以自主选择自己的利益目标和行为模式,释放了等级特权、行政管制约束下主体的自由意志,成为激发主体创造潜能的原动力。

第五,民主思想。即,源于契约订立过程中的平等协商、共同与多数决定、程序公正等民主理念,是现代社会自治和经济管理中的一种主导思想。

第六,法治思想。即,它以主体自治为本源、以公平正义为内核、以合理合规为具体形式、以制度机制的有效运行为条件,生动体现了契约精神的本质要求。

3.契约精神与商业活动

从历史上看,契约精神是在近代资本主义时期随着商品经济发展而逐渐成熟起来的,是市场经济在观念上的集中表现。以此为根基,西方国家较早形成和发展了市场经济制度和信用体系。随着商品经济和全球化的发展,以自由、平等、互惠、守信为核心的现代契约精神已成为一种基本规范,有效保障了各个经济主体达成彼此间的权利与义务关系。

实践也表明,契约精神是一种悠久而珍贵的商业品格,是营造良好商业氛围、有效维护商业秩序的基本伦理规范。在商业活动中,契约证明买卖、抵押、租赁等关系的文书,就是建立在有约必守、诚信基础上的契约精神的具体体现。

从理论的角度,夏杰长等(2020)的研究表明,由于创新产品的价值实现更加需要相关企业和用户尊重契约、尊重产权,具有良好契约精神的地区改革推动创新的效果可能更大,契约精神越强越有利于地区创新;反之,如果缺乏契约精神,往往就会将套利作为目标,违约、造假、"山寨"、侵犯知识产权等现象屡见不鲜,就会弱化企业的创新行为。

(二)市场经济法则

作为一种资源配置机制,市场经济在欧洲一产生,便成为最具效率和活力的经济运行载体。经历多年发展之后,美国、德国、日本等国家的市场经济体制是比较成熟的模式,分别为各自国家的企业家成长提供了制度上的保障。

1.市场经济的内涵

所谓市场经济(market economy),是指通过市场配置社会资源的经济形式,即各种市场资源和劳动产品,按照"各增其值、等价交换"的原则,通过市场交换来进行分配。在市场经济模式下,资本、土地、技术、劳动力等要素实现了市场化,市场体系和市场机制是资源配置的基础,市场分配成为最基本的分配形式。

一般认为,西方市场经济本身蕴含着丰富的道德性,试图以人性为基础构建符合人性的社会秩序。亚当·斯密在《国富论》中指出,每个人都是"经济人",都会在已有的社会约束条件下追求自己的最大化利益,市场经济承认这是合理合法的。进一步地,它所要求的自由、平等、互利的经济交换关系,会通过对经济活动主体的指引和限制,而产生公平、诚信、节俭、审慎等一系列道德准则,并内化于"经济人"的品行中,实现经济和道德建设同步发展。

2.市场经济的特征

市场经济注重人的主体意识,给人提供更多的发展空间与机会,充分体现了注重个体、追求人自然本性和尊重物欲的人文精神。具体来讲,市场经济的特征为:

第一,资源配置的市场化。它不是以习俗、习惯或行政命令为主来配置资源,而是使市场成为整个社会经济联系的纽带,各种资源都直接或间接地进入市场,由市场供求形成价格,进而引导资源在各个部门和企业之间自由流动,使社会资源得到合理配置。

第二,经济行为主体的权、责、利界定分明。经济行为主体如家庭、企业和政府的经济行为,均受市场竞争法则制约和相关法律保障,都被赋予相应的权、责、利,各自成为具有明确收益与风险意识的利益主体。

第三,经济运行的基础是市场竞争。即,它从市场经济的理念上,普遍强调竞争的有效性和公平性。为达到公平竞争的目的,政府的角色定位主要是履行经济调节、社会管理和公共服务的职能,以此为企业提供平等竞争的机会。

第四,实行必要的、有效的宏观调控。在现代市场经济条件下,国家对经济的干预和调控便成为经常的、稳定的体制要求,政府能够运用经济计划、经济手段、法律手段以及必要的行政手段,对经济实行干预和调控。

第五,经济关系的国际化。它使各国经济本着互惠互利、扬长避短的原则,进入国际大循环。在实践中,这不仅表现在国际进出口贸易、资金流动、技术转让和无形贸易的发展等方面,还表现为各国对协调国际利益的各种规则、惯例的普遍认同和参与。

3.市场经济下西方企业的市场观念

在市场经济背景下,西方国家的市场化程度很高,几乎所有的经济活动都被纳入市场调节的范围,各种市场的价格机制非常灵敏。基于此,企业作为市场活动的主体,在思想观念和行为方式上都要遵循市场观念,围绕有限的市场资源展开广泛而激烈的竞争。

所谓市场观念(marketing concept),是企业处理自身与顾客关系之间关系的经营哲学,它要求企业的一切计划与策略以消费者为中心,正确确定目标市场的需求,努力比竞争者更有效地满足市场需求。即

在市场观念下,企业"生产什么、生产多少、什么时候生产",都要遵循相应的市场规律。基于此,市场观念要求企业遵循诚信、公平、负责等交换准则,这是维系和推动企业发展的道德力量。同时,企业要想达到自身获利的目的,必须首先生产或提供对他人有价值的东西,即如果企业置他人利益于不顾,采取欺骗的手段进行不

正当交换,终将被淘汰出局。

在实践中,为了更好地按市场经济法则办事,企业必须在以下几个方面调整自身观念和行为:第一,强化市场观念,紧紧抓住市场不放;第二,强化人才观念,充分调动员工的积极性;第三,强化质量观念,增强竞争能力;第四,强化管理观念,提高企业经济效益。

(三)宗教与哲学文化

宗教与哲学都是社会的产物,都源于社会、自然以及人本身的认识。它们是人类社会发展进程中的特殊的文化现象,影响到人们的思想意识、生活习俗等方面。西方宗教与哲学文化源远流长,对企业家的人生观、价值观和商业思维都有重要影响。

新教(Protestantism),亦称基督新教,强调"因信称义""只有信心才能使人与上帝结合"。根据德国社会学家韦伯(Weber,1930)的观点,新教商人的精神包括勤俭、诚实、信用等美德,每个人必须不断地赚钱,不是为了个人享受,而是每个人的天职,企业家做好这个"天职"就是最崇高的事,做公益事业是为了增加上帝的"荣耀",他还提出"每个信徒都有在宗教生活中彼此照顾相助的权利和义务",这种自我约束的道德观就是新教的"工作伦理"。

清教(Puritan)信奉J.加尔文的"成事在神,谋事在人",宣称"活着的时候要过清贫朴素的生活,不能有过多的欲望,这样死后才能去天堂"。因此,以勤恳、节约、克制为特征的清教主义限制纵欲、享乐行为,将消费性投入和支出全部用在生产性投资和扩大再生产上,"有节制的、态度认真的、工作异常勤勉的劳动者,他们对待自己的工作如同对待上帝赐予的毕生目标一般""他们相信劳动和勤勉是他们对上帝应尽的责任"。不仅如此,清教徒崇尚在商业中诚实守信、珍视信誉,还具有对社会的回馈意识。约翰·卫斯理将清教徒的精神精辟地概括为"拼命地挣钱、拼命地省钱、拼命地捐钱",为此他被誉为企业家创业精神的代言人。

伊斯兰教认为"后世取决于每个人生前的所作所为",遵守"五功"(念、礼、斋、课、朝)是穆斯林信仰虔诚的基本体现。其中,"礼功"提出财富由真主所赐,富裕者有义务从自己所拥有的财富中拿出一定份额,用于济贫和开展慈善事业;"礼功"要求穆斯林坚守正道,对自己过错加以反省,避免犯罪,给社会减少不安定因素。

西方哲学文化同样博大精深,它伴随着人类的自我觉醒而形成,对人类社会尤其是现代文明影响极为深远。例如,西方自由主义创始人洛克认为,"在自然状态中,自由就是依照自然法即人的理性生活,人们的思想开始追求知识,渴望个人自由"。从商业角度,西方哲学诞生地希腊及附近地中海一带,十分重视泛海经商贸易。哈佛商学院在《管理与企业未来》中强调"自由是人类智慧的根源",文中写道:

"在知识经济时代,财富不过是在自由价值观普及的社会里,无数个人活动的副产品。在个人自由得到最大保障的社会,民众的智慧空前活跃,创新的东西也会不断被提出,财富作为副产品也会像火山爆发般喷涌而出。"

二、海外多元文化对华商管理思维的影响

在全球化时代,华商管理思维的形成不仅受中华传统文化的影响,还包括他们在住在国所吸收、所兼容并包的海外多元文化。在实践中,广大华商在奋力争取和维护中华文化话语权的同时,也在努力适应居住地的文化、语言和政治、经济环境,并将其融入自我管理和企业发展的理念之中,并充分利用契约精神、市场观念等理念促进自身企业发展。

(一)海外多元文化是华商管理文化特质的重要来源

在海外华侨华人聚居的东南亚,以及华人族群涉足的世界其他地区,都有当地特色的优秀民族文化传统。久而久之,它们都会被久居那里的华侨华人所学习吸收,成为广大华商管理文化的重要来源。如今,华商管理文化的相当大一部分,已经包含了当代西方的社会文化与企业文化。

以马来西亚为例,由我国早期来自广东和福建的移民组成的华人社群生活在一个多元文化的国度里,华人文化在与其他民族文化自然互动的过程中,通过相互调试、融合与吸纳,形成了马华文化。所谓马华文化是指,"中华文化传播到马来西亚本土后,扎根在马来西亚并在当地客观和生活条件下经历调整与涵化之后,最终发展起来的华族文化。它是马来西亚华裔公民在中华文化的基础上,为适应马来西亚的环境,在长期的生活实践中,经过继承、扬弃、改造的历程之后产生的精神与物质成果"。其载体包括,华人社团组织、华人宗教组织、华文教育机构、华人民俗和节庆、华文报刊、华裔家庭等,这些不同类型的社团组织通过在各自领域内举办活动来推介、传承和发扬马华文化。

在菲律宾,几百年来,华人在遭受由移民特性导致的隔离、敌对破坏的背景下,经过互相依靠和通婚合并,他们赖以为生的华人品德与当地文化融合,形成了华裔菲人的多元文化。在宗教信仰方面,华人混血儿之间演化出混合的宗教信仰,是天主教和佛教相结合的独特产物。例如,他们在圣母的神像前烧香和点蜡烛,圣母成了观音的代表,加巴郎牙的黑耶稣被作为保王善士来崇拜。宗教的混合在宗教仪式中甚至更显著,在岷仑洛,华人天主教徒以保有中国声乐的豪华游街来庆祝圣母罗沙里的神诞,与观音同面貌的圣母神像被敬奉在教堂。在描东岸省,圣母被华人作为妈祖来崇拜。

(二)华商管理实践已融入了海外多元文化的理念特征

由于成长环境的融合性,很多华商都具备多种语言的能力,这种多语言背景有助于他们理解海外多元文化的内涵,也会影响他们的管理思维与行为。例如,泰国华裔索姆山是二代华侨,他的祖父是广东潮州人,他在台湾读中学,在东京完成专科教育,能讲国语、潮州话、广东话、泰国话、英语、日语等数种语言。

基于此,广大华商身上有一种与生俱来的国际化背景和视野,在看待事物和思考问题时,就会减少很多政治、语言和地域等方面的限制。这使得他们在发展过程中,能够充分吸收了海外多元文化中企业运营与管理规律的合理成分,促进个人和企业成长。具体来讲:

首先,在个人层面,广大华商吸收了强调个人奋斗、自由的西方文化理念,以及基于市场规则的竞争和效率,向当地标杆行业和企业看齐,成就了很多世界级的企业。例如,瑞士华人企业家景连鹏以自己的亲身经历,对"瑞士制造"做出如下诠释:"精湛的工艺,长远的眼光,持久的坚守,不贪大,不追风。"

其次,在企业管理方面,虽然很多华商企业是典型的家族企业,但他们在管理过程中非常重视对西方管理文化的吸收与运用。尤其是第二代、第三代华商,他们受到了西方价值观的影响和现代企业管理方法的训练,加之具备较强的文化适应和吸收能力,能够很好地将海外多元文化融入企业管理中。因此,他们的锐意创新和勇于打破传统的特质,不仅得益于东方文化基础,也和西方多元文化的影响密不可分。

例如,华硕电脑掌门人施崇棠直言,自己一方面受中国传统文化的影响,把"人"当作公司最重要的资产,另一方面受西方"以客户为导向"思想的影响,成立了一个事业部,专门研究西方企业再造等问题。在美国,创办了 Future Labs 和 WebEx 的朱敏刚到美国时就住在校外,即便打工也寻找能与美国人更多接触的工作,就是为更多地了解美国文化和思维。美国华商王安曾说:"与其说在于天赋,不如说是通情达理。所谓通情,就是通晓美国国情和世界计算机行业的行情,达理则是明察市场经济发展的规律和原理。"

本 章 精 要

1.文化与管理的关系犹如土壤与庄稼。中国传统文化在形成华商的人生观、价值观、企业管理与发展理念方面起到了非常重要的作用。

2.儒家学说内涵丰富,提出"为政以德"的治国理念,追求的则是一个以"仁"为核心、以"德"为基础、以"礼"为规范、以"和"为目标的境界,这些理念构成了海外华商修身养性的基础理论之一。

3.道家倡导"无为而治"的"德服",即管理者通过提高自身的道德修养和对下属的道德教化进行管理,要根据外在环境不停调整自己行为,"上善若水"。墨家崇尚劳动,主张"兼爱""节用""尚贤"等,这也是华商修身立命的重要思想支撑。

4.法家思想强调的"不别亲疏,不殊贵贱,一断于法"、"诚信观"和"义利观",以及"不法古,不循今"的变革思想,对于华商管理思想的形成起到了重要作用。

5."阴阳平衡"和"五行学说"反映万事万物之间互相联系及变化发展的"相生相克"原理,蕴含着丰富的管理思想,是华商管理思想形成的根源之一。

6.商帮文化承载了中国数千年的商业文化精髓,具有多元性、开放性、兼容性、创新性、关系性、亲情性等特征,又有地域的原因,闽商、粤商、徽商、浙商等商帮文化对华商管理思想的形成具有重要影响。

7.海外多元文化强调个人奋斗、民族自由,推行市场经济、竞争和效率、手段和游戏规则,这种文化成就了很多世界级的企业,构成了海外华商修身养性的文化基础之一。

第三章 "和合共生"的华商企业经营理念

长期以来,广大华侨华人秉承中华民族优秀传统,艰苦创业,拼搏进取,积极融入住在国社会,同当地人民和睦相处,在事业上取得长足发展,为各国经济发展和社会进步作出了积极贡献。

——习近平致第十二届世界华商大会的贺信

 引 导 案 例

菲律宾华商陈永栽的经营理念:个人、企业和国家共同发展

陈永栽,祖籍福建晋江,4 岁跟随父母下南洋谋生,11 岁就在一家烟厂当杂役。1965 年,他创办了"福川"烟厂,第一个把世界先进的制烟生产流水线和现代化的卷烟机引进了菲律宾。1970 年创办了福牧农场,1977 年收购了"通用银行"并将其更名为"菲律宾联盟银行",1982 年建立了亚洲啤酒厂,1995 年创办了大亚公司。他个人多次登上菲律宾富豪榜首位,获"烟草大王""航空大王""银行大王"等称号。

陈永栽

在引领自己企业集团发展的同时,陈永栽还一直以振兴菲律宾经济为己任。20 世纪 90 年代,陈永栽收购陷入严重财政危机的菲律宾航空公司不久,就遭到亚洲金融危机的重创,与此同时,机械师、地勤人员连连罢工,加上政府加倍开放航权,更是让公司雪上加霜、奄奄一息。为挽救菲航,陈永栽操劳到两鬓添霜。但面对困难,他毫不畏惧:"不入虎

穴，焉得虎子！没有置于死地的决心，哪有死而后生的变数？"他认为，菲航是菲律宾的骄傲和象征，能让它载着菲律宾国旗飞向世界各地，他说："我鞠躬尽瘁，死而后已。我不是为钱而是为国家，那么多的人为菲律宾牺牲，我陈永栽为菲航牺牲又有何妨？"凭着这种拼搏精神，陈永栽终于带领公司走出困境。1999年6月，他为菲航的复兴集资到2亿美元，避免了被强迫清盘的厄运，1999年4月至2000年3月，盈利近百万美元。

2000年，刚刚带领菲航绝地逢生的陈永栽，再次为了菲律宾的国家利益鞠躬尽瘁，接管了坏账累累的菲律宾国家银行。当被问到为何这么做时，他说："生活应该有挑战，有意义就不觉得苦。"

虽然身在异乡，陈永栽不忘自己的根在中国。1984年，陈永栽率团赴北京参加中华人民共和国成立35周年国庆典礼，买下了菲律宾电视台的黄金时段，转播中国改革开放总设计师邓小平主持的国庆阅兵典礼盛况。他一直珍藏着一份《人民日报》简报，上有1994年3月30日的一则新闻，标题为"江泽民乔石分别会见菲华商联总会考察团"，这是菲华商联总会首次组团访问中国。1997年，陈永栽以指导员身份率领该会考察团第二次访华，获得时任国家主席江泽民同志的接见。这次，他兴致勃勃地走访了中国沿海经济特区。2003年3月，出于对祖国的热爱，陈永栽以团长身份率领菲律宾各界代表再次返回中国，修建了叶飞纪念公园，作为中菲友谊的象征。

对于社会事业，"取之于民，用之于民"是他的座右铭。多年来，陈永栽在发展事业的同时，也不忘回馈国家和社会。1990年，他在菲律宾著名高等学府——东方大学设立了"东方大学奖学金"。在菲律宾，他还是中华文化使者，积极振兴华文教育，推动菲中文化交流，2001年以来，陈永栽连续资助菲律宾华裔学生来福建参加"菲律宾华裔青少年学中文夏令营活动"，他还出资组织菲律宾华文学校的教师到厦门、泉州等地进行业务培训，成为海外华文教育模式创新的典范。

在国内，20世纪80年代初，华侨大学复办时急需的仪器设备、菲华教学楼和华文学院新大门的兴建，都由陈永栽捐资促成。1986年，陈永栽以父亲之名成立了"陈延奎基金会"，广泛开展捐建学校校舍，致力振兴教育，令大批失学儿童获得了读书的机会。除此之外，陈永栽在1990年北京亚运会、2008年北京奥运会场馆"水立方"建设、2008年汶川地震以及2010年玉树地震等重大事件中，都出资出力、为国分忧。

为了感谢和表彰陈永栽先生对传承中华文化所作出的贡献，国务院侨务办公室专门向他颁授了"倾心华教，泽被侨胞"的牌匾，并授予他"热心海外华文教育杰出人士"称号。2015年9月3日，中国人民抗日战争暨世界反法西斯战争胜利70周年阅兵仪式在北京举行，有1779名海外侨胞受邀回国观礼，其中有5位德高望重、声誉卓著的侨胞代表登上了天安门城楼观礼并出席招待会,陈永栽就是其中之一。

第一节 "和合共生"思维与企业的经营管理理念

"和合共生"是充满哲理的发展思想,生动阐释了融入中华民族血脉中的"和平、和睦与和谐"理念。2018年4月,习近平总书记指出,"和合共生"是中国几千年文明一直秉持的理念,是中华民族的历史基因和东方文明的精髓。

众所周知,华商企业在海外的经营环境并不乐观,"跨国"不仅给华商带来文化和生活上的困扰与无奈,时而发生的排华事件也给华商企业的运营产生不良影响。那么,华商企业在海外复杂的环境中如何实现成长呢? 实践表明,基于"和合共生"思维的经营理念对华商企业的成长及风险规避都具有重要影响,是华商企业和社会协调发展的社会资本。

一、"和合共生"思维的内涵、根基与实现

《易经》中讲到,"一阴一阳谓之道",即阴与阳不是完全对立的关系,彼此之间还相互包容、相互依存。因此,罗安宪(2019)认为,"多元和合"是中国哲学的根本,它强调的是"共生、共在、和处、合作",即使矛盾双方也并非完全是"对立、对抗、斗争、雄强"的关系。

(一)"和合共生"的内涵

基于词义学的范式理解,"和合共生"包括"和""合""共生"三层含义。

1."和"、"合"与"和合"

"和",即中和、平和、和睦,指不同要素间和谐的聚合状态,体现多样性的统一。

"合",即合作、合力、融合,指为了达到共同目标,不同主体间的相互协作。

"和合"是指各主体以和善、和生、和处的心态与他者合作,实现彼此之间和谐、和睦与和平的目标,即"和为贵、合则全"。

根据张立文教授(2001)的解释:"所谓和合,是指自然、社会、人际、心灵、文明中诸多形相、无形相相互冲突、融合,与在冲突、融合的动态变化过程中诸多形相、无形相和合为新结构方式、新事物、新生命的总和。"

2."共生"

"共生"思想源于生态学,指自然界中密切接触的不同生物之间所形成的互惠关系,引申到社会领域,则指不同主体为了实现共同成长,彼此之间形成的相互促进、相互依赖的密切关系,它的本质是"为了谋求自己过得好,必须也让别人过得好"。

正如日本学者尾关周二所说,"从 19 世纪后半叶到 20 世纪,不仅在生物世界,就是在人类社会的世界,'生存竞争'概念都曾是一个基础音调。但是,在 21 世纪它也许会让位于'共生'这一概念"。

3."和合共生"

所谓"和合共生",是指在承认矛盾的前提下,各主体通过和平与合作的手段,使各方都能感觉到他人的存在与发展对自己的存在与发展是一种机遇、一种运气,即"相异相补,相反相成,协调统一,和谐共进"。其中,"共生"以"和合"为前提,"和合"以"共生"为目的,充分体现了整体系统的和谐思想。

在利益诉求日益多样化的今天,"和合共生"思想无疑更有生命力。2014 年 4 月,习近平总书记在比利时演讲时,用"酒"和"茶"的借喻阐述了"和合共生"的理念,他说,"茶和酒不是不可兼容的,人们既可以酒逢知己千杯少,也可以品茶品味品人生。中国主张"和而不同",欧洲主张"多元一体"。显然,酒茶是文化的不同表达,"和而不同"与"多元一体"则是文明哲理的不同切入……

(二)"和合共生"的理论根基

1.中华传统文化是"和合共生"理念坚实的根基

"和合"思想在中国古已有之,早期出现在《周易》《国语》《管子》中。道家经典《太平经》中也提到"天地中和同心,共生万物",即理想的太平世界是人与各个层次的自然事物和谐相处、共生共荣的世界,强调的是协同合作、资源共享和以和取利。

进入近现代以来,中国思想界依然坚守着博大精深的"和合共生"文化,同时又赋予"和合共生"以新的诠释。费孝通先生提出:"各美其美,美人之美,美美与共,天下大同"。从这个意义上说,"和合共生"文化也铸造了中华五千年光耀璀璨的文明史。中华民族正是以海纳百川、兼容并蓄的博大胸怀,汇聚了 56 个民族,组成了和睦、永固的民族大家庭,造就了薪火相传、生生不息、历数千年而不坠的伟大中华文明。

2.西方系统思维也为"和合共生"提供了哲学的阐释

文明冲突论提出者塞缪尔·亨廷顿认为,"世界的多元化需要以'和合'文化为主导,促进各民族文化的交流,通过碰撞、冲突而达融合,这是不同文化正确的发展道路,也是人类文明生生不息的必然选择"。

西方系统思维则从另一个角度解释了"和合共生"中相互包容、相互克制、互利共赢、共同发展的关系。系统论创始 L.V.贝塔朗菲也强调,任何系统都是一个有机的整体,开放性、自组织性、关联性、动态平衡性等是所有系统的共同的基本特征,系统论的任务不仅在于认识系统的特点和规律,更重要的还在于利用这些特点和规律去控制、管理、改造或创造一个系统,使它的存在与发展合乎人的目的需要。

因此,西方文化从整体与系统思维的角度,解释了各主体间如何形成"五色交辉,相得益彰,八音合奏,终和且平"的平衡与和谐状态,成为"和合共生"的理论根基之一。

(三)"和合共生"理念的实现

关于"和合共生"的实现,中国先哲们提出了"和实生物,同则不继""万物并育而不相害,道并行而不相悖"等观点,强调了异质要素之间协调、平衡、吸纳和融合的重要性,阐明了要在"不同"中求"和",相互尊重对方合理的利益诉求。

1.计利当计天下利:以追求"各方共赢"为目标

争取实现多点利益的平衡,与利益相关者共存共荣是"和合共生"理念的目标。墨子在《商之道》中写道:"客有利,我无利,皮之不存,毛将安附? 客我利相当,则客久存,我则久利! 然双赢!"也就是说,各参与者只有在尊重各方利益诉求的基础上,才能达到"利益共享、风险共担"的目标。

当然,"共生"的前提是各方都要贡献独特的价值,资源禀赋的差异性是合作的原动力,而共同收益也来源于各参与方互补性资源的共享。研究表明,"对称性互惠一体化共生"是最优效率也最稳定的共生模式,因为利益在共生单元间的分配是均衡的。

2.尊重差异:以承认"和而不同"为前提

"和合"理念承认差别和矛盾的存在:一方面,只存在同一事物则难以为继,不同事物实现"和合"才能产生美好事物;另一方面,"和合"本身正是差异性和多样性的综合体,正因为存在差异性和多样性,才需要"和合"。

在实践中,"和合共生"的实现要包容差异性,尝试着融合差异,形成有效的创新协作。也就是说,"和合"并非毫无原则地、盲目地追求一致性,而是要坚持"和而不同",在差异化前提下形成多元化统一,以此达到"四海一家"的理想状态。

3.守望相助:以坚持"以和为贵"为原则

"共生"思想具有平等性、友爱性、包容性的特征,主张多元主体互依互助、互学互鉴、共享共进。因此,"和合共生"的实现要坚持"以和为贵"的原则,既倡导"己欲立而立人,己欲达而达人",又要求"己所不欲,勿施于人"。

在实践中,个体在与各利益相关者交往的过程中,所遵循的不是丛林法则,也不是弱肉强食的零和游戏,而是在秉持沟通合作原则的前提下,强调共存互补,以"和而不同、兼容共存"的方式化解矛盾和利益冲突,实现"兼济天下、天下大同"的共赢目标。

4.求同存异:以"互利竞争"为手段

"和合共生"的实现首先要坚持"互利",既不能过分强调自己的利益,也不是无原则地牺牲自我利益,它是在分析各利益相关者利益诉求的基础上,通过"不卑不亢"的沟通与协商,按照公认的"游戏规则"重新达到和谐。

也就是说,"和合共生"的实现并没有否定竞争和冲突,而是要纠正你死我活的"斗争哲学"。根据日本学者黑川纪章的观点,"尽管共生包含了竞争和冲突,但它强调从竞争中产生新的、创造性的合作关系,是存在竞争的双方的相互理解和积极态度,在尊重其他参与方(包括文化习俗、宗教信仰等)的基础上扩大各自的共享领域"。

 案例 3-1

方李邦琴:故乡他乡,我为津梁

在"2019 全球华侨华人年度评选"颁奖典礼上,85 岁的美国报业大亨、企业家、侨领方李邦琴获选年度人物,主办方对其颁奖词为"故乡他乡,我为津梁"。

"中国是我的生母,美国是我的养母,我对这两个母亲感情深厚,中美关系能够健康稳定发展是我毕生的愿望。"

2015 年 8 月,海外首座抗战纪念馆在美国旧金山中国城揭幕,纪念馆正是方李邦琴筹建的。

方李邦琴回忆,筹建过程困难重重,"施工期间,纪念馆窗玻璃遭人砸碎;有人把纸团点着扔到邮筒里;纪念馆的网站也被黑客攻击……开馆当天,为了保证纪念馆顺利揭幕,许多身形高大的华人还自发成立了安保队,在周边的街道巡逻"。

她说,以前很多美国人都不了解二战有东方战场,纪念馆能让美国社会知道中国的抗战历史,这也是中美在反法西斯战争中并肩战斗的纪念。

2019 年 8 月,方李邦琴在旧金山组织了一场"中美建交 40 周年回顾与展望高峰论坛",中美各界人士在论坛上呼吁停止中美贸易争端。谈到举办论坛的初衷,她说,40 年来中美两国关系起起伏伏,但总体是向好的,举办论坛是因为两国人民的关系需要继续发展。

在为华人发声、提高华人社会地位方面,方李邦琴也倾尽全力。1979 年,方李邦琴创立了全美第一份反映亚裔声音的英文报纸《亚洲人周刊》。"我们必须有一份英文报纸,表达华人的声音和诉求。"

资料来源:根据中国新闻网、新华网、人民网等资料整理。

二、企业经营中的"和合共生"理念

哈佛商学院亚当·M.布兰登勃格认为:"企业创造价值是一个合作过程,这一过程不能孤军奋战,必须相互依靠,企业就是要与顾客、供应商、雇员及其他相关人员密切合作。"从企业发展的角度,"和合共生"倡导企业与社会、国家、环境等和谐发展,要求企业尊重同行、重视供应商、经销商、消费者,甚至社会、环境等诸多共生主体的利益。

(一)"和谐":与政府、公众"共生"

传统上,政府与企业是管与被管的关系。但在"和合共生"思维下,政府与企业有了更多共振点:一方面,"政府搭台,企业唱戏",政府为企业营造良好营商环境;另一方面,企业在政府全方位服务中创造更多财富时,就会缴纳更多税收为政府提供资金支持。

另外,企业发展离不开社会公众的支持,和谐共处是大家的共同利益。这就要求企业在追求企业盈利和履行社会责任之间寻求平衡,在和谐中拉近与社会公众之间的距离,避免造成"一味挣钱,不顾民生"的不良印象,夯实社会公众对企业的认同感。

(二)"竞合":与同行"共生"

商业中的"零和"是你死我活的竞争,"竞合"是指竞争与合作是不可分割的整体,通过合作中的竞争、竞争中的合作,实现共存共荣与共同发展,它是对企业间新型关系的注解。

在企业间联系日益密切的今天,商业竞争中的零和游戏已经逐渐成为历史,而以战略伙伴面目出现的"联姻"现象却日益增加。这就要求企业管理者要运用"和合"的方式,正确处理竞争与合作的关系,在合作中增加自身竞争力,在竞争的同时向对手学习,最后实现双赢甚至多赢,这已经逐渐成为企业持续发展壮大的重要途径。

(三)"伙伴":与供应商"共生"

一般来讲,企业与供应商的关系有两种:一种是传统的买卖关系,双方通过博弈争取对方的利益;另一种是伙伴关系,双方通过互利合作共创价值,成为利益共同体。

"和合共生"思维下,企业和供应商之间由"买卖"关系上升到"伙伴"关系,成为合作伙伴供应商。基于该管理思想,企业要致力于与供应商建立和维持紧密关系,由"敌对"转变为"信任"。即,企业和供应商要通过对各自资源和竞争优势的整合来共同开拓市场,降低交易成本和机会成本,扩大市场份额和提升企业竞争力。

(四)"和气":与客户"共生"

徽商在《客商归略》中写道:"谦是谦恭,和是和气,对店中亲友、买卖客人交谈之间,须要和颜悦色,不可粗心曝气。"也就是说,做生意讲究的是"和气生财",只有心平气和、细心周到,才能赢得顾客的购买行为,几乎没有生意是在恶语相向中做成的。

"和气生财"出自鲁迅的《彷徨·离婚》,是指"在商业活动中待人和善能招财进宝"。在实践中,它遵循企业和顾客间平等互惠的"和合"原则,在"和"的情感沟通交互中,充分挖掘双方的优势资源和利益交集,把待人和气用于经商中,以此改善企业与顾客的关系并促进成交。

(五)"共赢":与员工"共生"

基于传统管理理念,企业和员工之间是雇佣关系。在新时代,企业需要的不是"当一天和尚撞一天钟"的打工者,而是与企业"同享福共患难"的合伙人!

在"和合共生"思维下,"共赢"是团体和个体利益达到最大化的法宝,企业和员工是唇齿关系,即"员工靠企业生存、企业靠员工发展"。也就是说,没有员工辛勤工作,企业就不能创造价值;没有企业的发展壮大,员工的个人成就也无法实现。这就如天平的两端,一方是企业,一方是员工,要保持秤的平衡,必须达到双方的和谐与统一。

 案例 3-2

如何提升员工活力? 东北制药魏海军"和合共生"管理之道

东北制药前身为东北制药总厂,于 1946 年成立,被誉为中华民族制药工业的摇篮,是中国重要的药品生产与出口基地。然而,受国企思想观念僵化、历史包袱沉重等一系列因素掣肘,东北制药的旧有体制无法适应市场经济发展需要。2013年,原沈阳市政府研究室主任魏海军出任东北制药集团董事长,在掌舵东北制药近8 年的时间里,魏海军推动了东北制药一系列的改革,通过采取"三年改革"和"三年倍增"、积极试点实施混改等措施,打破国企陈旧的思想文化桎梏,开启"破茧成蝶"之路,并实现了大幅增收。

在企业管理过程中,董事长魏海军充分体现出"和合"与"共生"的管理理念。具体表现为,承认员工之间的差异性、多样性,强调共存与包容,主张组织与员工相互成就、共同发展,解决因个体差异导致的分歧与矛盾;促进企业与员工、治理主体间的关系处于稳定的共荣状态。

魏海军的和合观体现的是基于行为规范、薪酬合理与工作秩序上的情绪活力提升。主要表现为奉行"德礼并济"的柔性管理,尊重员工差异、尊重多样性,和合包容,以使企业与员工发展达到和谐统一。"德"强调内在控制,即"修己"。也就是管理者必须具有高尚的道德品格和个人修养,并将其个人特质贯彻到企业管理实践中,吸引员工上行下效;同时,还主张必须要用"礼"的规范来约束员工行为,使用一定程度的强制规章制度来实现企业管理的目标。

魏海军"和合"同时尊重"共生",表现为奉行"义利合一"的责任意识与竞争意识。在企业内部通过各司其职与沟通合作,激发员工的情绪承诺与价值共创意愿,最终实现员工与组织共荣共生。这体现出魏海军由偏重"政治逻辑"向"经济逻辑"转变的过程,借助"制度、观念与文化重塑"来建构有助于国企改革的内外部治理机制,推动国企由行政型治理向经济型治理转型,激活员工价值共创意愿,从而提升员工活力。魏海军在领导层面上摒弃"官员"治式,由偏重"政治逻辑"向偏重"经济逻辑"转变,树立了"企业家"思维,形成了"干事业"的氛围。

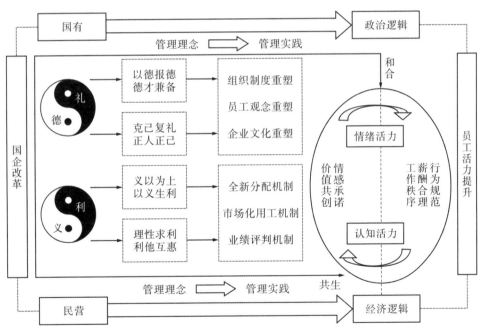

"和合共生"的内在机理示意图

资料来源:李芊霖,王世权,汪炫彤.国有企业改革中企业家如何提升员工活力:东北制药魏海军"和合共生"管理之道[J].管理学报,2021,18(7):949-958.

第二节　华商"和合共生"企业发展理念与企业成长

《道经》中讲道:"天地合和,万物萌芽",意即"只有天地自然的和谐,万物才会生长和成熟。"墨家思想也认为,"兼相爱、交相利",彼此之间只有"相爱相通,无复有害者",才能"并力同心,共生凡物"。近现代以来,从工业革命到互联网革命,企业发展过程中"分"的作用功不可没,即"分工"提升了劳动效率,"分权"提升了组织效率,"分利"提升了个人效率。而在组织绩效逐渐由内部转向外部的今天,"合"的重要性逐渐凸显。

"独行快,众行远。"大量事实表明,拥有"和合共生"经营理念是稳步成长的华商企业的共同特征,它们通过与利益相关者的"和合共生"来增信释疑,利用"合起来的力量",推进商业系统的"命运共同体"建设,以此应对商业经济中的不确定性和不可预测性。当华商企业与系统成员形成共生关系时,彼此之间就会融合与赋能,并促进企业整体绩效的提升。

因此,广大华商通过自身实践生动阐释了"和合共生"理念的形成途径、核心构成、形成机理与重要价值,如图 3-1 所示。

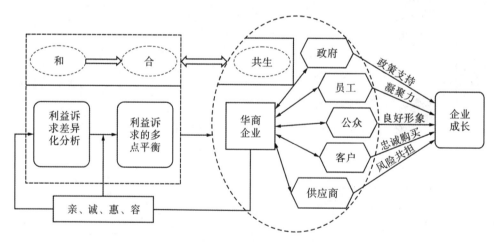

图 3-1　华商企业"和合共生"框架图

资料来源:作者绘制。

一、华商"和合共生"企业发展理念的形成途径

"和合共生,笃行致远",利益相关者之间的持久联合不是仅仅依靠市场力量的胁迫,彼此之间的共生共荣才是核心驱动力。2013 年,我国提出了"亲、诚、惠、容"的周边外交政策理念,要坚持与邻为善、以邻为伴,坚持睦邻、安邻、富邻,使我国发展更多惠及周边国家。事实上,在华商"和合共生"企业发展理念的形成过程中,同样以"亲、诚、惠、容"作为理论指导和实践指南。

(一)"亲"——"和合共生"形成的基本前提

关于"亲",按照孔子的说法:"君子敬而无失,与人恭而有礼,四海之内皆兄弟也,君子何患无兄弟也。"与住在国和祖籍国守望相助,通过得人心、暖人心的行为,赢得社会各界的友善、亲近和支持,是华商企业"和合共生"的实现策略。对于住在国和祖籍国,郭鹤年充满了感激之情,"我的心分成两瓣,一瓣爱我生长的国家,一瓣爱我父母亲的家乡"。

"唯有爱才能化解仇恨。"面对当年的印尼排华事件,金光集团黄荣年的观点是,"他们不是排华,他们只是太穷了"。金光集团于 1997 年和 1998 年分两次发放十万份米粮与物资,慰劳贫民以及在骚乱中负责维持治安的军人、警察,补给他们的生活必需品,由此得到了他们发自内心的支持。

(二)"诚"——"和合共生"形成的坚实根基

"人无信不立,商无信不兴。"华商企业诚信为本的经营原则是"和合共生"的根本保证。对于此,环球集团包玉刚的观点是:"纸上的合同可以撕毁,但签在心上的合同撕不毁,人与人之间的友谊建立在互相信任上。"陈嘉庚公司当年之所以声名卓著,就在于陈嘉庚视诚信为生命,遵循"一诺千金"的商业道德,早期替父还债形成的良好口碑。

关于"诚"的内容,泰国万盛集团陈汉士总结了三方面内容:第一,对企业利益相关者诚信,遵守往来约定,不攻心;第二,对企业员工诚信,兑现福利承诺,不压榨;第三,对消费者诚信,提高产品质量,不欺客。为此,万盛集团有一条铁规矩——"品质不好的鱼和配料价钱再低也不准购进,冷库里不论过期还是保鲜不好的鱼,绝不拿来做罐头"。

(三)"惠"——"和合共生"实现的必由之路

"将欲取之,必先予之。"在经营实践中,华商企业通过承担必要的社会责任,并

让利于民,与国家和社会编织紧密的共同利益网络,这是华商企业通过"惠"来实现"和合共生"的现实途径。对于此,陈嘉庚多次强调:"念社会事业,当随时随力,积渐做去。如欲待富而后行,则无有可为之日。"

而对于国家和社会,金鹰集团秉持"对政府有利,对当地人民有利,然后才是对企业有利"的"三利原则",正大集团则坚持"利国、利民、利企业"。在印尼,盐仓集团守法纳税、解决当地就业问题、积极参与当地市政建设、捐资兴办公益福利事业。在菲律宾,SM 商城建在哪里,都会提升周围环境、解决就业、增加政府税收,以此实现各方共赢。

(四)"容"——"和合共生"实现的强力支撑

"受益惟谦,有容乃大。""容"对于构建和谐关系具有重要价值,"临事让人一步,自有余地;临财放宽一分,自有余味"的包容理念,是华商"和合共生"理念实现的支撑。

例如,1923 年,为了避免橡胶业内部的相互竞争,陈嘉庚与"信诚"和"振成丰"两家公司签订了三年契约,陈嘉庚信守协议,而后来"振成丰""信诚"违约,陈嘉庚却未予以深究,虽然吃了大亏,但陈嘉庚公司"与同业竞争,要用优美之精神,与诚恳之态度"的理念成为佳话。同样,1992 年,SM 集团斥巨资在晋江兴建了一座购物广场,但由于政策原因,直到 2005 年才开业,在长达 10 多年的等待中,施至诚不仅没有半点怨言,还免费拿未能启用的商场作为场地,支持晋江举办国际鞋业博览会,赢得了各界广泛好评。

二、华商企业"和合共生"经营理念的核心构成

(一)与政府的"和合共生"

关于企业与政府的关系,印尼侨领洪贵仁的观点是:"一人富不如大家富,更不如中印尼两国共同富强。"

改革开放初期,面对来广东考察的华商,时任广东省委书记的习仲勋曾直率地说:"现在,人们都说你们来祖国投资,第一是爱国,第二才是赚钱。此话不对,你们实际上第一是赚钱,第二才是爱国,不赚钱你们爱什么国。"听到这朴实的话语,那些华商们马上就笑了:"习书记讲得对,我们来投资,当然有爱国心,但是不赚钱,谁来呀!"

因此,华商企业成长与政府诉求并不矛盾,广大华商在促进经济发展的同时,自身也得到收益,这就是与政府之间的"和合共生"。具体来讲:

一方面,华商企业积极与住在国共存共荣,保持良好关系。例如,郭氏兄弟集团不仅填补了马来西亚糖工业的空白,创始人郭鹤年在 20 世纪 70 年代初临危受命,帮助马来西亚政府成立并壮大了船务公司,成功打破了远东航线被发达国家垄断的局面。后来,他还带领马新航空公司渡过难关,在关键时期担任马来西亚旅游局主席和驻美国大使等。基于郭鹤年对国家的贡献,郭氏兄弟集团也获得了相应的政策支持。

另一方面,华商企业与中国经济共发展,争取政策支持。例如,1979 年正大集团成为中国改革开放之后第一个在华投资的外商集团,取得深圳市"001"号外商营业执照。1989 年前后,当不少外商不敢继续维持对华投资时,谢国民公开表示相信中国的改革开放会进行下去,并宣布正大将继续加大在华的投资,可谓"患难见真情"。当然,正大集团的积极姿态赢得了中国政府的赞誉,也为正大在中国进一步发展营造了良好的政治环境。

(二)与员工的"和合共生"

劳资关系是劳方与资方以资源为基础,以约束条件为前提的社会关系,其本质就是一种共生的关系。在管理实践中,广大杰出华商都善待员工,往往把员工当作家人,设身处地为员工着想,把员工的配套设施做到极致,如在工厂附近创办学校、设立医院等。

因此,在管理实践中,华商企业与员工的"和合共生"主要表现为善待员工。具体来讲:

第一,坚持平等对待员工。陈嘉庚曾语重心长地说:"集二校之发达,本公司营业之胜利,其责尤全系于同事诸君,各职员店员,宜以互相敬爱为心,职务虽有高下,人格原是平等,凡侮慢倾轧种种恶德,皆宜屏除。"

第二,企业利益分配考虑员工的需求。正大集团将"给予"作为公司经营的立足之本,谢国民说,"经营者一定要将心比心,懂得换位思考,给予员工机会或利益"。龙胜行集团创始人邓龙的理念是"财散人聚",钱不能只有老板一个人赚,要为时刻为员工的利益着想。

第三,在员工福利方面,加大投入以提升员工的归属感。盐仓集团蔡云辉把员工的生活福利作为一件大事来抓,建造了医院、体育馆和游泳池等设施,而且还实行优厚退休金、良好医疗保健和适时的休假等福利制度。

(三)与社会公众的"和合共生"

华商企业在经营过程中,除了依法纳税、解决就业外,还特别注重通过履行社会责任实现与公众的"和合共生"。例如:

（1）胡文虎1932年将"每年公司盈利不超过50％的部分用于慈善"写进公司章程，以此作为对客户支持的回报。

（2）南非著名华商、南非顺德联谊会创会会长马荣业在约翰内斯堡开设的"同乐饭店"，饭店之所以起名为"同乐"，马荣业解释为希望达成"大家同乐""天下同乐"之意，他说，这个"大家"，即是"大众"，包括不同人种、不同阶层的人，大家互相不分彼此。

（3）1997年的亚洲金融危机，使印尼的货币大幅贬值，失业人数暴增至千万，燃油和粮价飞涨，无数抱怨的民众走上了街头。面对愤怒的民众，林绍良联合其他华商，用卡车装载面条、大米、汽油分发给穷人。

（4）2019年，阿根廷华商陈玉辉获得了由当地政府颁发的"慈善家"、"优秀市民"及"杰出企业家"荣誉证书。面对这份荣誉，当事人却表现得相当淡定和坦然，"其实颁不颁发这些荣誉证书，对我来说都一样的，再多的奖项，也不如当地老百姓的认可"。

另外，对于一些有可能对环境造成污染的华商企业，他们更加强调企业经营活动不能对生态环境造成不良影响，以此赢得政府和公众的认可与支持。例如：

（1）金鹰集团：在印度尼西亚每年造林超过75万亩，自创并推行"镶嵌式"种植，即在自己特许开发的授权土地上保留出至少20％的土地用来维护生物多样性和种植园地貌，既有效地保护了生物多样性，还为当地10万多人创造了就业机会，这一计划被亚洲管理协会企业社会责任中心评为"2005年最具责任感企业"。

（2）金光集团：坚持"林—浆—纸"一体化的发展战略，形成了以纸养林、以林促纸、林纸结合的造纸工业格局。其中，在中国已成功造林400万亩，且全部通过ISO14001国际环境管理体系认证，改变了公众对于造纸业污染环境的看法，营造了造纸业与周边环境和谐共处的局面。

（四）与客户的"和合共生"

华商为客户提供优质产品，最大程度地满足客户需求，客户则予以华商高度信任，这是华商企业与客户"和合共生"的突出表现。具体来讲：

第一，广大杰出华商为客户提供优质产品或服务。例如，胡文虎提出"固亦商业上酬答平昔顾客，一种普遍原则也"，即必须长期做到在"药真""见效"基础上的"价廉"。林绍良善于摸清市场和顾客的变化："生意成功的秘诀，是要为顾客提供好的服务。"经营希腊中餐厅的陈海春谈到经营秘诀时说："餐饮行业一定要用心去做，细心、热心再加绝对不可掉以轻心。为了能给所有就餐客人提供满意的服务，我们采取限量采购的方法，每天购买新鲜食材，以保证饭菜新鲜、美味。"

第二，广大杰出华商会认真解决客户的困难或特殊诉求。例如，意大利华人华侨贸易总会理事长、意大利中百集团的董事长宋福军的做法是：让事业刚刚起步的客户赊账，等货卖出再补齐货款。而一些大客户的订单由于赶时间，原本应该海运的改为空运，虽然没了利润，但以此积累了信誉。为了客户的利益及自身信誉，他在亲自往威尼斯、帕多瓦等地送货时，克服各种困难依然把货物平安及时地送到客户手中。

第三，经营困难时，优秀的华商企业会优先保证客户利益。例如，面对初期的经营失败，金光集团创始人黄奕聪几乎卖尽家产还债，甚至包括给妻子的定情首饰。2008年金融危机时，第一证券也面临困境，杨克林和家人也许连房产都保不了，但杨克林给出承诺："给我们一段时间，我一定对你们负责到底，就算是倾家荡产，也会保护客户的利益。"客户们被杨克林的举动所感动，与第一证券共同渡过了难关。

（五）与供应商等商业伙伴的"和合共生"

中国有句老话："吃亏是福。"实践中，"精明"的商人们总是以追求利益最大化为荣，比起这种做法更精明的是反向操作，即面对商业伙伴适当地吃一些亏、让一些利，更不会滥用自己的市场地位压榨商业伙伴的利润空间。这样，由于相互协作和互惠关系的形成，商业伙伴就会与核心企业共享特定资源，共同承担风险。试想，如果核心企业不断挤压盘剥供应商，那么还能指望供应商提供优质的支持和服务吗？

因此，在实践中，大量杰出华商在企业经营过程中，往往持有"吃亏"的心态与商业伙伴共同成长，而不是一味靠牺牲商业伙伴的利益获取利润。例如：

（1）郭鹤年："好菜让别人先吃，有钱让别人先赚。"他的口头禅是"一定不能贪，宁可自己吃亏，也不要占别人便宜，要留一些好处给别人。"

（2）李嘉诚："在和别人做生意时，如果能拿到七分的利润，甚至能拿到八分的利益，那么就拿六分好了，因为只有这样，才会为自己赢得好声誉，吸引更多的人来合作。"

（3）叶晟源："绝不欺骗客户，还有要给商业伙伴利益。"曾有一位日本客商从他这里订购400美元/块的玻璃，在日本市场卖到4 000美元/块。日本商人问叶晟源，如此厚利是否会让他眼红。叶晟源平静地回答："那是你的市场，我的出售价还是400美元/块。"

（4）施恭旗："利益是一时的，感情是永久的。上好佳在中国投资，到了今年刚好20年；全国各地的经销商和我们都有十几年的合作感情，已经是上好佳的家人了，是中华文化中的和谐精神引导我为人处事经商。"

三、"和合共生"理念促进华商企业成长的内在机理

从企业成长的角度,来自商业生态系统中政府、社会、顾客等维度构建的竞争优势能够促进核心企业的成长。当企业通过"和合共生"的理念广结良缘,为系统成员创造价值或实现利益分享时,就分别获得了来自政府的政策支持、客户的重复性购买、商业伙伴的资源共享、公众的舆论支持和员工的工作投入,成为推动企业成长的重要力量之一。

事实上,在经营过程中,广大华商用"言忠信,行笃敬,虽蛮貊之邦,行矣""兄弟敦和睦,朋友笃诚信"等来约束自己的行为,通过"睦邻亲善"与利益相关者拉近心理距离,努力构建各方共赢的"命运共同体",在获得政府、顾客、公众、商业伙伴和员工等利益相关者的赞誉和尊重的同时,他们与华商企业共享特定资源并承担一定风险,成功实现了彼此赋能与相互融合,也促进了华商企业的成长。

(一)与政府"和合共生":赢得政策支持

在企业同质性假设下,政府的"阳光雨露"是企业茁壮成长的重要条件之一,无论在海外还是国内,政府的政策支持是华商企业生存和发展的先决条件。对于此,金光集团黄鸿年的观点是,"政府关系一定要好,有了军政的支持,基本上是无往不利了,这不是说要去仗势欺人,而是有了这个以后,你才可以踏踏实实做事"。在印尼,当林绍良目睹叔父一生的财富在战争中被国有化之后,奠定了他一辈子唯一认可的真理:商业永远屈服于政治。事实上,华商企业的经营管理实践也充分体现了这一点。例如:

• 正大集团。充分享受了中国政府给的土地、信贷和税收等优惠,如谢国民所说,"一切都很顺利,因为只有我们一家,政府全力配合我们,希望我们非成功不可"。

• 汉盛集团。鉴于对泰国经济发展的贡献,汉盛集团屡屡获得泰国政府的支持,政府官员会主动询问企业有没有什么困难需要协助排除。

• 云顶集团。1968年,林梧桐以低于第二标1 000万令吉的标价中了马来西亚第二大水利工程——吉兰丹甘姆布水利灌溉工程,虽遇到了手续拖延、器材丢失、洪涝灾害、种族暴乱、资金短缺等各种问题,但林梧桐使工程如期完工,并为政府节省了超过1 000万令吉的成本。1969年,马来西亚政府授予其唯一的赌场执照,这对企业成长起到了至关重要的作用。

案例 3-3

"红顶商人"林绍良："亚洲的洛克菲勒"

1916 年,林绍良出生在中国福建福清的一个农民家庭。为了避免被抓壮丁,1938 年他来到印度尼西亚中爪哇的古突士镇,在叔父林财金的花生油店当学徒。他每天起早贪黑地干活,空余时间学习印度尼西亚语及爪哇方言。后来,有些积蓄的林绍良为了寻求更大发展,以贩卖咖啡粉的小本生意为开端,开始有了自己的原始积累。

1945 年,当地华商在中华总会的领导下,大力支援印尼的抗荷独立战争,虽然林绍良不是最有钱的那一个,但却是表现最为突出。1946—1947 年,林绍良帮助掩护了印尼革命军领导人哈山·丁,并由此成了莫逆之交,而这位哈山·丁就是印尼第一任总统苏加诺的岳父。林绍良通过哈山·丁结识了后来成为总统的苏哈托,由此获得了武器和军需物品的经营权。印尼独立后,林绍良利用他与苏哈托总统及其他军政官员的关系,使所在企业获得了快速发展:

• 1968 年,印尼政府给予林绍良丁香进口专利权,同年印尼政府将全国生产面粉的三分之二专利权交给林绍良,由此他也成为全国首屈一指的"面粉大王"。

• 1978 年,在印尼政府同意后,林绍良建成了年产 200 万吨的大型水泥厂,并使其成为当时印尼最大的水泥企业集团,水泥产量占全国总产量的 60% 以上。同年,林绍良的中央亚细亚银行获得印尼财政部批准,并在政府支持下收购了印尼商业银行,一跃成为印尼首屈一指的大银行。

• 1980 年,林绍良又先后进入政府严格控制的军重工业和地产业,1983 年联合另外一位华商,投资 8 亿美元建立了芝勒贡大型轧钢厂,结束了印尼主要依赖进口钢板的局面。

到 1995 年,林绍良一手建立了包括银行、建筑、地产、纺织、水泥、面粉、钢铁、航空运输、贸易服务等 30 多个行业的企业王国,集团的总资产高达 184 亿美元,所属公司 640 家,被称为"亚洲洛克菲勒",一度位列世界第六富豪。

无论是战争期间贩卖军火,还是和平时代经营政府垄断事业,林绍良始终秉承和政府站在统一战线的准则,与领导人利益共享,又依靠领导人巩固自己的利益。毋庸置疑,与苏哈托的深交对他的事业成功起了很大作用,但立足于国计民生、适应国民经济需要,更是获得政府支持的前提,正如一家菲律宾报纸所说:"林绍良的企业起到了'应民族经济之所需,补民族经济之所缺'的作用",这样既会得到政府的扶植,也会赢得普通印尼人的认同。

资料来源:作者根据相关资料整理。

（二）与员工"和合共生"：提升企业凝聚力

在企业成长过程中，离不开劳动者的参与，而互补性与互斥性是劳资关系的两大属性。当企业管理者利用双方的互补性，通过"和合共生"的手段弱化互斥性时，企业的劳资关系就会得到较大改善，由此也将产生较强的企业凝聚力，从而促进企业的健康发展。

在实践中，华商通过与员工的"和合共生"，在强化互补性的同时也弱化了互斥性，由此产生的企业凝聚力是华商企业成长的根本保障。例如：

- 陈嘉庚公司："以和婉态度，恳切指导，俾知所感，乐于任事"。
- 盐仓集团：在当地劳资关系紧张的环境中，员工从未发生罢工事件。
- 丰泰集团：员工会共同筹措创业成本来突破资本障碍。
- 丽都公司：在马达加斯加，遇到骚乱时，员工会同心协力保卫公司，大大减少了损失。
- 材源帝集团：黄双安信奉一句名言——有钱要大家受益。他把员工当家人，员工也把他当作家人，很多员工在企业最困难时期宁可减薪一半也不愿离开。而在度过困难后，黄双安则加倍补偿员工。
- 董氏集团：在尼日利亚雇用了1.5万多名当地人，这还不算经销商和带动的就业。其创始人董瑞尊的观点是："尼日利亚这么多年轻人，就业怎么搞？以后的生活怎么搞？如果处理不好，就怕有革命出来。我们做实业就是要创造就业机会，使用大量工人。"

（三）与公众"和合共生"：树立良好公众形象

根据公共关系理论，企业只有争取到公众舆论的理解和支持，才能实现更好的生存与发展。实践证明，华商企业通过与公众的"和合共生"，由此赢得的舆论支持帮助企业树立了良好形象，直接或间接促进了华商企业成长。例如，

- 陈嘉庚。以"钟"为商标寓意警钟长鸣，唤醒民众爱国图强，并以"钟"牌胶鞋捐献社会，使广大民众怀着特殊的感情进行购买，结果产品销路大增。
- 蔡道行。他自豪地表示："如果盐仓集团企业被清除或搞垮，肯定会引起全体谏义里市民的公愤。"企业内一位资深经理说，"我感到自豪并不是因为我在这个大企业中工作，而是因为盐仓集团的最高领导人对社会及公众所做出的贡献"。
- 魏基成。魏基成的传奇一生是澳大利亚移民故事的浓缩，他热心社会公益的宅心仁厚和伟大善举为人所称颂。当地一位官员称，"魏基成的人生道路极好地说明了，来自非英语背景的人们也可以对澳大利亚社会产生如此巨大且深远的影响"。2018年，华商魏基成逝世时，包括澳大利亚联邦政府、新州政府和当地市议

会,中国驻悉尼总领馆和中国官员在内的各界人士纷纷发来唁电唁函。灵车行经ABC公司总部一路驶向墓地,车后跟随着载有送行民众的数辆大巴,超过千位民众洒下鲜花和沙土,以深切的哀悼和痛惜之心告别魏基成。

 **案例 3-4**

黄双安:用热情和真诚让土著们收起武器,跳起了舞蹈!

1956 年,26 岁的黄双安怀揣着打工赚来的、仅够吃一个多月的饭钱,闯入了印尼加里曼丹岛的原始森林,凭着坚忍不拔的意志、勇于挑战的气魄、独具慧眼的胆识,把一片莽荒的林野开辟成一个"企业王国"——材源帝集团。黄双安的第一个目标是阿拉弗拉群岛。他带领 50 名工人在海上漂流了 10 多天,才登上群岛中的一个无名小岛,一群困居在岛上的伊利安土著人,用梭镖与弓箭迎接他们。但黄双安用热情和真诚让土著们收起武器,跳起了舞蹈。

"那些土著总被外人误以为是青面獠牙的怪物,其实他们比我们想象的要单纯善良得多。"黄双安这样搞定了他们,起初,当地人不懂我们所食的米、糖等食物,便会派人前来索取。我就吩咐手下多煮一些米饭,再包一些糖果送给当地人。在离开丛林前,黄双安还把剩余的食物留给当地人。"和大自然相比,人太渺小了,所以应该懂得彼此体恤,相互合作才会平安和谐。"

有了食物的分享,部落族群也自然友善起来,为企业在当地发展创造了良好的环境。从此,黄双安带着他的创业者把野人一般的丛林开辟成后来的"木材王国"——材源帝集团,同时也让当地土著从原始走向文明。

资料来源:根据《名满世界的印尼"木材大王"黄双安》、《闽清籍富商——"木材大王"黄双安》等材料整理。

(四)与客户"和合共生":提升企业的市场地位

根据客户关系理论,企业的生存和发展依赖于它对各利益相关者利益要求的回应质量。当核心企业通过"和合共生"与客户建立友善信任的关系时,纯粹的经济交易往往会融入一些情感因素,由此带来的客户忠诚会显著提升企业的市场地位,对企业的可持续发展有着至关重要的作用。例如,"李锦记"第四代传人李惠民分享了"李锦记"作为家族企业发展百年不断壮大的秘诀——"换位思考,思利及人"。

在经营过程中,广大杰出华商以"商道"求利润,追求对消费者负责的高层次"爱人",也因此获得了消费者的广泛认可与支持。例如:

- 丰泰集团。魏成义惊喜地发现,由于和客户实现了"和合共生",随着丰泰超市开了一家又一家,不少老顾客一路追随而来,甚至选择把新家安在丰泰超市周围。

• 环球集团。在航运业,与行业内短期出租并收取较高租金的传统模式不同,包玉刚则采取3年、5年甚至10年的长期出租方式,客户按月交纳租金且租金标准低,由此赢得的客户感激性重复购买扩大了企业的市场份额,这对环球集团的成长起到了重要作用。

• 益海嘉里。谈到得到中国客户认可的原因,郭孔丰表示:"我们对稻谷和小麦等原粮进行严格检验,确保它们不含有害化学物质和毒素。我们也与中国营养学会有长期合作,让我们产品更加健康、营养,满足中国消费者最广泛的需求,而且价格合理、物有所值。"

• 美国"中餐女王"江孙芸。她对所有顾客都一视同仁,曾经有一群衣衫褴褛的乐手到她的餐馆里就餐,并且点了一瓶很贵的香槟酒,服务员们都怀疑这些乐手是否能担负得起酒钱。但江孙芸却上前,微笑着打开香槟,为他们细心服务。后来,这些乐手与"福禄寿"结下了深厚的友谊,也成了餐馆的回头客。

(五)与供应商"和合共生":降低企业成本,提升企业适应能力

根据交易费用理论,企业与供应商的"和合共生"能够通过产生协同价值,在降低交易成本的同时提高投融资效率,最终导致核心企业市场竞争力和市场地位提升。

因此,华商企业在经营过程中,通过与供应商的和合共生,大大降低了企业成本。林绍良也曾十分感慨地说:"自己所学不多,本无力量经营如此庞大的企业,现今之所以能有所成就,主要是善于选择共事的伙伴。"例如:

• 丰泰集团成立早期采购须货到付款,资金成本较高,但与供货商和睦相处并相互信任后,就不用现金付款了,大大降低了企业的资金成本。

• 被美国《财富》和《新闻周刊》誉为"海上的统治者"和"海上之王"的包玉刚,靠诚信取得了信任与支持,直至作为"亚洲第一人"任汇丰银行董事,使环球集团有了雄厚的资金来源。香港有一篇文章这样形容包玉刚与汇丰银行的共生关系:"汇丰桑达士最大的功绩,是发掘了包玉刚,包玉刚的事业是借助汇丰银行发展起来的,桑达士令包玉刚发达,包玉刚令桑达士升级,令汇丰银行赢了渣打银行。"

另外,从信息交换的角度,企业与供应商的"和合共生"能够增加沟通的便利性,有效实现资源共享,并降低由于信息不对称而导致的纠纷,大大提升了企业的市场能力。例如,

• 《远东经济评论》在评价郭氏兄弟集团快速成长的原因时说:"郭鹤年成功的

关键之一,在于能维持其与广泛的亚洲商人及银行家无懈可击的联络结合"。

• 马来西亚槟城大亨骆文秀被称为"摩托车大王"和"本田大王"。1958年,本田宗一郎将本田摩托车在大马的经销权授予了这位干劲冲天的年轻人,使本田摩托车成为大马销量第一的摩托车。之后骆文秀又取得了本田汽车在大马的经销权。骆文秀之所以能两度获得本田宗一郎的支持,除了他长袖善舞的经营之道外,与他们之间建立在共生基础上的好友关系密不可分。

四、华商企业"和合共生"经营理念的管理实践

在商业生态系统内,"生存竞争"思维下的"捕食共生"强调一个组织吸取另一个组织的营养,而"和合共生"则认为企业与商业生态系统间的模式是"共生进化",倡导的是企业与社会、国家、环境等和谐发展,倡导企业与同盟者协同合作、资源共享、以和取利,倡导与员工荣辱与共、共同发展。

例如,哥伦比亚集团总裁刘正昌遵循孙子兵法中"视卒如婴儿"的教诲,善待3万多名员工和800多万顾客,定期发"奖学金"给员工和全印尼顾客,为2 000多名经验丰富的维修员工提供优厚条件;以分期付款的经营方式让现代化产品早日走进寻常百姓之家;本着促进印尼各民族融合的美好愿望,大量吸收、培训印尼友族员工,比例高达98%,成为印尼华人企业中友族员工比例最高的企业。由此,他得到了印尼政府和国家银行的嘉奖和支持,使集团不断发展壮大,成为印尼的"家电连锁之王"。

因此,"和合共生"表现为核心企业与政府、员工、公众、客户和供应商之间的良性互动与和谐共处,形成彼此共同生存和协同进化的网络(苗泽华、彭靖,2012),基于平等、互助与合作的共荣共损是它的显著特征与未来追求,"合规"、"诚信"、"让利"和"环保"是华商企业坚守的经营宗旨。

下面我们用丰泰集团和正大集团两个具体案例,更清晰地说明华商企业在实践中如何让"和合共生"的理念落地。

(一)丰泰集团经营哲学中的"和合共生"

丰泰集团作为加拿大华商企业的新秀,它快速成长的原因之一在于实现了商业系统内的"和合共生",如图3-2所示。

在实践中,创始人魏成义努力践行与各方共赢的理念:(1)与客户,解决华人"吃菜难"和"吃菜贵"的难题,引进老干妈、六必居等满足华人需求,提出"让一句英语不会说的中国人畅通无阻购物",结果是"一开业,人爆满";(2)与供应商,诚信付款,在保证自身货源供应的同时,也促进了供应商的发展;(3)与员工,亏钱时确保

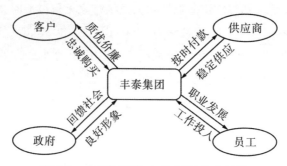

图 3-2 丰泰集团"和合共生"的经营哲学

先发员工工资,创业时的七八个同乡有两个成为总经理、三个成为店长,实现了个人与企业的共同成长;(4)与政府,不忘社会责任,热心社区事务,给生活遭遇变故的华人送去关怀,其创始人荣获加拿大政府颁发的"建国 150 周年勋章"等荣誉。

(二)正大集团"四位一体"农业模式中的"和合共生"

泰国正大集团将"给予"作为公司经营的立足之本,创立了"四位一体"的农业模式,如图 3-3 所示,也充分体现了"和合共生"。

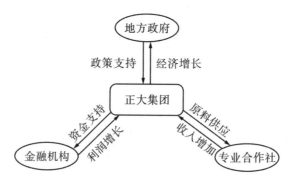

图 3-3 正大集团"四位一体"农业模式

为了实现各方共赢,正大集团在中国推行了"地方政府＋金融机构＋龙头企业＋专业合作社"的"四位一体"产权式农业模式,在合作期满、项目投资本息清偿后,将项目无偿转让给当地农民合作社,实现"农民当老板,企业来打工"。这种模式不仅很好地解决了农民缺资金、缺技术、缺市场的问题,还帮助银行拓展业务获取了收益,也满足了地方政府经济发展的需求,当然,正大集团也获得了丰富和高品质的农牧产品,为其下游产业食品业的发展提供巨大支持。采用这种模式,正大集团于 2012 年在北京、2017 年在咸阳分别建成投产养殖示范及配套等。

第三节　"和合共生"与华商海外
发展风险的规避

在海外,广大华商面临着复杂的文化、政治和经济等方面的风险,这无疑给华商企业带来了较大的经营风险。实际上,不少华商企业正是在各种风险导致的危机中被淘汰出局的。但是,也有大量杰出华商以"和合共生"为道,在实践中尊重差异性、包容多样性,成功度过了一次次危机。

例如,为降低企业经营风险,像王永庆、林绍良等知名华商积极融入主流社会,主动与当地社会名流保持密切的联系,包括政治家、经济学家和德高望重的社会人士等。对此,王永庆曾经说道:"这不仅是一种精神的需要,也有助于把握社会经济趋势,发现商业机会,同时,也逐渐为企业建立了一个保护性的公共关系网络,以防各种不测事件的影响。"

一、"和合共生"理念与海外文化冲突风险的规避

文化因为多元而多彩,因为交往而丰富,但也会因为多元与交往而产生冲突。"和合共生"理念认为,在各民族文化交往中不应过度聚焦文化冲突,而要重视相互包容、相互借鉴的一面,这也是广大华商规避文化冲突风险的重要途径。

(一)文化冲突的内涵与表现

1.文化冲突的内涵

所谓文化冲突(culture conflict),是指不同形态的文化或者文化要素之间在互动过程中出现的矛盾、斗争现象。它既是不同观念和社会意识之间的冲突,也是不同价值取向或价值评价的冲突。

一般来讲,文化冲突产生的主要根源在于,不同国家或民族的文化孕育了不同的民族心理,这种差异性使不同文化之间存在一定程度的排他性。而对于各民族成员而言,他们往往有着特定的价值取向,遵循着特定的风俗习惯和文化规范。于是,当人们带着自己所处的环境里所形成的感受、认识、习惯等互相交往,必然要产生冲突和摩擦。因此,文化冲突是由文化的"先天性"所决定的,一定程度上是跨文化交际中不可避免的必然现象。

例如,对于一部分的欧洲人而言,当亚裔人士弱于他们时,他们有可能伸手相

助,有可能做朋友;当亚裔人士在经济上与他们平起平坐时,他们心里就会不平衡;当亚裔人士的生活水准超越他们时,他们就会有亚裔反客为主之感,甚至由怨生恨。殖民时代早已结束,但欧洲文化中心论、欧洲人种的优越感却依然实实在在地存在。

2.文化冲突的表现形式

在企业跨国经营过程中,文化冲突既包括企业外部与东道国由于文化观念不同而产生的冲突,又包括企业内部由于员工分属不同文化背景而产生的冲突。

具体而言,中华传统文化与西方文化的冲突主要表现在:

第一,显型文化冲突。即,由于习俗、表达方式(语言、神态、手势、面目表情、举止等)、礼节等不同而引起的冲突。例如,在不同意见表达方式上,中国人往往表达方式委婉,而西方人则是直截了当地说明真相;西方某些国家,男女见面时采用拥抱、侧脸相贴、男士吻女士之手等方式,就与中国传统的交往礼节存在较大差异。

第二,价值观冲突。即,由于时间观念、工作与生活、员工自主权等差异导致的文化冲突。例如,中国传统文化强调勤劳刻苦,而西方文化更注重工作与生活的平衡;从工作方法上看,中国人习惯于以领导的意图作为开展工作的依据和指南,西方人则更多遵循"法、理、情"的事理顺序,下级在其职责范围内有较大自主权,并对上级有一定建议权和质疑权。

第三,人事管理冲突。在工资待遇上,中国管理文化较偏重于考虑员工的资历和学历,西方管理文化则更多强调工作性质和员工能力;在人才选拔使用上,中国管理文化注重德才兼备,重视人的思想政治素质,西方管理文化更多地把能力放在第一位。在人才流动方面,中国管理文化尚不太习惯员工"跳槽",而西方管理文化则认为人员流动可以保持企业活力。

第四,制度观念冲突。整体来讲,西方社会注重法治治理,企业是在法律比较完善的条件下开展经营管理,往往会用法律条文作为行动的依据,在企业管理上就表现为规范管理、制度管理和条例管理;中国社会则更偏重伦理,侧重于人的作用和价值实现,企业管理往往倾向以"情"治理,人际关系扮演着重要角色,相应的,制度效应和条例管理相对弱化。

(二)文化冲突对华商海外发展可能带来的风险

对于华商而言,如果由于缺乏对海外文化的了解而产生文化冲突,将使他们在经营管理过程中处于被动,导致企业在经营管理过程面临相应的内外部风险。

第一,外部企业声誉风险。众所周知,良好的外部声誉是企业得到社会认可的根基,而企业声誉主要来源于利益相关群体的情感信任。在海外,如果华商在企业经营和内部管理过程中忽略了文化差异,所树立的企业价值观有悖于当地文化,会导致企业经营行为不符合当地人的行为规范,这必将影响华商企业与内外部公众的关系,拉大与利益相关者的情感距离,进而对企业的人才供给、产品销售、经营成本等产生不利影响。

第二,内部人力资源管理风险。在内部管理中,如果华商忽视了东西方文化差异,将中国传统管理方法用于海外员工的工作设计、绩效管理、薪酬管理等环节,必然会遭到员工不同程度的抵制或反对,给企业带来管理风险。例如,由美国Netflix出品的大型纪录片《美国工厂》,就生动展现了福耀玻璃集团在美国投资办厂早期,由于中美文化观念和制度文化差异导致的文化冲突,对该企业美国工厂的内部人力资源管理产生了不利影响。

 案例 3-5

意大利普拉托:华商的海外人力资源管理冲突

海外华商做生意非常讲究"裙带关系",传统上华人老板比较青睐于雇用华人员工。如今,随着国际化程度的提高,同时也为了融入当地主流环境,华人老板开始雇佣本地人。但雇用本地员工所产生的问题除了较高的成本外,还有由于华商老板对当地劳动方面法律法规的不熟悉而造成的法律风险。甚至在英国,华商企业的招聘广告上写的不是"Chinese Preferably",而是"Chinese Must",这就是一种'种族歧视',当地员工就可以拿起法律的武器来保护自己,以此为理由向劳工纠纷仲裁法庭提起诉讼。

例如,意大利普拉托是欧洲广为人知的纺织品生产基地,截至2012年4月,当地大型纺织服装企业中大约已有60%属于华商企业,华企的发展迫切需要高级企业管理人员和设计人员。随着金融危机中西班牙失业者的不断增多,许多当地人也开始接受以"劳动强度大和收入低"而著称的所谓"华人工作方式",到华商企业寻找就业机会。据不完全统计,在普拉托就职于华人企业的当地人有政府退休官员、企业高级管理人员、服装设计人员、市场营销人员等,总人数已高达6 000余人,相当于该市人口的0.03%。

当地华商王先生无奈地说:"原本认为雇佣西班牙当地人比起雇佣中国工人省力些,不用管吃管住,只用付工资就好,没有想到如果不了解当地的法律,很容易惹上麻烦。在签订合同之前,你所提出的要求西班牙工人都会答应,而一旦你想辞退工人,他们就拿出西班牙的法律让你无所适从。因此雇佣或辞退西班牙工人,老板一定要了解相关法律法规,要了解被雇佣人是否还在领取失业金,不要让一些人钻法律的空子,同时危害了正常经营者的利益。"

资料来源:作者根据相关材料整理。

(三)"和合共生"理念与文化冲突风险规避

在海外,广大杰出华商基于"和合共生"理念,通过心理适应和行为适应两个层面,与住在国的文化相融合,以此规避由文化冲突带来的经营风险。

1.尊重、包容和欣赏当地文化,主张平等交流和相互学习

作为外来移民,为了避免不同文化在交往与融合中走向冲突或对抗,华商非常注重不同文化之间相互存在的包容性因素,以及可以相互借鉴的有益元素,尊重对方文化中与自身不同的价值观念或价值取向。即,华商与移居国居民以及其他种族移民间进行相互交流,通过"各美其美、美人之美",不仅尊重当地人的传统习俗和宗教信仰,还虚心向当地居民学习,以此实现双方文化的交流融合。

在实践中,面对截然不同的生活环境和风土人情,华商努力做到尊重当地居民与风俗。1986 年,在马来西亚第三届"全国华团文化节"上,霹雳华堂主席张国林指出,"我们爱护我们的文化,同时也要尊重其他民族文化,希望各民族文化均能纳入国家文化的主流实现公平发展"。工委会主席黄保生倡议,"我们和友族同样献出精神和力量,当然和友族有权利分享其成果,本邦华、巫、印、伊班、卡达山等民族文化汇聚下,更能反映多元文化特征"。

2.用切身行动彰显中华传统文化的精髓,争取当地人的认可与肯定

为了克服文化冲突,华商在积极开拓海外市场的同时,努力发扬中华传统文化中勤俭节约、相互帮助、乐善好施等美德,树立良好形象。在住在国,广大杰出华商平等对待当地居民,特别是底层人民,如身边的工人、职员、司机和保姆等,以此维护双方的尊严与权益,形成双方或多方事实上的平等和互惠。

例如,习近平总书记在刚果共和国议会演讲时,讲述了三位受灾华侨冒着特大暴雨奋力营救刚果邻居的故事。2012 年 12 月的一天夜里,布拉柴维尔突降特大暴雨,郊区一些房屋被淹。三位受灾的中国华侨本已脱离险境,但当他们发现邻居对险情还毫无察觉时,又毅然冒着生命危险游到快被淹没的房屋边,奋力扒开屋顶,救出了 12 名刚果邻居,其中包括 5 名儿童。他们的义举得到当地居民的交口称赞。

3.平衡自己的身份认同,在心理和行为上实现"本土化"

林龙飞在其博士论文《澳大利亚华侨华人社会适应与华侨华人组织研究(1972—2008 年)》中指出,华侨华人社会适应是跨文化适应的重要环节,包括语言适应、家庭婚姻适应、社会交往适应、社区和政治参与适应四个方面,逐渐实现了"本土化"过程。

例如,在新加坡,经历了 20 世纪的剧烈动荡之后,包括华商在内的新加坡华人社群已经逐步完成了"本土化"的过程。主要表现在,他们与别的族群共同发展出

一整套有自身特征的社会、经济、政治和文化体系,完成了从"在南洋做生意的中国商人"到"新加坡商人"的转化。在印度尼西亚,爪哇华人中有一大批是土生华人,他们使用修改过的马来语,穿当地人的服装,做爪哇式饭菜,积极同邻近的爪哇人交往,尽管已被容纳到爪哇文化中,但他们也保留中国传统文化的核心成分,如祭祖和中国式的家庭结构。

 案例 3-6

多尔多伊市场中的和睦与和谐

多尔多伊市场是吉尔吉斯斯坦的中国小商品集中地,从义乌运输到这里的商品大多经当地商人之手远销至俄罗斯和中亚各国。籍贯浙江义乌的华商大多已在这里生活了十几年,其中最早一批已在吉国做了 20 多年生意。

走进市场,各类中国制造的工艺品、饰品、日用百货和文体用品令人眼花缭乱,熙熙攘攘的人群中有带着喜悦之情挑选商品的顾客,有推着独轮车匆匆送货的帮工,有洋溢着笑脸叫卖的商贩……

难能可贵的是,市场里的吉国人总能热情地用"你好""需要点什么""这个好"等简单中文向顾客打招呼,而华商也能用带有乡音的俄语与顾客讨价还价,整个市场极为热闹。在这里,随时可见中国人和当地人互帮互助的情景,看到吃力的搬运工,市场上的中国人都会习惯性地伸手推一把,商户之间大多也能叫出对方的姓名来,时不时还能看到两国商人相互分享经验。

鞋子批发商陈林宝说,他在吉国的 15 年间见证了当地人是如何一点一点消除对华商误解的过程。虽然中国的产品好,但多年来,部分吉国人对中国持有偏见,总认为中国人抢占了他们的工作机会和利润,"如今不一样了,'一带一路'倡议提出后,越来越多的中国企业和考察团来到吉国,让吉国百姓实实在在地感受到了来自中国的帮助和诚意,当地人逐渐消除了对华商的偏见"。

衬衣销售商虞坚华说,"一些在华商店铺里打工的吉国人经过多年的发展,从华商企业里学习到了经验,已经自己当上了老板,还有一些长期与中国生产商打交道的吉国人,学会中国技术后在本地开了服装厂"。

资料来源:改编自《吉尔吉斯斯坦华商:将义乌小商品批发城"搬"到吉国》,中国侨网,2019年 12 月 03 日。

二、"和合共生"经营理念与政治风险的规避

在海外激烈的市场竞争中,华商企业不仅面临经济约束和组织约束,而且还面

临政治约束。李晓敏(2010)认为,政治性风险是历史上华商海外最突出的风险,而且在较长时期内还将对华商海外经营活动带来严重影响。

(一)华商海外政治风险的内涵与表现

所谓海外政治风险,是指企业在海外投资和经商过程中遇战争、军事政变、恐怖袭击,或住在国政治生态环境突变而爆发的街头抗议、社会骚乱等危及人身和财产安全的风险。一定程度上讲,它属于"国家风险"。

在海外,由多种因素导致的政治风险比比皆是。对于身处"异乡"的华商而言,由于他们通过个人努力获得的财富比较引人注目,往往成为这种政治风险中"冲突"和"摩擦"的直接受害者。事实证明,华商在海外遭遇的政治风险具有较大的破坏力和杀伤性,一旦被殃及或者受连累,轻则倾家荡产,重则付出生命代价。

概括来讲,主要表现在以下几个方面:

第一,海外部分国家或地区的反华排华事件。历史上,从1740年荷兰殖民当局在印尼制造的"红溪惨案"为开端,美国西雅图1886年排华、澳大利亚奥克兰1857年排华,墨西哥托雷翁城1911年排华、韩朝万宝山1931年排华、柬埔寨1975年红色高棉排华事件,1998年印尼雅加达大规模排华等,这些恶性事件在世界历史进程中产生极其恶劣的影响。

第二,华商个人受到"间谍罪"陷害,或者被非法拘押,财产受到"国有化"征收等。长期以来,海外某些国家以"国家安全"为借口,其执法结构以"间谍罪"或者"商业机密罪"的名义,不时出现针对华商的所谓"间谍案",对华商个人及其财产采取司法措施。尽管此类案件几乎都是捕风捉影,但对广大华商带来无法估量的伤害。

第三,由当地政治性抗议活动演变的"打、砸、抢、烧"暴力事件。近年来,在某些欠发达国家或地区,由于政治纷争和社会动荡,频发的街头抗议往往演变为"打、砸、抢、烧"外国店铺,而华商经营场所往往是其中目标之一。例如,2006年4月,太平洋岛国所罗门群岛爆发的暴力事件,使数百家华商店铺被洗劫一空,给华商财产造成了严重损失。

第四,当地执法部门在执法中偏离公开、公正原则,恶意伤害华商利益的非法行政案件。在海外,华商企业常常与中国经济一同被一些别有用心的政客和媒体当做渲染"中国威胁论"的箭靶,以各种缘由对华商的经营活动进行行政干预和百般阻挠。进入21世纪以来数次发生的在美欧等国家的"封商""烧鞋""限华"等事件就是突出表现之一。

案例 3-7

新冠肺炎疫情下政治化操作与西方社会的"仇华"情绪

2020年,美国政府面对新冠肺炎应对不力,时任总统特朗普、国务卿彭佩奥等政客,以及右派媒体"福克斯新闻"不断用政治化的言辞把疫情问题推到华人身上,以此转嫁责任。与此同时,法国《皮卡尔信使报》、丹麦《日德兰邮报》、澳大利亚《太阳先驱报》、德国《明镜周刊》等媒体,都在醒目位置发表了带有对华人种族歧视色彩标题的文章。

由于风险话语被政治化操作,叙事立场的偏好导致不同传播受众的差异化认知,这种人为制造的"人化"风险,加剧了美英等国"仇华""排华"的社会氛围。而当地民众未能了解疫情的真实情况,受舆论引导,并在民粹主义和民族主义的推动下,将因受疫情影响的个体风险归责于华侨华人群体。

于是,华侨华人群体经历着严重的种族歧视与暴力威胁。根据英国天空新闻调查数据,2020年1—3月,英国至少发生了267起针对华人群体的仇恨犯罪事件,是2019年和2018年同期的约3倍。在美国,"仇华"的情绪更是高涨,从2020年3月中旬至5月初,全美至少收到近1500份针对亚裔的种族歧视事件报告,一些人经历了辱骂和攻击,一些人的房屋和店铺遭到蓄意破坏。

资料来源:作者根据相关材料整理。

(二)"和合共生"理念规避政治风险的策略

对于华商而言,海外政治风险虽具有一定的不可抗性,但在长期实践中还是形成了一系列的应对方法,除了认真遵守当地法律法规、积极参与当地政治活动、建立风险预警预防机制等传统措施以外,还努力通过"和合共生"理念与当地政府、民众实现和睦相处。

1."大树底下好乘凉":与地方政府及官员保持良性互动关系

事实表明,经常发生政治骚乱的国家和地区,法律法规和规章制度往往不够健全。在此背景下,广大华商为了避免政治上的刁难以及"打、砸、抢"事件给企业带来的风险,会与当地政府及官员实现"和合共生"以获得相应庇护。例如,张弼士到达南洋之初,非常注意处理好与当地土著居民、英荷殖民政府等各种利益集团的关系。尽管这可能并不利于商业行为的延续,但也是不得已而为之,成为华商规避政治风险的策略之一。

在东南亚地区,华人从商有诸多限制,于是华商就积极与当地不同层次的从政者保持密切关系,甚至包括国家首脑。在马来西亚,郭鹤年、林梧桐与四任总理、内阁政要都是世交,甚至还有华商与不参与经营的当地居民或持照人进行合作,成为阿里爸爸(AlibaBa)。在印尼,这种华人富商与印尼权贵之间的私人政商合作被称为"主公制度",是政治上弱势的华商为保护私人经济利益而采取的发展策略。在泰国,以陈弼臣、郑午楼为代表的四大金融家族,无不聘请军政要人担任董事乃至董事长,如同用这些军政要人的政治资源入股以获取其庇护。

实践表明,这对于华商在海外规避政治风险起到了非常重要的作用。例如,有印尼"汽车大王"之称的华裔谢建隆在1971年独家代理销售日本丰田汽车和本田摩托车,但当时印尼民间的反日情绪十分强烈,1974年田中首相访问雅加达时,爆发了反对日本经济势力的骚乱,谢建隆的阿斯特拉丰田汽车公司蒙受了较大损失。事件平息后,谢建隆争取及吸收了一些印尼官员共同联营一些企业,有效保证了企业的后续经营。

2."唯有爱才能化解仇恨":用爱心弱化民众敌对情绪

在海外很多国家,地震、海啸、火山喷发、疾病等灾难频发,加上经济发展相对滞后,当地许多居民生活困难,导致国内矛盾被严重激化。而华商善于经营,市面上的商铺多为华人经营,经济能力也普遍高于当地人。当社会治安混乱时,如果有人刻意煽动,走投无路的当地人自然很容易瞄准物资充沛的华商店铺进行抢劫。

例如,在印尼,华人在1998年的雅加达暴乱中遭受巨大的人身财产损失,著名华商黄荣年痛心不已,但同时他也保留着一份难能可贵的清醒与理智。在黄荣年眼中,大部分的印尼人绝非暴徒,纯真和善良世代根植于印尼人的骨血中,"他们不是排华,他们只是太穷了"。特别是东南亚各国经历了1997年的金融危机冲击后,许多印尼贫民的生活更是濒临绝境。于是,在证严法师疾呼"唯有爱才能化解仇恨"并大力呼吁举办大型发放活动时,黄荣年与父亲立即响应号召,发动金光集团员工予以支持,全力配合印尼慈济志工的发放工作,分别于1998年8月及1999年元月联合慈济印尼分会,发放了十万份米粮与物资,慰劳贫民以及在骚乱中负责维持治安的军人、警察,补给他们的生活必需品。

 案例 3-8

阿根廷华商陈玉辉:用爱心换来支持!

在阿根廷,每到年关都会出现对超市的哄抢,以及,雇佣本地工人时常面临劳工诉讼等问题,令很多华人店主头疼。而在陈玉辉经营超市的多年间,这些问题却从来没出现过。当地出现哄抢潮,导致周边商家损失惨重时,唯独他的超市安然无恙;有员工想劳工诉讼,却被他们的父母劝住了;而且,本地员工会主动加班补货……

在这背后,是他多年在当地与人为善、爱心感化的结果!

他连续多年到科尔多瓦省拉斯佩尔迪赛斯(Las Perdices)市的养老院和孤儿

院,看望慰问居住在这里的贫困家庭,给他们送圣诞礼物,希望通过实实在在的行动帮助那些需要帮助的人。每年儿童节,他的店里针对小朋友会有折扣优惠;老人来购物也会打折;顾客带的钱若不够,可以先欠着,不还都没关系;周围市民有谁家需要帮忙,他总是会慷慨相助。

一个关于员工的事情,也许会让我们对陈玉辉来自心底深处的善意有更深的理解。一名本地员工偷偷拿了店内一笔并不算少的钱,陈玉辉报了警,也查到了当事人,但是他却没有追究对方的责任,也没有要回失窃的钱,只留下了一句话:"你如果是用来盖房子的,我自然会支持你的。"

2019年,陈玉辉获得了由科尔多瓦省拉斯佩尔迪赛斯市颁发的"慈善家"、"优秀市民"及"杰出企业家"三个荣誉证书,证书上的颁奖词说明了背后的意义:

• 因对社会有高度责任感、关爱穷苦百姓、多次参加捐助活动,特授予"慈善家"称号。

• 因遵纪守法、待人尊重、宽容体谅,在市民中表现出色,特授予"优秀市民"称号。

• 因热情接待顾客,延长营业时间,无条件为社会做出贡献,特授予"杰出企业家"称号。

面对这份荣誉,陈玉辉却表现得相当淡定和坦然,"其实颁不颁发这些荣誉证书,对我来说都一样,这也是我为什么没主动去市政府领奖的原因;再多的奖项,也不如当地老百姓的认可"。

资料来源:根据《阿根廷华人用爱心融入社会获"慈善家"荣誉证书》(海外网,2019.12.13)、《阿根廷华人慈善家陈玉辉:慈善是来自心底的善意》(中国侨网,2019.12.26)等资料整理。

三、"和合共生"经营理念与经济风险的规避

根据戴圣鹏(2020)的观点,文化冲突源于经济冲突与政治冲突,最终归根于经济冲突。长期以来,华商经济与住在国本土经济之间存在的竞争与冲突,是华商经营企业过程中的重要障碍,而与利益相关者"和合共生"是华商规避经济风险的常用策略。

(一)华商海外经济风险的根源

在海外,一般认为两种因素导致华商经济风险的产生:一是华商在企业经营上的成就导致当地人的嫉恨;二是部分华商的不当行为破坏了当地的商业生态。

1.华商经济上的成功对住在国的竞争者产生了威胁

客观来讲,对于海外国家而言,华商在当地经济上的成功是一把"双刃剑":一

方面,促进了住在国的经济发展和科技进步;但另一方面,也确实使当地某些行业面临生死存亡的残酷竞争。其中,最典型的就是中国商城在海外的遭遇。自 2000 年来,华商在世界各国纷纷建起了中国商城,把大量价廉物美的中国轻工业产品带到住在国市场。但是,其中有些产品与当地的主要行业形成直接竞争关系,自然会引起当地竞争者的反感。

在全球化背景下,当华商的商业成功对住在国的经济产生威胁,而所在住在国的传统行业又竞争乏力时,当地竞争者很自然地就会把责任推动到华商身上,往往会对华商产生嫉妒、恐惧与敌视的心理,进而采取一些过激行为。于是,在政府纵容、媒体挑唆和当地行业竞争者的鼓动下,一些攻击华商并造成财物损失甚至人员受伤的案件时有发生。

例如,在俄罗斯,8 000 万元温州鞋于 2005 年 3 月在莫斯科被扣。在西班牙,2004 年和 2012 年分别发生了埃尔切市的焚烧中国鞋城事件和由西班牙政府主导的"帝王行动",部分原因就是华商给当地的制鞋业造成了巨大的竞争压力,而传统的制鞋业为当地社会提供了大量就业岗位。针对此类事件,西班牙和平统一促进会主席徐松华认为,"这几年中国到世界各个国家定居的新移民增加颇快,随之而来的是中国商品及中国人的谋生领域在世界各地的拓展,华商、华侨与世界各族群因为利益和生存空间而产生的摩擦必然会增多"。

2.部分华商的不当经营行为

当然,虽然绝大部分的华商都以中国人特有的坚毅和智慧,通过守法经营实现勤劳致富。但不可否认的是,也有小部分华商靠低价占领市场,不但与住在国华商恶性竞争,也与当地商人恶性竞争,有时为低价竞销争夺市场,甚至不惜亏本大搞恶性竞争,引起了当地市场经营者的反感与抵制,成为华商海外经济风险的另一个来源。具体来讲:

第一,低价占领市场。价格因素是决定商品销量的重要因素。部分华商在海外的低价策略虽然给当地消费者带来了实惠,却无疑强横挤压了本土商户的生存空间,导致当地商人抗议的活动时有发生。例如,2016 年 5 月,哥伦比亚首都波哥大市中心发生当地商贩针对华商的抗议活动,波哥大当地商贩呼吁"购买国货",指责华侨商人"抢占其生意""威胁其生存"。究其原因,在哥伦比亚的中国商品价格优势非常明显,一件普通的 polo 衫,华商只要 3 000 到 4 000 比索,但在哥伦比亚商铺里可能会卖到 10 000 比索。

第二,不重视知识产权。在海外,部分华商制造和销售的产品侵犯他国产品知识产权现象比较严重,多次遭到住在国执法部门的处罚。例如,2015 年 6 月,美国曼哈顿南区警署(PBMS)在华埠进行打假行动,突击检查东百老汇多家店铺,拘捕了多名涉嫌贩卖仿冒名牌拖鞋的华裔商贩。2015 年 7 月,罗马省警方和税务指挥部发动代号为"黄色火焰"的行动,突击检查一个名为 Commercity 的大型批发商场,行动查封了涉案 35 名华商的大量资产,没收了 3 千万件服装和 130 万个配件,所有这些产品都被贴上假冒的产品标签。

第三,恶性竞争,甚至是欺诈。在国外,部分华商为了争夺市场,有时不惜亏本恶性竞争,甚至有的同行之间还因此结怨,进而发展到对对方的恶意攻击和报复。例如,在哥伦比亚首都波哥大市,部分华商以两至三倍的高价购买租赁市场店面,至少将 80 至 100 个当地商贩"逼上绝路"。而且,这种恶性竞争在华商之间也存在,例如西班牙华商所从事的行业无外乎餐馆、百元店、服装店、食品店这几种,挤在一条船上的华商只能拼价格、拼地段、拼面积,其后果自然就是"有你没我"的恶性竞争了。

(二)"和合共生"理念规避经济风险的策略

华商与住在国之间的问题不仅仅是一个外来族群生活融入的问题,更是一种以利益博弈为核心的经济融入的问题。在"和合共生"理念下,广大优秀华商积极倡导并身体力行,积极树立华商在商业竞争中的"良好形象",以此规避可能的经济风险。

1.遵纪守法:做一个政府眼中的优秀企业公民

对于大多数老一辈华商而言,"遵纪守法"是最突出的美德之一,在北美曾有人感慨"华人是最守信用的小商人",他们尊重当地法律、风俗和习惯,踏踏实实地谋利生息,为当地社会、经济添砖加瓦,拾遗补阙。

新时代,在海外违法经营、"打擦边球"在法律灰色地带运作都将难以生存,华商的经营思路终究要回到正当经营。为了构建有利于华商长期生存的商业环境,做到"站得稳"与"迈得开",华商努力打造"守法、自律、融入、回馈"的新形象。用知名侨领、澳大利亚澳华交流中心主席林晋文的话说,"打铁还需自身硬。华侨华人要树立良好的形象,发扬中华民族勤奋刻苦的优良传统,积累资源,用成绩、能力、智慧赢得当地主流社会的尊重,从而拥有更大的话语权。"

为此,西班牙华商徐松华建议:"首先,要加强行业自律和规范经营,遵守当地的法律法规;其次,要克服浮躁并改变显富露富心态的行为;最后,对于合法权益,侨团在维权中要做到不卑不亢与合理合法,但对于不遵守法律的华商企业,要积极配合警方和工商部门严厉查处,绝不包庇、袒护。"

实际上,这些理念被很多杰出华商所秉承。例如,在泰国,功成名就后的陈汉士不仅是进出口大户,更是缴纳税款大户,正是因为陈汉士的规矩经营,许多企业主频频"拜会",政府官员们都反过来上门邀请他。谈及成功之道时,他总结了四条黄金法则,其中前两条就是"遵纪守法"和"交足税金",对此他解释说,"对于外国企业主,只有尊重和遵守住在国的政策法令,按规定缴足税款,才能满足合法经营的要求,也才能得到住在国政府的保护和支持——这是企业在异国生存、立于不败之地的先决条件"。

2."有钱大家赚":努力成为同行眼中值得尊重的对手

企业经营过程中免不了与同行的竞争,但竞争的手段和方法要符合大家公认的伦理规则,这也是老一辈华商长期坚持的另一个原则。借用陈嘉庚先生的格言,广大华商"与同业竞争,要用优美之精神,与诚恳之态度"。

同样,马来西亚华商郭鹤年的良好形象主要应归功于他的企业家品质和道德形象。他所信奉的格言是:"临事让人一步,自有余地;临财放宽一分,自有余味。"在合作经营中,做到"好菜让别人先吃,有钱让别人先赚。"他的口头禅是:"一定不能贪,宁可自己吃亏,也不要占别人便宜,要留一些好处给别人。"在泰国,华商林立盛一直坚持一个从商原则,"可以做赔本的生意,但绝不做任何损害同行和消费者的生意"。

"柔能克刚"是谢国民的经营之道中重要组成部分,"把对手打倒""把手下制服"从来都不是他的目的。在他看来,"对于竞争对手来说,其实你应该更加在意自己怎样才能做好,而不是担心他做得比你更好。实际上你做得更好,远远超过他了,他也就不是你的竞争对手了"。如果必须遭遇针锋相对,那么"我让他 10 个点,我们两个就不要斗了,不然两败俱伤。保留精力和资本,在这里损失 10 个点,去别的国家还可以拿 100 个点,我还有 90"。

本 章 精 要

1."和合共生"是指在承认不同事物之间矛盾的前提下,通过和平与合作的手段实现共同发展,即"共生"以"和合"为前提,"和合"以"共生"为目的。

2.中华传统文化是"和合共生"理念的坚实根基,西方文化也为"和合共生"提供了哲学的阐释。即中国主张"和而不同",欧洲主张"多元一体","和而不同"与"多元一体"则是文明哲理的不同切入,提出了文明的多彩性、平等性与包容性。

3."和合共生"思维下企业经营理念要求企业尊重同行、重视供应商、经销商、消费者,甚至社会、环境等诸多共生主体的利益,共生的各方都需要为创造共生环境提供自己的独特价值,只有索取没有创造是不可能创造平衡的共生体的。

4."和合共生"是在尊重多样性和差异性的前提下,以"和平、和睦"促进利益相关者的合作共赢实现的。"和合共生"的实现并没有否定竞争和冲突,是一种按照更好的行为规范和遵守公认的"游戏规则"重新达到的互利竞争。

5.华商企业中"和合共生"的形成机理是"亲、诚、惠、容",表现为核心企业与政府、员工、公众、客户和供应商之间的良性互动与和谐共处。

6."和合共生"经营理念对华商企业成长的价值在于,推进商业系统的"命运共同体"建设,促进企业"合规"、"诚信"、"让利"和"环保",是企业软实力的重要来源之一。

7.华商企业通过"和合共生"的理念广结良缘,为系统成员创造价值或实现利益分享时,就分别获得了来自政府的政策支持、客户的重复购买、商业伙伴的资源共享、公众的舆论支持和员工的工作投入。

8."和合共生"经营理念是华商有效规避全球化发展过程的政治、经济和文化风险的手段之一。

第四章 "历久弥新"的华商企业家精神

企业家与只想赚钱的普通商人或投机者不同,个人致富充其量仅是其部分目的,而最突出的动机来于"个人实现"的心理,即"企业家精神"。

——约瑟夫·熊彼特

新加坡华商黄廷方的"生意经"

素有中国犹太人、东方犹太人之称的海外莆商(福建莆田商人)有广泛的国际影响力,黄廷方就是其中之一。他1929年7月出生于福建莆田江口镇,4岁那年,因迫于生计随大人背离故土,从厦门乘船"下南洋"。靠着勤与俭、超凡的胆魄和远大的目光,他的事业日渐发展。最初经营酱油业起步,20世纪50年代初期开始进军房地产市场,由于他拥有新加坡乌节路的许多地皮,被称为"乌节地王",曾连续8年蝉联新加坡首富。

黄廷方

从做酱油到房地产,黄廷方靠的是胆识和对时机的把控,他多次强调,"做事持之以恒,一旦看准的事,就大胆出击"。另外,他在选择土地上有一套方法论:"凡是地图上看不到、人口又多的地方,土地必然值钱。"因此,每至局势变化莫测时,黄廷方也总能抓到新的财富机遇。

1962年,新加坡与马来西亚的关系一度扑朔迷离,房地产也因此低迷,当时没有多少人看好新加坡的地产生意。然而,黄廷方却在此时大胆筹集资金,全力以赴进军房地产市场,创设了远东机构。他第一次出手,就刷新了新加坡私人房产机构开发纪录。"不要在房产市场蓬勃时才进场,市场疲弱时就退场。"就是靠着逆周期、全天候的操作,黄廷方逐渐成为除了新加坡政府以外这个国家最大的"地主"。

1987年,深圳市人民政府举行以协议、招标、公开拍卖等三种形式出让国有土地使用权,这是新中国成立后的头一次。其中,黄廷方的信和置业是这系列拍卖活动中的主要参与者。也是从这一年开始,黄廷方开始布局国内房地产市场的开发,相继涉足福州、厦门、成都等地市场,同样靠着"摸顶"打法取得了不俗成绩。1988年,黄廷方注意到厦门市土拍,他和儿子黄志祥经过计算后信心满满地来到厦门,以压倒性的价格优势,拿下五块土地中的四块。当时,还是有许多人看空黄廷方的打法,觉得只不过是这帮华商财大气粗逞能罢了。但是,现实再次教育了看空的人:"厦门地价逐年飙升,黄氏家族凭胆识又赢了。"

除了独到的眼光外,勤奋、低调、简朴是黄廷芳取得成功的重要特质!

勤奋是包括黄廷芳在内所有成功华商的DNA,跟随了黄廷芳15年的秘书常说:"黄老板的口头禅,就是'能者多劳'"。受此影响,黄廷芳的长子黄志祥也一再说:"如果一个人要保持在事业的巅峰上,那便不是个朝九晚五的游戏,而是朝五晚九。当一个人已超越了别人,也赚够了钱,却不应该言休,如果他松懈了下来,从后面要追上他的人多的是。"

然而,在个人生活方面,多年蝉联新加坡首富、富甲一方的黄廷芳生活却异常简朴,他常约老友一起吃地瓜粥。华登岭那栋新加坡老宅,一住就是30多年;在香港的房子,是一座楼龄达40年的两层洋房,几乎没有什么景观布置,许多老物件也是20多年不换。

黄廷芳是更神秘低调的存在,他极少在公开场合露面,特别是不喜欢拍照。他曾风趣幽默地解释自己的低调,"我是普通人,常工作到深夜,也会上街头吃两新元的面。如果我的照片见报,人们就知道我是谁,知道我有钱,就可能绑架我。如果我被人绑架,然后被杀害,我所有的公司就会垮掉,那我的家人该怎么办?我有我的顾虑"。

第一节 华商企业家精神的内涵、构成与特征

《史记·货殖列传》首开为企业家立传的先河,其中记载:春秋时期的计然深通

天时影响供求及价格变化的规律,提出"旱则资舟,水则资车"的投资策略;范蠡不仅懂得"贵出贱取"的聚财之道,在 19 年中多次积累"千金"财富,还是一位乐善好施的慈善家。

根据法国经济学家萨伊的定义:"企业家是敢于承担风险和责任,开创并领导了一项事业的人。"在实践中,企业家是企业的灵魂与核心,肩负着领导企业在激烈市场竞争中创新成长、健康发展的重任。而企业家精神作为企业家身上体现出来的共有品质,集中体现了其价值取向、知识体系和素质能力,已经成为现代社会的宝贵精神财富。根据著名经济学家约瑟夫·熊彼特的观点,"企业家精神是一种稀缺资源,是经济发展的原动力"。

一、什么是企业家精神

2021 年 12 月,《人民日报》刊文指出:"市场活力来自人,特别是来自企业家,来自企业家精神。"因此,企业家是时代精神的创建者与守望者,企业家精神是企业家群体最鲜明的特质,是企业家最大的财富之一。

那么,究竟什么是企业家精神? 它包含哪些内容? 在企业家身上是如何体现的呢?

(一)企业家精神的界定

从词源学角度,"企业家"(entrepreneur)的词根 empresa 来源于拉丁语动词 in prehendo-endi-ensum,其含义为"去发现、去感知、去俘获"。"企业家精神"最早由 Knight 在 1921 提出的英文为"Entrepreneurship"。

根据《2009 年中国企业经营者成长与发展专题报告》的观点,"企业经营者普遍认同创新是企业家精神的重要特征,同时也认为敬业、实现自我价值、乐于奉献是企业家精神的重要内涵"。概括来说,企业家精神就是一种发展、革新的经营观念,是企业一种重要而又特殊的无形资产。

企业家精神不是小商小贩思想,而是树立伟大的标杆企业,找到学习型竞争者,既向标杆企业学习,也敢于与他们展开竞争,严谨务实,精益求精,从优秀走向卓越。它包含了创新意识,新点子、新产品、新思想、新市场、新经营模式等丰富的想象力;还有责任意识,敬业、诚信、合作、奉献、回报社会等;自身素质方面,敢于冒险、行事果断、坚韧不拔、不屈不挠等。

基于关注点和诉求点的差异,政府、专家学者和企业家分别从不同角度进行了界定。

1.基于政府的视角

改革开放以来,国内有一大批优秀的企业家茁壮成长,他们热爱祖国、勇于创新、诚信守法、具有国际视野,并以实际行动回馈社会,得到了党和政府的认可。

政府作为社会的管理者,对企业家创造更大的经济和社会价值抱有很大的期望与要求,即希望他们不仅要算经济账,而且还要算社会账,能够给所在区域、给社会做出贡献。

基于此,政府对企业家精神的界定更侧重于"振兴国家和地区经济""提升产业链竞争力""解决民众就业""履行社会责任"等方面,要求企业家们在"爱国、创新、诚信、社会责任、国际视野"等方面不断提升自己,具有创新特质、资源整合能力和拼搏精神,能够敏锐地感知社会发展趋势和消费者需求。例如:

• 2017 年 9 月,中共中央国务院《关于营造企业家健康成长环境弘扬优秀企业家精神更好发挥企业家作用的意见》中指出,企业家精神是指"爱国敬业遵纪守法艰苦奋斗的精神、创新发展专注品质追求卓越的精神、履行责任敢于担当服务社会的精神"。

• 2020 年 7 月,习近平总书记从"增强爱国情怀""勇于创新""诚信守法""承担社会责任""拓展国际视野"等五点丰富和拓展了企业家精神的时代内涵,为新形势下弘扬企业家精神提供了思想和行动指南。

• 2020 年 9 月中共中央办公厅印发了《关于加强新时代民营经济统战工作的意见》,提出要"倡导义利兼顾、以义为先理念,坚持致富思源、富而思进,认真履行社会责任",要"做到富而有德、富而有爱、富而有责"的企业家精神。

2.基于学者的视角

从企业家特质的视角,国内外学者对企业家精神关注的焦点主要集中于"创新""冒险""进取""主动"等。多数学者认为,企业家精神最关键、最核心的含义是"承担风险"和"创新精神"。在西方,"冒险精神"几乎成为企业家精神的同义语。例如:

• 萨伊(法国):企业家精神主要表现在冒险和创新精神。

• 约瑟夫·熊彼特(美国):"企业家精神的真谛就是创新,创新是一种管理职能。"即,企业家是刺激和发动其他一切事情的中枢,他们四处寻找艰难和挑战,为了改变而寻求改变,他们敢于冒险,乐此不疲。

• 彼得·德鲁克(美国):企业家精神是一种"社会创新精神",即寻找创新和变化定义了企业家精神,是企业家表现出来的战略前瞻性、市场敏感性和团队领导力,不仅是经济和技术的,也是文化的和心理的。

• 厉以宁(中国):不同时代对企业家精神有着不同的要求。改革开放初期,是企业家们"敢为天下先"的精神,转换经营机制,增强企业活力;随着社会主义市场经济体制的建立与完善,是企业家们"积极参与市场竞争、敢于应对各种挑战、勇于担当市场经济主体重任"的精神。新时期以来,是企业家们"拓展国际市场,增强企业国际化经营能力"的精神。

• 张维迎(中国):市场不是给定的,技术更不是外生的,而是由企业家无中生有创造出来的。因此,企业家精神不是依靠预测和计算来做出决策的,而是依赖于判断的、分散的决策,真正伟大企业家的目标不只是赚钱这么简单,还要有超越利润的目标。

3.企业家的视角

作为企业家精神的承载者,企业家们也从自己的视角对企业家精神进行了阐述,更强调"脚踏实地把自己的事情做好"。例如:

• 宋志平(曾任中国建材集团兼中国医药集团董事长):企业家是有梦想的人,对成功充满了渴望,他愿意创造财富,他想创造财富,同时也希望改变世界。

• 宁高宁(中国中化集团董事长兼中国化工集团董事长):企业家本身不是金钱、荣誉、地位和职务的代名词,要有前瞻性、创新性,有担当和冒险精神。

• 王健林(万达集团创始人):企业家精神是多方面的,最核心的是创造力、坚持和责任,以及与之相应的承受力和自制力,更可贵的是还要有一种破坏性的创造。

• 周海江(红豆集团董事长):作为企业家,应该"担当好三种责任",即政治责任、发展责任、社会责任。另外,还要弘扬好"五种精神",即创业精神、创新精神、工匠精神、学习精神和担当精神。

• 刘永好(新希望集团创始人):企业家精神不仅是勤奋、吃苦、努力,还要有关爱,爱家庭、爱员工、爱社会、爱所从事的这个行业,更要有对社会的某种担当、承担。"企业家精神因时代不同而略有不同,但是勤奋、拼搏、坚守、创新这些基本要素不会变。认认真真、脚踏实地把自己的事做好。"

• 曹德旺(福耀集团创始人):"企业家精神是非常高尚的精神,它追求完美、追求创新,它跟金钱没有关系,也就是我们古人讲的义利兼济。做企业家必须有担当,敢于挑战未来、挑战世界。当你做得非常好时,你应该尽你的义务。当然,你还要赚钱,你不赚钱,追随你的粉丝就没有了,赚钱才能够发展,才能够造福于天下。"

(二)企业家精神的构成

通过以上梳理可以看出,"创新"、"冒险"和"责任"等企业家精神的核心构成。

1."创新"是企业家精神的灵魂

企业家注定是社会财富的创造者,没有财富创造,就根本谈不上企业家精神,而财富创造离不开创新。因此,以"创造性破坏(creative destruction)"为目的的创新是企业家行为的典型特征,凸显了企业家精神的实质和特征,从产品创新、技术创新、市场创新、管理创新的角度,努力要把不可能变成可能。

在实践中,创新是企业家精神鲜明的标签,他们需要克服因循守旧的心理,致力于激发创新活力和创造潜能。全球企业家中,从马斯克、乔布斯到雷军,都淋漓尽致地展现企业家的"创新"精神,在各自领域力求通过创新使企业产品在行业中处于领先地位,并通过创新商业模式,帮助产业链上下游更多的企业成长。

2."冒险"是企业家精神的天性

Knight(1921)强调,企业家的判断力有赖于企业家在不确定环境中不断尝试、不断冒险。在熊彼特看来,企业家存在有征服的意志和战斗的冲动,证明自己比别人优越的冲动,他求得成功不仅是为了成功的果实,而是为了成功本身,因此他们追求创造的快乐,主动寻找困难,甚至以冒险为乐事。

在实践中,企业经营绝非坦途,而是险峻的陡坡,如果没有甘冒风险和承担风险的魄力,就不可能成为企业家。虽然企业家的成长背景和创业机缘各不相同,但他们敢为人先,锐意进取,第一个跳出来吃螃蟹。改革开放初期,广东有一个"遇到绿灯往前走,看到黄灯赶紧走,碰上红灯绕着走,没有灯就摸着走"的说法,其实,这描述的是广东民营企业家在改革开放初期如何利用中央政策发挥"点石成金"的作用,其反映的正是企业家的冒险精神。

当然,优秀的企业家从来都是认真地评估风险,而不是盲目地去冒险。不仅如此,还要有勇于面对失败、用坚强意志努力东山再起的精神,这就要求他们比常人更具有毅力和坚韧不拔的精神,能够更好地面对困难和挫折。正如褚时健所言,"我人生里没有服过输的时候,但我都是和自己较劲"。

3."责任"是企业家精神的要义

习近平总书记指出:"优秀企业家必须对国家、对民族怀有崇高使命感和强烈责任感,把企业发展同国家繁荣、民族兴盛、人民幸福紧密结合在一起,主动为国担当、为国分忧。"

"企业家无论走多远,都要心怀理想和责任担当"。责任是内化于心、外化于行的情怀与担当,勇于承担社会责任,是企业家精神的重要内容。在国家有难时,"主动为国担当、为国分忧",此时利润和金钱已经是次要的考虑,这是优秀企业家的光荣传统和独特基因。

在实践中,广大优秀企业家在做好自身实业的同时,积极投身社会事业,从资助教育到积极赈灾,从参与精准扶贫到抗击新冠肺炎疫情,尽显企业家精神中的"责任意识"。例如,在格力集团董明珠看来,"企业应该对国家有所贡献,企业对国家的贡献就是税收,社会责任对于企业来讲非常重要,要对消费者负责,要对你的股东负责,要对国家负责! 优秀企业的生命和利益是跟国家连在一起的,只有国家强大,企业才能安身立命"。

 **案例 4-1**

"烟草大王"褚时健的企业家精神

2019 年 3 月 5 日,曾经的"烟草大王"、云南冰糖橙品牌"褚橙"创始人褚时健去世,享年 91 岁,走完了他"属牛"的一生。不管是做烟还是做橙子,他都有一种追求完美和卓越的精神在里面。

1963 年,褚时健被分配到西双版纳的曼蚌糖厂,这是一个连年亏损、发不起职工工资、靠财政补贴才能勉强维持运营的工厂。上任后的褚时健在那个时候真正展示出了他的"企业家精神",即解决问题的能力:改进工厂的设备,增加产能和技术创新;采取按劳取酬的现代企业管理制度,极大调动了工人的积极性。由此使得糖厂起死回生。

1979 年,刚刚摘掉"右派"帽子的褚时健,接手濒临倒闭的玉溪卷烟厂,那年他51 岁。他再次运筹帷幄,让玉溪卷烟厂焕发生机。当时,卷烟厂生产出来的 30 万箱香烟,有 6 万多箱都积压在仓库里。褚时健自己曾这样形容当时的卷烟厂。"员工软、散、懒,车间跑、冒、滴、露。"在褚时健带领下,玉溪卷烟厂从工作激励、技术改进、原料保证到市场开拓等进行了一系列变革,最终使得玉溪卷烟厂成为亚洲第一、世界第二的现代化大型烟草企业。公开资料显示,在经营红塔集团的 18 年里,玉溪卷烟厂为国家创造的利税高达 991 亿元,红塔山品牌自身的价值高达 400 多亿元,他也由此登上自己人生的第一次巅峰。

1995 年,他因为被举报贪污受贿,人生跌入谷底。然而,褚案在经济界引起了极大的同情浪潮。有人算了一笔账,褚时健创利百亿,其月薪却只有区区的 1 000 元,也就是说,红塔每给国家创造 14 万元利税,他自己只拿到 1 元钱的回报。"一个为民族工业做出如此巨大贡献的企业家,一年收入竟不如歌星登台唱一首歌!"在 1998 年的北京两会上,多位人大代表与政协委员联名为褚时健"喊冤",呼吁"枪下留人"。

2001 年 5 月,被判无期徒刑的褚时健,因身体状况不佳保外就医。出来后,他以借的 1 000 多万元钱起步,在哀牢山种橙子,开始了他的第二次创业。2008 年,褚时健的橙子结果了,他起名叫"云冠",但当地人却顺口地管它们叫"褚橙"。到2012 年,褚橙的产量达到一万吨,销售突然成了一个新的难题。后来,"本来生活"电商网站找到了褚时健,希望包销 20 吨褚橙。褚时健从不上网,但他下意识地觉得可以试试。2012 年 11 月 5 日,褚橙上线,5 分钟就让"本来生活"网的服务器直接宕机,3 天内 20 吨售罄,10 天内卖掉了 200 吨。没有人会料到,移动互联网时代的人格化产品,会由一位"囚困"于哀牢山的 85 岁老人来引爆,褚时健由此又一次登上了人生的巅峰。

对褚时健来说,"褚橙"的成就感比"烟王"的成就更强!而更重要的是,他以此带动农民走上了产业化道路共同致富,让农民的思想境界上升到工业化思维。他曾回忆说:"当时在山上的承包地里,干活的农户没地方睡,就用麻袋铺在地上,搭个塑料棚睡觉。最初一个月的工钱只有300块,买点东西也不方便,不少农户受不了,跑走了。我就给他们打气,说是只要好好干,过不了几年,这些果树都是宝贝!"几年后,褚时健的话都兑现了,果园里的很多农户每家每年能收入10万元以上,真正实现了精准扶贫,造福一方。

"衡量一个人成功的标准,不是看这个人站在顶峰的时候,而是看他从顶峰跌落谷底之后的反弹力。"这也许是形容褚时健一生最恰当的一句话。

资料来源:作者根据相关材料整理。

(三)企业家精神的特征:"外圣内王"

关于企业家精神的特征,以中国智慧可总结为"外圣内王"四个字,也就是"外表优雅、内心霸道"。溯本清源,"外表优雅"来源于企业家良好的自我修养,"内心霸道"源自企业家对技艺、品质、创新的不懈追求。

根据清华大学何平教授的观点,新时代的企业家精神应具备以下五个方面特征:

1.要扎根中华文明

中华文明在五千多年的发展演变过程中,有所坚守而又通达,显示出了旺盛的生命力和超越时空的人类智慧。源自近代西方的现代企业文化只有扎根中华文明,和传统文化互相融合,才能在中国这片土地上生根发芽,为解决人类问题贡献中国智慧和中国方案。中国传统文化中,"重人轻物"的理念有助于企业家充分调动人的积极性,形成融洽的劳资关系;"贵义贱利"的规范有助于企业家在追求利润的同时注重道义对企业行为的约束,构筑健康的商业生态;"家国天下"的情怀有助于企业家在实现局部利益的同时致力于社会价值的创造,推动全社会的共同进步。

2.新时代的企业家精神要符合社会主义核心价值观

党的十八大提出积极培育和践行社会主义核心价值观,其中"爱国、敬业、诚信"是公民的基本道德规范,更是企业家必须恪守的行为指南。"爱国"是新时代企业家的大义所在,企业家需要将企业的发展和国家繁荣、民族兴盛、人民幸福紧密结合在一起,企业的成长才会有持久的动力;"敬业"是新时代企业家的精神支柱,对事业的忠诚和责任,而非对财富的追求,才是企业家获得持续动力和幸福体验的根本;"诚信"是新时代企业家的立身之本,公平和自由的竞争离不开社会诚信体系的建设与完善,而企业家的诚信是社会诚信体系的核心环节。

3.新时代的企业家精神要体现市场经济的主体责任

在社会主义市场经济中,企业是市场经济的主体,政府是市场规则的制定者和市场公平维护者,也是公共服务的提供者。首先,市场经济的主体责任要求企业家摆脱"背靠政府好乘凉"的经营理念,把企业的生存与发展根植于市场;其次,市场经济的主体责任要求企业家致力于构建亲清政商关系,坚决摒弃权钱交易、商业贿赂等行为,净化营商环境;最后,市场经济的主体责任要求企业家更多地依靠法律来保护自身权益,并积极推动完善各类市场主体公平竞争的法治环境。

4.新时代的企业家精神要拥抱科学思维

企业的成功不仅取决于企业的资源关系等生产要素,还取决于企业家的理性思维能力。新时代的企业家不仅需要具备整合各类生产要素的能力,也需要深刻理解创造性思维的逻辑及其萌发与孕育的生态环境。在企业竞争的赛场上,获胜者往往是最具有理性思维的企业家。新时代的企业家需要摆脱"凭经验、靠感觉"的管理思维,依靠逻辑和科学探究市场规律,通过严谨的科学分析,洞察问题和发现商机。

5.新时代的企业家精神要适应国内外环境变化带来的挑战

当前,中国经济增长模式逐渐由要素驱动转变为创新驱动,全球产业链和国际货币体系也面临重构与变革,这给新时代的企业家提出了新的机遇和挑战。国内外环境的变化要求企业家致力于创新,从产品创新到技术创新、市场创新、组织形式创新;要求企业家着力争夺高端科技的制高点,弥补自身在产业链中的短板和不足;要求企业家开拓国际视野,立足中国,放眼世界,把握国际市场动向和需求特点,把握国际规则,开拓国际市场,防范国际市场风险,带动企业在更高水平的对外开放中实现更好发展。

二、"移民文化"指引下的华商企业家精神

清华大学华商研究中心主任龙登高说,"创业创新是华商精神的灵魂,冒险与执着是华商精神的基石,诚信与合作是华商精神的关键,学习与探索是华商精神的本色"。

长期以来,广大华商发扬中华民族"自强不息、厚德载物"的精神,不等不靠,积极创业,在世界各地创造丰硕经济成就的同时,以"冒险、拼搏、开拓、进取"的"移民文化"精髓为指导,融合海外多元管理文化,形成了以"诚信""勤俭""坚韧""创新""责任"为核心,具有"移民"特色的华商企业家精神。

(一)诚信:华商企业家精神的基石

"诚者,天之道也;思诚者,人之道也。"凡勃伦在其名著《企业论》中也指出:"有远见的企业家非常重视包括诚信在内的商誉"。诺贝尔经济学奖获得者弗里曼明

的观点是:"企业家只有一个责任,就是在符合游戏规则下,运用生产资源从事利润的活动,亦即须从事公开和自由的竞争,不能有欺瞒和欺诈。"

因此,现代社会中基于契约的诚信,不仅仅是公民为人处世的基本道德规范,更是市场经济的基本准则,也是华商企业家精神的基石。在海外,具有移民特征的华商成长环境更复杂,欺瞒和欺诈行为将给他们的企业经营行为带来更多风险,他们有更强的意愿奉行诚信的经营理念。

实践中,杰出华商在海外成长过程中将诚信作为他们的立身之本。例如,在1997年亚洲金融危机中,事业规模庞大的印尼金光集团一夜之间被推到绝壁悬崖,此时黄志源在父亲黄奕聪的支持下,坚持"厚德者路宽,自强者天助"的理念,以倾家荡产的气度捍卫家族"信用、人格第一,绝对不欠人家一分钱"厚德品质,甚至为此将母亲的私房钱都拿出来还债,经过三年的奋斗绝地逢生,共偿还约60亿美元债务。

 **案例 4-2**

李光前:宁可身受冻 不要"改姓毯"

1893年,李光前出生在福建南安县梅山芙蓉乡(今南安市梅山镇竞丰村),幼年家境贫寒,但其父李国专对他们的教育相当重视,先后送他们去私塾读书。

后来李国专移居新加坡,1903年10岁的李光前也乘船前往。开船不久,气温骤降,船上的人衣衫单薄,冻得直打哆嗦。当时船上还有一人,就是被誉为"华侨旗帜"的陈嘉庚先生,他通知全船的人,凡是姓陈的,每人发一条毛毯。船上的旅客纷纷报名说姓陈,以此拿到毛毯御寒。

不久,陈嘉庚到各船舱查看,见到一个少年仍然穿着单衣,连忙问他为什么没去领毛毯。少年说:"先生,刚才通知说姓陈的才可以领毛毯,我不姓陈,不能冒领。"这位少年就是李光前。

他这种诚实的举动,使陈嘉庚深受触动,于是就说道:"我再通知一次,不姓陈的也可以领毛毯,你去拿吧。"

资料来源:摘自《李光前:一名营养不良的华人首富》,福建侨报,2020年9月18日。

(二)"勤"与"俭":老一辈华商的兴邦之道

勤俭是中华民族的传统美德,"勤以增收,俭以节支"。纵观老一辈华商的出身,他们多半是生活窘迫的下层劳动者。但"莫欺少年穷",两手空空来到海外之后,他们就开始了白手起家的"三步曲":第一步,干一些体力劳动先生存下来;第二步,勒紧裤腰带存钱,开始做些简单的小本生意获得第一桶金;第三步,在事业取得一定成效后扩大经营。

华商这种"足下生财"的方式生动阐释了他们身上独特的精神。例如,印尼华商林绍良说,"无论是干大事业,还是做小生意,要想获得成功,勤劳和节俭是不可缺少的基本前提"。香港华商李嘉诚在总结成功之道时说:"因为我勤奋、我节俭、有毅力。"台湾塑料大王王永庆的基本理论总结了他严格遵循的信条:"勤奋工作,决不要浪费钱财。"

在西班牙老牌华商阮松龄看来,华商发展除了"中国制造"的低价优势外,还得益于中国人的勤劳:"外国人开店,每晚21点准时打烊,可中国人一般干到23点。消费观念更不同,外国人挣点钱,就跟朋友去酒吧了,可中国人省吃俭用,想的是怎么积攒下钱开第二家店。久而久之,一条街上的小商店,很快就只剩中国人能生存了。"

1."勤":艰苦奋斗奠定了华商事业的基石

"大生意靠机遇,小生意靠勤劳。"老一辈海外华商在艰苦的环境中,信奉"富贵本无根,尽从勤里得",他们成长的螺旋是"困境→奋斗→提升"。大量事实证明,勤劳是华商群体的突出特征,他们从早干到晚,真的是既能当老板又能睡地板。孔子"发愤忘食"和"富而可求也,虽执鞭之士,吾亦为之"的奋斗精神,在华商身上得到很好的体现。

因此,华商的成功没有捷径,是靠他们的勤劳和血汗发展起来的! 例如,香港华商邵逸夫工作非常勤勉,曾有1天看9部片子、1年看700部片子的纪录。印尼著名华商黄双安也用自身的经历说明了一个道理,"年轻时不要怕吃苦,也不要怕吃亏,吃苦能让人耐劳,吃亏能让人聪明。人有了这两样东西,再加上机会,想不成功都难"。

• 王文祥(中国台湾地区):虽然他的父亲是被誉为"经营之神"的台塑集团创始人王永庆,但王文祥自幼海外留学、从基层起步打拼的成长经历,让他并不认可"人生可以一步登天"。他说,"真正的成功必须要有稳固的基础,如果给年轻人提一点建议,第一是要吃苦耐劳,做事情要有追根究底的精神,一步一步来……"

• 陈德薰(新加坡):1950年只身去香港谋生,除了强健的体魄和聪明才智外,几乎一无所有。他白天打工,晚上读书,艰苦创业,成为富甲一方的企业家。

• 蔡志勇(美国):作为美国金融界巨富,华商蔡志勇常年坚持每天工作达15小时,每晚只睡5小时,中午吃饭只花几分钟,正是靠了"勤奋"两字,他的事业才获得了成功,成为新加坡的"包装大王"。

• 陈永栽(菲律宾):他常常每天工作十七八个小时,事情越多,精力越旺盛。他可从美国坐夜班飞机返回马尼拉,清晨刚一抵达就马不停蹄转搭国内早班机,飞往外省市开会或视察。他可同时在写字楼主持六七个不同类别的会议,穿梭其间,作指示、研究问题。按照他的说法,"我就像奔驰在高速公路上的汽车,被前后车相夹,只能向前,不能后退"。

• 郭鹤年(马来西亚):他说:"我们华人经常讲要刻苦耐劳。这句话的意思是,要能够克服艰难和困苦。"在别人问及经营实业获得巨大成功的秘诀时,他总是回答:"没有什么能取代苦干,唯有一个人付出了劳动的成果是最甜美的。"实际上,他自己一直以刻苦耐劳自律,不论是在艰难的创业初期,还是在成为超级富豪的今日,皆是如此。

• 郭芳枫(新加坡):1911年出生于福建同安县,由于家境贫寒,14岁他只身抱着一卷草席到新加坡谋生,先在一位亲戚的五金店当学徒,白天劳作繁杂辛苦,晚上坚持去夜校补习功课,后来被晋升为五金店经理。当手中有了一定积蓄后,和其三个兄弟一起开办了取名"丰隆"的小店,经过半个世纪的经营与发展,终于成为亚洲最大的华商财团之一。

 案例 4-3

华商马应彪如何成长为"中国近代百货第一人"?

马应彪自幼家境贫寒,儿时的磨炼造就了他坚韧沉着的性格。

20岁时他前往澳大利亚谋生。初到澳洲,他并没有像其他同乡一样赶快寻找收入好的工作。在他看来,要想有所作为,首先要过语言关,所以在朋友的介绍下,他到会说广东话的爱尔兰人开的菜场打工。老板跟他谈报酬,他却提出了自己的条件:只管三餐饭,不取分文,但每天要教他一小时英语。时间不长,马应彪就掌握了英语,很快开始独自到菜场做买卖,还掌握了一套行商技巧。

由于为人诚恳,很多朋友和同乡把蔬菜、果品委托他出售。随着业务的扩展,马应彪先后开设了永生、永泰、生泰三间铺位。1899年,马应彪用筹集到的2.5万元资金,在香港皇后大道中172号买得一个铺位,次年,中国第一家百货公司——先施百货在香港开业。

2.俭:华商企业家身上的宝贵品质

中华民族有句古训:成由节俭败由奢。实践中,深受儒家思想影响的杰出华商大多具有"克勤克俭"的共同特性。诚然,广大华商的财富并不是单靠节俭积攒而来的,更多的是靠诚实经商赚来的,但节俭在财富积累上的重要地位也不能忽视。同时,他们在经济上取得一定成就后,依然在生活上保持着节俭的习惯,这更加难能可贵。

因此,节俭是华商企业家精神的另一个重要组成部分。实际上,不少超级华商富豪自始至终都非常节俭。如果说陈嘉庚之孙陈君宝对家风的理解是"我有钱,但不乱花钱",那么,王永庆则把许多个人消费看成是不必要的奢侈,为了使他穿着合体,王太太让一个裁缝把丈夫穿破的西服和内衣作为样本,照样做出新衣来,放进这个亿万富翁的衣柜里。

• 黄荣年(印度尼西亚):慈济的经历让他对于"给自己花钱"看淡了许多。他常穿的衣服就那么几件,叮嘱太太不必费心帮自己采买新衣。朋友之中,有人喜欢收集名车,有人喜欢佩戴名表,但黄荣年却没有任何一个"烧钱"的爱好,"这些事情到头来,都会让自己变成嗜好的奴隶。比如手表,每天要花时间擦拭,定期要上紧发条,走到哪里都要留意自己的手腕,避免磕碰而损伤表面"。

• 范岁久(丹麦):在朋友眼中,范岁久绝不是个吝啬的人,但他非常节俭。一个朋友说:"他 80 多岁时,我去丹麦看他,那时他的企业已经做得非常好了,但他的衬衣和袜子上还有补丁。每天去公司,中餐也吃得非常简单,常常就是两片面包,夹一根香肠。"他在接受丹麦《日德兰邮报》采访时曾说:"我的成功源于辛勤工作和简单的生意经,就是说,赚进一块钱的时候,至多只能花掉 8 毛钱。"

• 黄双安(印度尼西亚):每当他回想起自己借贷起家的艰苦创业史时,不免感慨万千。他出身贫寒,又因移居他乡,谋生不易,更珍惜点滴所得,在日常生活中严格奉行勤俭的原则,这种勤俭的生活习惯也被他带到企业管理中,在企业生产和管理的每一个环节上都做到精打细算。在创业初期,他常常把公司院里工人丢弃的各种小木块逐一捡起来,留作他用,一直到他身家亿万,仍然保持着这种习惯。

• 张祥华(美国):他从白手起家到亿万富豪,成为美国 Zion 公司董事长,却很少给自己花钱。几十年来,他一直保持着从小养成的勤俭习惯。平时最常穿的是印有公司标志的工作衫,买东西最喜欢去物美价廉的 Costco 仓储超市,偶尔去商场也喜欢买打折商品。他和妻子每人只有一辆车,名下也只有 2002 年购买的一座住宅。

 **案例 4-4**

李光前:捐献数亿元,不舍隔夜饭!

1952 年,李光前将其家族拥有的南益公司及子公司总股份的 40% 捐出,设立李氏基金会。1964 年,李光前把自己在南益集团的股份全部转入基金会,据估计这笔股份每年有将近 1 亿元的收入。

李氏基金会根据李光前定下的"取之以道,用之以道"的原则,广行善事,受益者不计其数,是华人最早建立的基金会,影响最为广泛。直到今天,李氏基金仍然存在并贯彻李光前先生的遗愿。

李光前平生对公益事业动辄捐献十万、百万,但个人生活却很节俭,一箪食,一瓢饮,一陋室尔。日常生活中,李光前烟酒不沾,平时最爱吃的食物是番薯粥和花生豆,也不舍得倒掉隔夜的饭菜,在新加坡每次乘坐有轨电车都买三等位的票……

李光前夫妇从不做寿,他们认为这除了浪费时间、金钱外,没有任何意义。1965年,李光前患肝癌回到上海就医,医生诊断时发现他竟营养不良,不禁愕然。1967年,李光前先生因操劳过度逝世,临终前曾告诉家人,丧事从简,不用哀乐,不用锣鼓,遗体火化。

资料来源:摘自《李光前:一名营养不良的华人首富》,福建侨报,2020年9月18日。

(三)坚韧:华商"越挫越勇"的精神

创业不易,异乡创业更难。虽然华商最大的特点是吃苦耐劳,为了实现自己的梦想,愿意付出比别人更多的辛苦和努力,但在经营过程中不可避免地经受过各种危机的考验。例如,1922年,因家乡潮汕遭风灾突袭,正大集团创始人谢易初因生活不易选择只身来到泰国,成立"正大庄"从事菜籽、饲料等生意,1944年在曼谷战火中不幸毁于一旦,但二战结束后他又东山再起,从事鸭毛出口生意而重获新生。

除了经营上的风险外,一些国家出于狭隘的民族主义情绪,甚至下令禁止华人在当地经营某些行业,不仅如此,华商还经常受到当地人的敌视和不理智行为。面对考验,正如"华人船王"赵锡成的观点,没有遭遇失败是一件很悲惨的事,"因为你会失去动力、缺乏激励,更没有机会反思",海外创业的各种艰难只能依靠华商的坚韧与坚持来克服!

因此,中国外经贸部国际经贸研究院教授王志乐认为,华商之所以能在世界经济舞台占一席之地,是因为杰出的华商往往具有坚韧不屈的精神,锲而不舍地融入当地社会。正如经历过各种挫折的杨克林所说:"好成绩来自建立在希望基础上的坚韧。如果我们都去做自己能力做得到的事,我们真会叫自己大吃一惊。失去金钱的人损失甚少,失去健康的人损失极多,失去勇气的人损失一切。这世上的一切都借希望而完成,农夫不会剥下一粒玉米,如果他不曾希望它长成种粒。"

• 江孙芸(美国):初到美国时,她连英语都不会说,但她坚持努力学习,慢慢学会英语开始给当地人普及中餐文化。创业初期,江孙芸遇到瓶颈,连丈夫都劝她放弃,但她却固执地坚持下来。尽管很多人告诉她,传统中餐的口味美国人可能接受不了,但江孙芸说:"不管中国人还是美国人,只要是食物好吃,所有人都会喜欢!"最终,在她的不懈努力下,她获得了成功并被誉为"美国中餐之母"。

• 杜纪川和孙大卫(美国):1987年10月19日,美国股市崩盘,已将所有财富投到股市的杜纪川和孙大卫顷刻间从百万富翁变成了"百万负翁",但两位大叔并没有气馁,决定再度创业。当年,金士顿成立了。他们总是鼓励那些遇到困难的人,要把低谷当成是开创人生新高峰的转折点,"46 岁让我一贫如洗是上天给我最好的礼物,否则,我们就不会被逼无奈,继而创造出今天的金士顿。"

• 王文祥(中国台湾):他的坚韧还表现为顽强的意志。1987 年在大学学习结束后从工厂基层操作员工做起,到 2005 年 10 月主导完成收购美国 JM 塑胶公司,达到了人生事业的顶峰。但随即被确诊为鼻咽癌,被告知可能只有一年的存活期。但深受父亲性格影响和从小自强自立教育的他,他在此时有了超乎寻常的表现,忍受了常人难以忍受的治疗过程,经过一番"苦其心志、劳其筋骨"之后,奇迹般地战胜了病魔,被誉为"生命斗士"。

(四)创新与冒险:华商"敢想敢闯"的大无畏精神

企业家的开拓精神具有风险偏好性和不确定性。与大多数企业家一样,创新与冒险精神在华商群体中表现得淋漓尽致,他们在企业家经营过程中敢拼敢干,敢为天下先。

1.华商群体的创新精神体现在经营的全过程

"富有之谓大业,日新之谓盛德。"在经营过程中,华商群体的创新体现在产品、技术、营销等方面。具体来讲:

第一,在产品创新方面,澳大利亚华商吴鹏辉克服了气候、环境的差异,在南半球种出了好吃的"亚洲蘑菇",吸引了包括澳大利亚联邦国会餐厅的大批客户。

第二,在技术创新方面,华商施振荣将研究开发作为企业成长生存的命脉,他与科研人员一起研究出"天龙"中文电脑,并获得了台湾产品设计最高荣誉奖,人们赞誉他为"微处理机的园丁"。

第三,在营销创新方面,有"中国近代百货第一人"美誉的华商马应彪早在 100 多年前就采用了"不二价""请模特""一元特价区""代金券""观光电梯"等营销手段。

2.华商群体身上也充满了"敢为天下先"的冒险精神

正如香港华商邱德根信奉的那样,很多华商都有"知其不可为而为之"的冒险精神。

例如,东帝汶华商联合会常务副会长何敢云总结自己在异国打拼的成功之道时感慨万千,当时何敢云的生意伙伴想在东帝汶投资足浴城和餐厅,邀她一起入股,何敢云考虑后决定亲赴东帝汶考察,有朋友得知她要去东帝汶曾好心劝阻她,但是何敢云笑着回答道:"越危险的地方我越想去,不然对不起我的名字。"这个在大多数人眼中贫穷落后、消费乏力、毫无商机的地方,在何敢云眼中却是百废待兴、商机无限,于是她为自己的人生做出了一个重大决定:留在东帝汶!

 案例 4-5

李光前:明知山有虎 偏向虎山行

当李光前成为陈嘉庚公司的强有力支柱,学到许多知识并积累了大量经验后,已过而立之年的李光前准备独立创业,这得到了陈嘉庚的大力支持。

1927 年,李光前以 10 万元(叻币,下同)的价格,从一位英国种植家手上买下了 1 000 多英亩橡胶园,连当年的陈嘉庚都为之担心:"你跟我做了十几年的橡胶,这点常识都没有吗?"原来,这块橡胶园如此便宜,是因为胶山上有老虎,传言曾吃掉割胶的工人。

但是,李光前对这块橡胶园有着自己的想法,他曾经在英文报刊上看到,当地政府有意在这附近开辟公路,公路一开,老虎自然绝迹。果不其然,公路修建后,橡胶园价格暴涨。1928 年李光前把这块橡胶园以 40 万元的价格售出,为日后创业积累了资本。

资料来源:摘自《李光前:一名营养不良的华人首富》,福建侨报,2020 年 9 月 18 日。

(五)责任:华商企业家精神中的"担当作为"

《史记·货殖列传》所言,"渊深而鱼生之,山深而兽往之,人富而仁义附焉。"责任意识是企业家的内在属性,华商胸怀家国的企业家精神百年传承,而且,他们是一个"好公民"而非"好演员",主动承担社会责任是华商企业家精神的体现。

一般来讲,华商企业家精神中的责任意识包括四种:

第一,对社会的责任,即倡导公平竞争,弘扬创新精神,践行扶贫济困。

第二,对股东的责任,即为股东创造价值,促进企业持续增长。

第三,对客户的责任,即满足客户需求,提供物美价廉的产品。

第四,对员工的责任,即给员工提供岗位及薪酬,培养员工素质、提升员工能力。

长期以来,从清末民初的张謇,到抗战时期的卢作孚、陈嘉庚,再到新中国成立后的荣毅仁、霍英东等,一大批华商把个人发展同国家繁荣、民族兴盛、人民幸福紧密结合在一起。在国家危难之际、人民需要之时,主动为国担当、为国分忧——这是优秀华商对国家、对民族的崇高使命感和强烈责任感,也是他们企业家精神的重要组成部分。从全面抗战到全力抗疫,华商企业家精神历久弥新,持续迸发出强大力量。

抗战全面爆发后,著名华侨领袖陈嘉庚不仅捐献巨款,而且在他的号召下,3 000 多名华侨机工毅然回国,奔赴滇缅公路运送抗战物资。爱国侨领梁金山生前在亲笔书写的《告诫子孙书》中这样说:"吾多年谋生海外,凡我同胞均视之如亲骨肉,外人欺辱如刀割,我心恨之入骨,愤而不平。国难八年,我一心献国,国亡即家败。窃思人生斯世,要做个模范人物。为了祖国,我可以捐献一切!"在经济建设时期,正如 SM 集团创始人施至诚所说,"热爱故里是海外游子的本性,为祖国的富强做一点贡献,是每一位华夏儿女应该做的"。

当然,这种责任心还表现在对住在国和祖籍国的双重热爱。

• 林育庆(菲律宾):被誉为"热带杂交水稻大王",兼任菲华商联总会理事长,在他眼中,"我的'生父'是中国,'养父'是菲律宾,无论何时,推动菲中两国友好与合作,是必然之选,也是本分"。

• 施至诚(菲律宾):曾经有人问起,中国与菲律宾,在心头孰重孰轻。施至诚说:"中国是生养我的地方,延续着血脉亲情,是我的第一故乡;菲律宾是锻炼我的地方,成全了我的事业、婚姻,是我的第二故乡。既然同为故乡,何分彼此,不过是一种情结,两处相思。"

• 方李邦琴(美国):在"2019 全球华侨华人年度评选"颁奖典礼上,85 岁的她作为美国报业大亨获选年度人物,主办方对其颁奖词为"故乡他乡,我为津梁"。在她眼中,"中国是我的生母,美国是我的养母,我对这两个母亲感情深厚,中美关系能够健康稳定发展是我毕生的愿望"。

• 美国 Zion 公司董事长张祥华:"在我的人生中,有一个美国梦,也有一个中国梦。这两个梦的共通之处,就是要让美国主流社会看到我们中国人的骨气、责任感和社会担当。我很欣慰为此付出的一切,并将继续为之努力。"

第二节　华商企业家精神的形成

企业家精神的形成与特定社会的文化传统、良好的社会氛围和企业家的自身人格密切相关(孟令标 等,2021),民族文化精髓是一个国家企业家精神的基因。

长期以来,华商成长于海外多元文化制度形成的社会环境,以勇毅求精、西学中用的开放心态,通过家庭教育和自我管理实现修身正己,在心态、人格、价值观等方面不断完善提升,努力达到内圣外王的境界,使他们在经济领域取得卓越成就的同时,形成了具有自身特色的企业家精神。

一、文化环境:中国传统文化和海外多元文化的双重影响

文化环境乃企业家精神之根,诚实守信、开放包容、鼓励创新、尊重企业家、以

商为荣、合作共赢的社会文化环境更能促使企业家具有强烈的创新与创业意愿,进而培育出更加丰富的企业家精神(Carrion et al.,2011)。

一般来讲,西方文化倡导注重个人利益、平等竞争、进取精神,但也有见利忘义、唯利是图、损人利己等行为特征。而中国传统文化则强调整体利益、义利兼顾、责任意识,但也常常存在着"木秀于林,风必摧之"的现象,对标新立异的人与行为常常产生排斥心理。

华商正是在这种互补互斥的文化环境中,早年接受中国传统文化教育,因此掌握了中文并熟悉中国文化,而海外发展则增加了他们的跨国文化知识和资本,通过融合形成了独具特色的企业家精神。

因此,在谈及华商精神是如何形成时,清华大学华商研究中心主任龙登高教授说:"在中国传统儒商精神的影响下,华商形成了达则兼济天下的胸襟和担当;在跨越国界,跨越不同的制度和文化的过程中,华商形成了开放的思维和创新的理念。"

(一)中国传统文化与华商企业家精神的形成

中国传统文化"儒释道"中的"守信重义""智勇兼具""乐善好施"的优秀理念,以及"不局限于一己私利之得失"的事业观,是华商企业家精神中"诚信"、"勤俭"与"责任"特质的重要文化来源。

其中,儒商文化是儒家思想运用于经济领域形成的商业文化,它"义利共存"的价值观念,"家事、国事、天下事,事事关心"的家国情怀,要求企业家胸怀"天下",不仅体现为天下英才尽为我用、天下资源莫非我归的国际视野,也体现为"兼济"各种利益相关者间的冲突,尤其对弱势的利益相关者的照顾,"如欲平治天下,当今之世,舍我其谁也?"(《孟子·公孙丑下》)。这些宝贵文化财富不仅促进华商形成了以义取利的商业道德,还是华商遵循"治家立身,有余顾族及乡,如有能力,即尽力社会"行为指南的重要文化来源。

另外,老子的"天人合一""有无相生"的世界观,以"百姓心为心、无私成其私"的人生观和尊道贵德,构成了企业家精神生成的思想基础、价值指向和行为方式(孟令标,2021)。《周易》中指出,"天行健,君子以自强不息。地势坤,君子以厚德载物""日新之谓盛德,生生之谓易"等思想,强调君子要懂得顺应天道,君子处事,也应像天一样,自我力求进步,刚毅坚卓,发奋图强,永不停息,而且还要懂得承载包容。无疑,这也是华商企业家精神开启未来的文化根基。

因此,菲律宾华商陈永栽就直言,他的企业经营管理理念离不开中华传统文化,他在菲律宾的银行中心拥有两套《四库全书》,供他和员工阅读。华裔历史学家王赓武在探讨"陈嘉庚留给21世纪的文化遗产"时表示,陈嘉庚是企业精神与儒家道德社会责任相结合的典范。也正是在中华传统文化的引领下,马来西亚华商蔡秀珠的创业心得是,"大树下没有小树,只有藤",唯有独立自主才能闯出一片天。

(二)海外多元文化与华商企业家精神的形成

西方文化中崇尚个人主义、标新立异、创新冒险等,有助于形成超越自我、挑战权威、勇于创新的西方企业家精神。而且,"理性的自私,合理的自利"与强调自由竞争的资本主义一脉相承,成为自由企业(free enterprise)的精神基础。马克斯·韦伯《新教伦理与资本主义精神》中也指出,基督教伦理为资本主义企业家提供了心理驱动力和道德能量,基督教孕育、生成了西方企业家精神。

另外,市场经济环境的自由化程度是公认的影响企业家精神发挥的最重要因素,自由、开放、竞争的市场经济环境有助于企业家精神的发挥,西方资本主义市场机制所形成的商业文化也是资本主义企业家精神形成的根本基因。具体来讲,市场机制的内在作用促使华商企业家为攫取更多利润,而在企业经营过程中敢于冒险、善于捕捉把握市场机会,形成企业家勇于创新、开拓进取、敢于冒险等精神特质。

因此,广大杰出华商在倡导权利平等、机会平等、规则平等的西方文化环境中发展时,他们所形成的勇于创新、敢于冒险、不怕失败的企业家精神也与之密切相关。

二、家庭教育:"言传身教"与华商企业家精神的形成

家庭教育是中国文化的优势资源,"家庭有家教、家教育家风、家风有传承"。古往今来,卓有成效的管理者受到的家庭教育是他们日后成才的一个重要原因。实际上,作为企业家立身之本的勤劳、节俭、责任心等个人美德,都与家庭教育息息相关。因此,福禄贝尔说:"国家的命运与其说是掌握在当权者的手中,倒不如说是掌握在母亲的手中。"

例如,留学美国的陈叙伦深造于金融数学专业,毕业后曾在华尔街工作。2019年,陈叙伦选择了回到企业接班,从基层历练开始,成为乐天控股集团的董事。谈到家庭教育的影响,他说:"我们的企业是由爸爸妈妈创立的,在分工上爸爸负责重资产,比如谈项目、工程建设等,妈妈负责轻资产,比如管理等。而与他们的分工相一致的,他们在生活上给我的影响也是不同的。爸爸在政策的敏感度、眼光的独到、魄力等方面都给了我很大的影响,企业的很多重要项目都是爸爸起到了重要的作用。而母亲则是一个一直不断学习的思想前卫的女性,她总是能通过不断的学习,把学习到的新东西应用到现实中,反馈到家里,比如说服父亲或者是教导我们

应该如何在人生当中去做决策。"

(一)家庭教育的内涵与价值

1.家庭教育的内涵

所谓家庭教育,是指父母有意在日常生活中,通过身传言教、生活方式、情感、交流等方式,对子女实施的道德品质、文化修养、行为习惯等方面的培育、引导和影响,对个人的"修身"与"齐家"意识有着重要影响。

关于家庭教育的内容,学者赵雨林(2008)的"三道"观点得到广泛认同,即"为生之道,为人之道,为学之道"。具体来讲:"为生之道"以生命健康为核心,由生理保健、心理健康、安全适应等三方面组成;"为人之道"以生命价值为核心,由生命角色、人格人生、处世修养等三方面组成;"为学之道"以生命智慧为核心,由学习品质、综合素养、自主专长等三方面组成。

2.家庭教育的价值

"染于苍则苍,染于黄则黄。"天下之本在家,家庭是人生的第一所学校,家长是孩子的第一任老师。对于从事商业活动的企业家,一般都会教育孩子拥有企业家精神,即使不刻意教育,孩子在父母的影响下,耳濡目染也能学到很多。稻盛和夫说过:"我不懂管理,也没正式去学过管理,我经营企业还是我父母对我讲的话在起作用。"

著名华商郭令明曾多次表示,"如果没有父亲的指导,我可能不会有今天的成就。"每当何超琼人生道路遇到重大抉择的时候,父亲何鸿燊总会适时出现,"父亲对我的成长帮助很大"。良好的家庭教育能够引导孩子从小养成好思想、好品行、好习惯,形成健全的人格和健康的心理。

进一步讲,企业家精神还可以作为精神财富,通过家庭教育传承并发展。正如陈六使孙女陈丽音所说,"更好的明天对下一代来说更至关重要,我们现在所拥有的一切最后都带不走,最理想的就是将之传承下去,像祖父将他的大爱精神传承下来一样"。

对于祖籍福建晋江的菲律宾华商施恭旗而言,每年他都有一半的时间待在中国,他的母亲李梅芬有着强烈的爱国思想情怀,在八十高龄回到上海时感慨地告诉施恭旗:"这才是我们的祖家,才是我们的根啊!"曾有人问过施恭旗:"为什么那么热爱中国?"他说:"是因为血缘、亲缘,更是老母亲的一番话。"施恭旗深受母亲教育的影响,一直在践行着一个爱国者所能做的,也依旧传承着母亲的教育方法来引导后代。

案例 4-6

百年"塚喜"的家教与传承

塚喜家族企业成立于 1867 年,是靠做和服起家的,至今传到第 6 代,在企业发展过程中,经营者将子女的教育视为事业一样重要。他们认为,精神理念传承的重要性远胜于物质的传承,而家训和家教起到了非常重要的作用。其中,塚喜家族的家训是取自《易经》的"积善之家必有余庆",并悬挂着寓意"一代艰辛创业、二代若饮茶享乐、三代就会街头沦落"的"三代教子图",它是家族成员的行为指南。

除此之外,塚喜家族传承的还有许许多多的铅笔头罐,这是上一代总裁 91 岁去世时,后人整理其遗物时发现的,这样的铅笔头足有 40 罐,他天早上 3 点钟起床,削好铅笔后就开始工作,这些铅笔头是其一生勤勉、节俭的写照。这些铅笔头罐,已经成为他们家族珍视的图腾,也是最大的精神财富。现任总裁也把这些铅笔头罐视为特殊的家训,他目前已 70 多岁,却坚持每天早上 3 点半左右就起床工作,"每当自己想偷懒时,就会想到父亲削铅笔头的情景,想起父亲的创业维艰,从而鞭策自己要控制情绪,更要努力奋斗"。

资料来源:改编自《日本塚喜集团 150 年传承:家训来自中国的〈易经〉》,搜狐网,2017-09-28。

(二)家庭教育与华商的坚韧、进取心、处事风格

在华商成长过程中,父母的言传身教对他们的个性特征和价值观有重要影响。新加坡华商黄志达说,父亲是非常严格的导师。在他年轻的时候,黄廷芳常常教导他:"严爱"(toughlove)的话,即使会使你伤心难过,还是必须点醒你,因为只有我才会那么做。

对于含着金钥匙出生的郭令明,每当谈起他对年轻时对父亲的回忆,更多的还在于对父亲郭芳枫教诲的敬畏与感恩之情。泰国好莱坞眼镜集团掌门人陈汉涛,出生于泰国,是第二代潮州人后裔,正是在母亲的教诲下,陈汉涛从小对读书充满了渴望,受母亲爱国思想的影响,他一直牢记自己是华人后代,一定要学好中文。同样,郭鹤年说他之所以会说中文,是受了母亲的影响,母亲一句"不要忘本"的朴实教诲伴随着郭鹤年的整个商业历程。

具体来讲,华商的个人性格特质,他们的坚韧、进取心、和为贵的处事风格等都是企业家精神的根基,它们的形成深受华商所在家庭的影响。

第一,家庭教育促进华商坚韧性格的形成。"唯坚韧者始能遂其志",华商坚韧性格的形成与他们的家庭教育紧密相关。例如,新加坡著名华商陈六使的孙女陈丽音说:"祖父教我努力坚毅,给我带来的最正面影响是他白手起家的创业过程。"

同样,新加坡口福公司董事经理庞琳也说:"母亲对我影响最深,她的坚韧影响了我,也让我懂得母亲的伟大。"

第二,家庭教育促进华商进取心的形成。"唯有勤奋方能创造未来",父母的言传身教深深影响了华商积极向上的心态。作为中非混血儿的加拿大华人首富李秦2002年接受《福布斯》杂志采访时表示:"从小我妈妈就告诉我,如果我想得到什么,就必须靠我自己来争取,所以我就这样做了。"

第三,家庭教育促进华商"和为贵"处事风格的形成。在海外复杂的商业环境中,众多华商信奉"和为贵",这大多源自于父母的教诲。例如,19岁的林梧桐迫于生计去马来西亚发展,临行前母亲嘱咐他:"人在异乡,凡事都要容忍,不能与人发生争执,更不可与人动武。一旦动起武来,无论谁赢谁输,大家都吃亏。"这句话深深印在林梧桐心里,并影响了他一生。

(三)家庭教育与华商的责任意识、诚信经营

华商企业家精神中的责任意识、诚信经营理念深受他们世界观、人生观和价值的影响,而家庭教育是华商们人生教育的第一课,是他们世界观、人生观、价值观形成的重要基础。正所谓"遗子黄金满籯,不如一经",即家长给孩子留下再多的财宝,不如教孩子正派做人。

 知名华商的家族座右铭

菲律宾施氏家族:"成功并不完全靠好运气,它是辛勤劳作、良好信用、机遇、时刻准备和恰当时机的化合物。"

泰国谢氏家族:"危机就是机会,一名商人必须保持对时势的敏感与警觉。"

马来西亚郭氏家族:"如果有人问我怎样继业和守业,方法只有一个,就是不断地发展创新,停止就是灭亡。"

1.家庭教育促进华商责任心意识的形成

责任意识作为华商企业家精神的重要组成,它不是与生俱来和自发形成的,父母的言传身教起到了重要作用。具体来讲:

第一,对国家和社会责任意识的培养。例如,爱国侨领梁金山的教诲早已深深印刻进梁有玲等儿女的心中,父亲的爱国情怀深深影响着她们兄弟姐妹,"我爹胸怀一份大爱。他常常教育我们,要爱国爱家,因为有了国才有家"。在郭鹤年的办公桌上,有郭母亲笔书写的座右铭:"不为自己求利益,但愿大众共安宁;诸恶莫作,诸善奉行。"这些格言时时鞭策着郭鹤年,要有社会责任感,要为社会大众作贡献。

第二,对社会民众意识的培养。例如,作为广东客家后人,毛里求斯华商朱维勋要求朱梅麟在家里要学客家话、讲客家话,把祖宗的文化在异国他乡里绵延传承下去,多次教导他"仰不愧于天,俯不愧于人"的道理。朱维勋是穷苦人家出身,不忘同情怜惜那些仍然过着饥一顿饱一顿日子的底层民众,在他的小店里,如果前来购买物品的穷苦人一时没有足够的金钱支付,可以先赊账购买,待日后宽裕再来付款。这种赊账理念也传递给了朱梅麟,他将父亲的行为理念贯彻进自己的思维,立志做一个有情有义的商人。

第三,对企业责任意识的培养。例如,华商黄荣年之所以很快成长为独到的椰干生意"老手",以及他亲力亲为的经营方式,在很大程度上是受到父亲黄奕聪的影响。这是因为,他从小就看到,当别的老板坐在冷气房里看报纸、打麻将的时候,父亲黄奕聪总会亲自盯着工人运货,每次发货他都会随小船往返,严格监督每一步流程,将损失降到最低。

2.家庭教育促进华商诚信经营理念的形成

"无诚则无德,无信则事难成""对人以诚信,人不欺我;对事以诚信,事无不成"等格言,以及华商身体力行的实践,都是华商家庭教育的核心内容,它促进了华商诚信经营理念的形成。

例如,天一总局创始人郭有品的第五代嫡孙郭伯龄,每每回到天一总局,都有一种难以言表的自豪感,祖辈们凭借着诚信,将天一总局经营得有声有色,"人在,银信在,诺言在"的诚信精神也永久留存在他心中。而对于黄鸿年而言,父亲黄奕聪给他留下的最深刻印象是,"一个倾家荡产也要说话算数,履行承诺的人"。创业初期黄奕聪生意失败,为了还债,他几乎卖尽家产,包括给妻子的定情首饰,这也是父亲给黄鸿年上的最有意义的一堂人生课。依靠这一课,黄鸿年拥有了在商界发展的最大资本——诚信。

 案例 4-7

李尚大、李陆大:母亲的坚守与教诲成就了我们!

1920 年和 1923 年,李尚大、李陆大先后出生,父亲李瑶悌是当地知名人士,母亲姚卡是位勤俭善良的家庭妇女。李瑶悌对家乡公益事业十分热心,为便利当地学子就学,于 1923 年倡议创办慈山小学,李尚大、李陆大童年也就读于此。

"我自幼就是一个极调皮的孩子,八九岁就会呼朋引伴赌博,偷自己家的东西,认识我父母的亲友看我那样,都会摇头叹息。我母亲为此不知哭了多少回,但她仍然不死心,相信教育的作用,硬是把我往学校里送,总算让我念完大学。大学毕业后虽然没什么成就,不过幸运的是没变成坏人。"

时隔几十年后,李尚大回忆起自己的少年时光,感慨不已。正是母亲对教育的执着,造就了兄弟俩的品格与才识,对日后他们钟情教育、尊师重教、兴学育才产生了深刻的影响。李尚大经常提起:"我从小不肯好好念书,是教育的力量改造了我。我永远感念我的慈母坚持把我留在学校里,由我的事实证明教育对人对社会的重要性。"

除了捐资助学,李陆大还热心参与家乡各项公益事业。"我母亲曾告诉我们,一个人若饿肚子会痛苦,受寒挨冻也会很痛苦。所以,我们有能力时就要帮助别人。"李陆大谨遵当年母亲的教诲。1988年起,他连续十几年于元旦前后,在家乡举办"迎春敬老宴",凡安溪县城年满60岁以上老人都可赴宴。1996年起,他在老家举办湖头李氏宗亲新春敬老活动,邀请年过花甲的老人们聚餐,给他们发慰问金,至今也有二十余载,从未中断。

为了表彰李陆大对我国扶贫事业的贡献,中国科学院紫金山天文台将1980年在金牛座首次发现的一颗小行星命名为"李陆大星"。在命名典礼上,李陆大动情地说:"中国是我的故乡,我在这片土地上出生成长,这里是我的根之所在。当我在海外创业略有成就时,最大的心愿,就是能为故乡和故乡的父老乡亲奉献绵薄之力……"

在痛失家庭顶梁柱、社会动荡不安、孩子年少顽皮等诸多困难之下,母亲仍坚持将兄弟俩送进学堂,为他们日后成才、成功打下基础。更为重要的是,兄弟俩经常带着儿孙们回国,让他们知道自己的根在中国,通过言传身教,将这种无私奉献的慈善精神传递给子女。在两人逝世后,他们的子女秉承父志,继续关心和支持祖国和家乡的各项公益事业。

资料来源:改编自新加坡《联合早报》。

第三节 华商企业家精神的价值

彼得·威利斯提出:"在商业世界中,我们需要具有企业家精神的企业来解决未来的许多问题。"在实践中,企业家不仅是经济发展的带头兵,一定还是思想者。他们的企业家精神激发和创造出了巨大力量,不仅决定着企业的内涵和企业的发展方向,还推动着经济和社会的发展进步。

对于全球化发展的华商而言,他们身上"诚信、勤俭、创新、责任"特质的企业家精神,是华商企业资产负债表中看不到但却价值连城的资产,不仅促进了他们个人企业家形象和企业竞争力的形成,对企业的生存和发展也起着至关重要的作用,并促进了祖籍国和住在国的共同发展和进步。

一、华商企业家精神与企业家形象

(一)企业家形象的内涵与价值

1.内涵

所谓企业家形象,是指企业家外部可见的表征和内部的思想品德、心理和精神等非实体因素在人们心目中留下的形象,具有企业家品质、企业家魅力、企业家与企业产品的关联度等三种属性。

关于企业家形象的构成,主要有如下观点:

(1)Park 和 Berger 认为企业家形象包含五个维度,即能力、诚信、可靠、魅力和个性。

(2)Schlenker 通过研究发现受钦佩的人所具备的品质可归纳为三类:第一类是道德品质,包括坚持原则、诚实、公正、善良、宽容等;第二类是能力与职业成就,包括智力、社交能力、领导力等;第三类是积极态度,包括乐观和坚毅等。

(3)我国学者刘伟基于积极心理学中的钦佩感理论视角,将企业家形象划分为能力和美德两个维度,其中能力包括有才能的、专业的、有业绩的、杰出的和有声望的;美德包括诚实可靠、愿景和情怀、富有同情心、热衷慈善和有高的道德标准。

2.价值

严良等认为,"企业家形象从来没有像今天这样成为公众聚焦的中心,企业家形象为企业在现代社会的市场竞争中发挥着不可替代的作用。"实践证明,企业家形象在现代商业竞争中的作用日益明显,良好的企业家形象不仅能够帮助企业家获得更多的好感、信任和尊敬,还有助于建立深层次的企业品牌和产品品牌,促进产品销售。具体来讲:

第一,企业家形象与企业品牌紧密相关。从某种意义上说,企业家形象与企业形象是一体的,企业家是企业品牌最重要的形象代言人。在实践中,几乎每一个成功的企业背后都有一个成功的企业家,他们良好的形象能够为企业带来天然的美誉度和免费曝光的机会,有利于企业品牌的推广传播。例如,联想的柳传志、阿里巴巴的马云、海尔的张瑞敏等,他们的个人品牌与企业品牌已经融为一体,他们自身的良好形象无疑会增加企业的无形资产。

第二,企业家形象能够促进企业产品的销售。认知平衡论认为,如果公众对一个企业家有好感,也会对其企业的产品和服务有好感。Miller 研究也发现,消费者总是试图从企业家形象中寻找一些具有象征意义的信息,并将这些信息转移到品牌和产品上。在实践中,很多企业家实际上就是自己企业产品的代言人,例如格力的董明珠、小米的雷军、苹果的乔布斯、微软的比尔·盖茨等,他们自身的良好形象对消费者的购买行为具有一定影响。

(二)企业家精神与企业家形象的关系

实践中,企业家形象有着什么样的脸谱化倾向,即什么因素会影响企业家形象呢?

实际上,企业良好形象的来源不仅仅是财富和权力,更重要的是威信、责任、远见和抱负。因此,企业家精神中的艰苦奋斗、变革创新、产业报国、社会责任等要素,都会对企业家形象产生积极影响。具体来讲:

第一,艰苦奋斗的发家史。企业家的创业史和发家史一般都是曲折的、艰难的,这种精神的艺术化表达对企业家形象的形成具有重要影响。例如,华商陈嘉庚、林梧桐、谢国民等传奇般的创业经历,大大提升了他们的企业家形象。

第二,行业创新的推动者。当企业家推动所在行业实现了重大技术突破,甚至由此改变了行业的发展走向,他在社会公众之中的形象就会得到很大改善。例如,苹果公司的乔布斯就是典型的例子,由于他给手机行业带来的革命性变革,他本人也赢得了很高的声誉。

第三,执着不悔的产业梦。当企业规模与实力跨越了"如何活下去"的时候,有志于振兴民族产业就是企业家良好形象的重要来源。例如,投身于振兴我国汽车产业的比亚迪创始人王传福、投身于振兴我国通信产业的任正非等就是典型的例子。

第四,积极主动的慈善观。当企业家积极履行社会责任是,这种行为很容易获得媒体和公众的与赞誉,这对于改善企业家形象有重要影响。例如,福耀玻璃创始人曹德旺对教育、赈灾、扶贫等方面的大手笔慈善行为,使得曹德旺本人在公众中赢得了广泛好评。

另外,《中国企业家》杂志发布了"2021最具影响力的25位企业领袖名单",其评价指标为"爱国情怀、勇于创新、社会责任、诚信守法、国际视野"(如表4-1所示),这也是企业家形象的重要决定因素。

表 4-1 中国最具影响力企业领袖评选指标(2021)

指标名称	指标描述
爱国情怀	候选人心怀家国,始终把企业发展通国家民族的命运统一起来,能在疫情等突发事件前第一时间站出来,也能带领企业实现高质量发展,成为经济效益和社会效益双优的一流企业
勇于创新	候选人具备强烈的创新精神和敢为天下先的勇气,面对各类困难、风险和挑战时愿意通过组织、技术、市场等方面创新实现突围和发展

续表

指标名称	指标描述
诚信守法	候选人及所领导的企业具有契约精神,在遵守法律法规以及国家政策方针上能够以身作则,给社会及行业起到表率作用
国际视野	候选人能够把握全球市场的现状以及未来发展趋势,并能利用好国内国际两个市场、两种资源,带领企业成为国际竞争力的企业

资料来源:《中国企业家》,2021 年 12 月。

(三)华商企业家精神与企业家形象的传播

实际上,广大华商诚信守约的契约精神、艰苦奋斗的发家史、坚韧不拔的创业精神、积极向上的社会责任观等,使他们获得了各界的广泛赞誉。

例如,近代民族企业家张謇在兴办实业的同时,积极兴办教育和社会公益事业,造福乡梓,帮助群众,被习近平总书记誉为"中国民营企业家的先贤和楷模"。

作为商业精英,黄鸿年曾称赞郭鹤年:"既是顶天立地的大丈夫,又是绅士风度的谦谦君子。把自己放得很低的郭鹤年,把别人放得很高,以心、以情、以义、以礼相交。他身段柔软,却绝不是软弱。在自己人的利益遇到不可接受的伤害之时,他是那个能够站出来顶天立地的人。他对自己人的定义,不光是家人、朋友,也包括族群、社会、国家。"

同时,广大优秀华商的企业家精神也获得了当地政府和民众的赞誉。在世界各国,有很多以华商命名的街道,大大促进了华商企业家形象的传播。例如:• 马来西亚诗巫市黄乃裳路

为纪念 19 世纪初著名华商黄乃裳(1849—1924 年)及福州籍华侨开发诗巫市而建,黄乃裳的垦荒精神也被这座城市永远铭记。

• 马来西亚怡保市桃德胜街

为纪念马来亚华商巨富姚德胜(1895—1915 年),该市建成了长 1 000 米、一式二层楼房店铺的新街,名为"姚德胜街"。

• 新加坡黄埔路、黄埔区、黄埔河

近代新加坡著名华商胡亚基(1818—1880 年)在新加坡经营"黄埔公司",所以人们又称他为"黄埔先生",黄埔路、黄埔区、黄埔河等,都用以纪念华商先贤胡亚基。

• 新加坡金声路

新加坡大世界游艺场前有一条"金声路",此路为纪念华商陈金声(1805—1863 年),他曾经营"金宗公司",1850 年被新加坡政府封为太平局绅。

• 印度尼西亚的黄仲涵街

这条街道位于印度尼西亚爪哇三宝垄市,这是为纪念祖籍福建的印尼糖业大王黄仲涵(1866—1924),以他名字命名的街道。

• 澳大利亚墨尔本的"王吉米街"

为纪念用美食赢得尊重的华裔"点心大王"王吉米,他将烧卖、粤菜做到了极致,俘获了当地民众、明星及政府官员的味蕾。

• 葡萄牙的"何鸿燊博士大马路"

2008年10月3日,"何鸿燊博士大马路"在埃什托里尔赌场北门揭幕,时任卡斯卡伊斯的市长向何鸿燊颁发企业家荣誉奖牌,这也是葡萄牙第一条以中国人姓名命名的街道。

除了以华商姓名命名的街道外,甚至在某些国家的纸币上也印有华商的头像。众所周知,纸币作为货币的主要形态,往往被视作一国象征,是一张国家名片。能够在如此重要的国家纸币上刊印头像,被流传记录的人物一般是本国典型人物,定是被本国人所敬仰和牢记。

例如,2019年新加坡发布了200万张20元新币,纸币的背后总共印了8个对新加坡做出巨大贡献的知名人物,而第一排就有陈嘉庚先生,他不仅被国人所敬仰,新加坡人对他也十分钦佩。同样,在非洲国家毛里求斯的纸币上也印着一位华人,他就是朱梅麟,一个标准的客家人,被誉为"东方犹太人"。

 案例 4-8

朱梅麟:被印在外国纸币上的华商,背后有怎样的故事?

毛里求斯被誉为"天堂原乡",当你来到这个国家在机场完成换汇时,或许你会拿到一枚25卢比的毛里求斯纸币,而这枚纸币上的面孔是一名华人。他是谁?他为什么会被印在这枚纸币上?朱梅麟给了我们答案——由才能、德行和胸怀所形成的企业家精神是其中的重要影响因素。虽然这只是一张25卢比的纸币,但它很好地反映并传播了华商企业家的良好形象。

25 卢比毛里求斯纸币

朱梅麟

朱梅麟（1911—1991 年）是第二代华裔，祖籍广东梅州，小学毕业后随父从商，20 岁时独自创业。他在当地中央市场的对面开了一家零售店，起名为"ABC"商店（ABC：按照法语的词义，寓意"去中央百货""去买好东西"）。与父亲的经营方向略不同，朱梅麟没有选择惯常的日用百货为经营主业，而是另辟蹊径主要经营稀缺货物。

由于坚持货真价实的原则，加上允许毛里求斯人赊账，顾客可以在周末或月末付一部分欠款，朱梅麟很快就在毛里求斯建立了自己的连锁店集团，也就是当今毛里求斯著名商业集团的前身。1942 年，朱梅麟当选毛里求斯华商总会主席，此后他逐渐展现了自己的领导才能。

二战期间，毛里求斯发生了食品危机。作为食品行业的巨头，朱梅麟挺身而出，率先向社会民众提供食物，且不收取高价。在以身作则的同时，朱梅麟也不忘联络商界同行，号召大家配合政府的安排供给足量物资，并要求大家不得趁机坐地起价。这使得毛里求斯人都得到了充足的食物补给，朱梅麟成了毛里求斯人最敬重的人和伟大的"依靠"。1947 年，在被英国统治了 150 多年后，毛里求斯走向自治。朱梅麟作为华人社团代表，成为第一位毛里求斯华人立法委员，代表中国人在毛里求斯的政治活动中发声。

1952 年，朱梅麟开办的零售连锁企业再度扩展商业版图，迈向重工制造业。在朱梅麟的积极运作下，公司很快拿下了日产汽车公司的代理权，并在毛里求斯当地开办了一家汽车装配厂。朱梅麟的 ABC 集团，覆盖零售、金融和进出口等多个行业，已然成为毛里求斯经济发展的支柱。

1968 年，毛里求斯宣布独立，结束了长达百年的殖民地历史，而朱梅麟凭借自己杰出的能力和宽厚善良的品性，被当地民众一致推举为财务部部长。到了 20 世纪 70 年代初期，糖价下跌，而食糖业是毛里求斯的经济支柱，于是国家都面临着经济危机。朱梅麟利用自己华人的身份，号召大批来自中国和东南亚的客家人到毛里求斯投资办厂。另外，朱梅麟还提议建立出口加工区，发展纺织业。在朱梅麟的一力促成下，毛里求斯的经济面貌有了翻天覆地的变化，国家的财政收入和民众的生活水平稳步提高。从一定意义上来说，在毛里求斯的国家经济摇摇欲坠之时，朱梅麟堪称以一己之力"挽狂澜于既倒，扶大厦之将倾"。

在随后的 20 年里，朱梅麟始终参与政治事务。除了担任议员，还担任过地区事务部部长，为毛里求斯的经济发展和当地华人权益做出了卓越贡献。正是朱梅麟和所有在毛里求斯的华人的共同努力，华人对毛里求斯社会的贡献得到了认可。

毛里求斯政府为纪念朱梅麟，特于 1998 年发行印有朱梅麟头像的 25 卢比面额的钞票。不仅如此，毛里求斯的首都还有一条街道，直接以朱梅麟的名字命名。

资料来源：作者根据相关资料整理。

二、华商企业家精神与华商企业成长

世界知名的埃森哲管理咨询公司,曾经对 26 个国家和地区的几十万名企业家进行了访谈,结果表明,79%的企业家认为企业家精神对于企业发展非常重要。同时,全球最大的科技公司 Accenture 的研究报告也指出,在全球高级主管心目中,企业家精神是企业健康长寿的基因。

实践表明,企业发展源于企业家创造,而企业家创造更离不开精神的指导。长期以来,广大华商充分发扬具有"移民"特色、融合了东西方文化的企业家精神,将诚信、勤奋、坚韧、创新、责任等精神铭记于心、付之于行,推动了华商企业的全球成长。

(一)诚信、勤奋与华商企业成长

创业不易,异乡创业更难,作为外来移民,早期移居各国的大多数华人并没有携带任何资本,他们既不能像当地土人一样拥有土地等特有权利,又要受制于西方殖民者的统治。他们唯一的依靠是自己良好的商业理念和辛勤的双手,坚守商业道德,拒绝伪冒假货,杜绝坑蒙欺骗、行贿索贿。加强中资企业间团结,避免恶性竞争、相互拆台。在沟通殖民者与当地人的商业间找到生存空间,并发展成为与中国本土迥异的华人商业社会。

广大华商深知,他们要认真遵循诚信原则,把好企业经营的方向盘,同时自身要养成足以担当这一职责的高尚人格,如果为了经济利益违法失信,会极大地损坏企业在当地的形象,企业发展就无从谈起。在实践中,优秀华商们秉持"利者,义之和"的传统,守望公平、公正的市场自发秩序,促进了企业的全球化发展。正如菲律宾华商施至诚所言,"成功并不全靠好运气,它是辛勤劳作、良好信用、机遇、时刻准备和恰当时机的化合物"。

另外,华商勤奋拼搏的精神也是华商企业全球化发展的根基,这也基本成为大家的共识。正如郭鹤年指出的那样,"华人是天生的企业家,他们非常饥饿,渴望成为移民,他们经常赤脚,只穿单衫和裤子。他们会做任何工作,因为有收入意味着有食物和住所。华人企业家是有效率和成本意识的,当他们寻找专业知识时,他们知道如何谈判。他们比任何人都努力工作,愿意吃苦。华人简直就是地球上最惊人的经济蚂蚁"。

 **案例** 4-9

印尼华商林文光成功的"加减法"：企业发展没有捷径

林文光 1951 年出生于印尼泗水，祖籍福建福清。作为印尼金锋集团董事长，他拥有约 60 家企业和工厂，广泛涉及工业、银行业、房地产等多个行业，雇用的员工近 3 万人。

林文光 15 岁开始在父亲的小工厂里尝试着各种工作，努力从商场和社会上学习更多的实际经验："商场和学校不一样。学校里老师会教你一加一等于二，但商场上有很多变数，一加一可能等于二，也可能等于十，当然，还可能等于零。"而要做好商场上的"题"，林文光认为并没有什么捷径，只有靠勤奋、坚持和学习。

年轻时，林文光决心要成为"头号人物"，要实现这个目标，他必须积累资本，方式似乎很简单——卖更多东西。然而，这个看上去很简单的方式意味着加倍的努力。"别人一天干 8 个小时，我干 14 个小时。"长期以来，林文光坚持每天从上午 5 点工作到晚上 7 点。

长期以来，在林文光拼搏精神的引领下，"奋勇前进，不许后退，直至成功"的理念已经融入金锋集团的发展之中。他自豪地说："我的金锋集团不是长在温室里，而是长在丛林里。长成以后再大的风雨也不怕，因为根已经深埋地下。"

然而，林文光并不是一味在做勤奋、坚持和学习的"加法"，很多时候，他会"减去"自己所拥有的，去帮助他人。他说："我赚钱不只是为自己，一个人其实并不用很多钱，我的生活并不奢华，必需的就够了，我希望用自己的财富帮助更多人。"当然，帮助别人不仅局限于物质上，为了使残障人士的社会地位提升，金锋集团雇用了 400 多位聋哑员工。

金锋的标识中，有三片叶子，那代表三项原则：第一片叶子，代表人力资源是首要的；第二片叶子，代表与伙伴一同成长，这里的"伙伴"，不仅包括供应商、经销商，也包括政府，更包括股份持有人；第三片叶子，代表努力创造更辉煌的明天。

资料来源：改编自《商场上没有捷径 印尼华商林文光的成功"加减法"》，中国新闻网，2012 年 12 月 03 日。

（二）开拓创新精神与华商企业成长

作为企业的掌舵者、领航人，企业家们的创新意识和创新思维在一定程度上决定着一个企业的创新水平。实践证明，凡是具有顽强生命力和显著市场竞争力的优秀企业，背后必定有一位具备很强创新精神的企业家。从某种意义上讲，企业核心竞争力是企业家精神的一个反映或扩展，它体现的正是企业的开拓创新精神。

早在 1894 年，华商张弼士进入了在当时极具挑战性的行业，他出资 300 万银圆在山东烟台创办了张裕葡萄酒公司,并积极引领企业进行技术创新。1915年他带领中国代表团出席"巴拿马太平洋万国博览会",张裕的4种葡萄酒一举夺得一个金奖和三个优等奖,这是中华民族的产品在世界上获得的第一块金牌!为企业的发展奠定了坚实的基础。

1968年,在正大集团工作5年后,年仅29岁的谢国民被提升为正大集团总裁,这是谢氏家族代际间的第一次正式权力交接,外界对此的评价是:谢国民"精明能干,勤奋而富有开拓精神",促进了正大集团的全球化发展。在旁观者眼中,谢国民率领下的正大就像一匹快马,"在一个恰当的时机进入水草丰茂的地方,于是它迅速补充体能,然后以更充沛的精力向更辽阔的天地奔去"。

 案例 4-10

"开疆拓土":谢国民引领正大集团发展壮大

1968年,29岁的谢国民接手正大集团时,正大集团已成为东南亚最大的现代化农牧业集团之一,其在香港的贸易出口公司已经成立,在印尼的分公司正在筹划中,生意版图已经遍布整个大中华经济圈的外围。东南亚的生意已经不能满足正大集团的增长需求,于是中国成为正大集团最渴望进入的市场。

谢国民抓住了改革开放的机会,20世纪70年代末第一个来华投资的外商就是正大集团。作为"第一个吃螃蟹"的外商,谢国民第一口就瞄准了"蟹黄"。1979年,正大带着1 500万美元来到中国,接连拿下深圳、珠海、汕头三张"0001号"中外合资企业营业执照。大胆的投资给了谢国民丰厚的回报。正大的养殖业飞速拓展到全国,到1998年,正大饲料在中国的市场占有率达到10%,一年生产肉鸡30万吨、鸡苗近4亿只。

值得一提的是,一家人周末围坐在电视机前等待《正大综艺》开播的场景,是20世纪90年代中国人民的集体记忆,1993年《正大综艺》的收视率最高达到过惊人的22.6%。这档节目让冠名节目的正大集团的名字火遍了大江南北,是正大集团国内业务版图扩张的一个缩影。

对于正大集团来说,中国业务的强劲发展提高了它应对危机的能力。1998年亚洲金融危机中,独善其身的中国市场作为"稳定器",为身陷困境的正大集团贡献了救命的160亿元营收和5.3亿元利润,使得谢国民得有余力梳理集团在东南亚其他国家的亏损业务。

金融危机后,谢国民更加看重中国业务的发展。据公司官网,截至2021年,正大集团在中国设立企业600多家,下属企业遍布除西藏以外的所有省份,员工近10万人,总营业额达1 800亿人民币,形成以农牧食品、批发零售、电信电视三大事业为核心,同时涉足金融、地产、制药、机械加工等 10 多个行业和领域的多元化跨国集团公司。

资料来源:作者根据正大官网等相关资料整理。

(三)华商的责任意识与华商企业成长

在 2020 中国经济与企业社会责任高峰论坛上,《公益时报》社社长刘京在"履行社会责任是新时代企业发展的必由之路"的主题报告中指出:"单纯追求自身发展、只站在自身利益的角度发言做事,已经不被国家和社会所接受。"同时,哈佛商学院教授迈克尔·波特也尖锐地指出,"公司的慈善事业并非那些首席执行官'感觉良好'的问题,如果没有与公司的竞争力和技能联系起来,那么它应该是政府和慈善机构的事"。

广大华商深知,企业社会责任的履行决定着社会大众对企业的认可度、接受度,进而影响着企业的生存发展。于是,在源自华商内心自发自觉"企业向善"意识的引领下,他们履行社会责任具有天然的自觉性,而且是努力做一个"好公民"而非"好演员"。

在实践中,优秀华商已将"社会责任"上升为"一把手工程",他们将正确的义利观作为自觉履行社会责任的心理基础和价值追求,植入企业发展基因之中,使当地社会切实感受到华商企业为当地带来"红利"的同时,客观上也促进了华商企业在当地的成长。

 案例 4-11

林绍良"送鸡生蛋":造福桑梓,成就自己

1991 年,时任福州市委书记习近平在福清市领导的陪同下,到印尼拜访林绍良先生。

他将林绍良先生在过去国内暂时困难时期给乡亲们寄回来的米、面、油比喻成鸡蛋,希望林绍良先生与政府合作建设工业园区,一起给乡亲们送只"鸡",教他们懂得"养母鸡生蛋"。

习近平说,不能直接光是送"蛋"给他们吃,吃完了仍然是"穷光蛋",要教会他们"养母鸡",这样就不断有"蛋"吃了。

林绍良先生听完后欣然答应,决定与福州市签订开发 50 平方公里元洪投资区的协议,在 1992 年成立了全区元洪投资区,这是当时国内最大的外商成片开发区。

2005 年元洪投资区核准为国家级综合性投资区,2016 年元洪国际食品产业园启动开发建设,食品产业生态链项目纷纷落地园区,促进了三林集团在中国取得了

长足发展。

资料来源:《习近平在福州》,中共中央党校出版社 2020 年版。

(四)华商不屈不挠的韧性与华商企业成长

何谓精神?精神就是在困难时刻展现出的人的光辉与品性,而企业家精神同样如此,越是困难的时候,越激发昂扬斗志,越彰显精神气节。正如褚时健所说:"人要对自己负责任,只要自己不想趴下,别人是无法让你趴下的。"这正如沙漠里的胡杨树,"千年不死,死而不倒,倒而不朽"。

在海外,华商身处的环境欠佳,也很难得到国家的政治和财政支持。在他们面对重大社会历史事件的变故、严酷险恶的自然环境和经营条件的发展变化时,却依旧能够蓬勃发展。究其原因,积极"偏执"几乎都是他们独有的特质,尤其是在遭遇困难、质疑、风浪时,企业家的韧性几乎都成为企业发展的主要武器与精神支撑。

1997 年亚洲"金融风暴"中,广大华商损失惨重,林绍良、黄奕聪、郭鹤年、谢国民等华商巨头的资产迅速"缩水",16 位华裔世界富豪在经历了 7 个月的金融危机后,资产由 603.4 亿美元减至 302.98 亿美元,缩减了 49.8%。2008 年的金融危机重创了欧洲经济,也给中餐业、贸易批发、零售业、服装加工等华商经营的传统领域带来了前所未有的冲击。面对困境,正是华商个人不屈不挠的韧性奠定了企业东山再起的基础。

例如,被称为"印尼红顶首富"的林绍良就具备极强的坚韧性格,1998 年他的企业帝国受到巨大冲击,林绍良咬紧牙关,硬是挺过了他人生中最艰难的时刻。后来,有媒体这样总结:"有时候人无法抗拒自然灾害的袭击,也无法扭转大势所趋,但是危机面前,坚强的意志力和忍耐力却能够让他转危为安,林绍良坚信自己能够渡过难关。"

同样,黄双安正是凭借不屈不挠的精神,带领企业成就了他的创业梦想,促进了企业的全球化发展。他的夫人白嘉莉在书中这样评价道:"熟悉他的朋友都称他为'森林人'。'森林人'概括成一句话,就是博大宽宏,不骄不傲,不屈不挠。大树能参天,小草能沃土,大树能千年不死,小草可年年再生,他们的生命不分贵贱,一样充满激情……"

 案例 4-12

疫情下,新华商王奇奇的逆势突围

2020 年,海外新冠肺炎疫情形势依然严峻。

好莱坞获奖时装设计师王奇奇(Kiki Wang)因为及时将其团队业务转到线

上,并引入新零售销售模式,其服装业务在疫情下并没有受到太大影响。

紧贴自己的老本行服装设计,王奇奇从2015年涉足美国本土电商。2017年,她和中国国内公司合作上线了面向大众的电商平台"态度红品","这一平台主要做以红色为主的大众时尚消费品,希望把好莱坞时尚带到平民之中"。

如今,"态度红品"电商平台的辐射范围早已不局限于中国、美国。她介绍,疫情前,其团队也在迪拜、法国和美国开店,以线上线下结合的方式,将高端时尚平民化。疫情对服装行业造成了很大冲击,其团队在疫情伊始便立即对业务作出调整:业务全部转到线上为主,引入新零售商业模式。

此外,因为疫情限制举措,许多婚礼都无法举办,"态度红品"顺势而为,与某直播平台一起在全球范围内举办了中式集体云婚礼,为参与的新人们准备了传统中式礼服,吸引了全球300万观众线上参与,成为疫情中电商平台服务消费者的一大有益尝试。

疫情下,还有人因时而变,转向全新"赛道"。

资料来源:中国侨网,2020年12月15日。

本 章 精 要

1.企业家精神是企业家群体最鲜明的特质,政府对它的界定侧重于"振兴国家和地区经济""提升产业链竞争力""解决民众就业""履行社会责任",学者关注的焦点是"创新""冒险""进取""主动"等,企业家们则更强调"脚踏实地把自己的事情做好"。

2.企业家精神的特征是"外圣内王",核心构成包括"创新"、"冒险"和"责任"。其中,"创新"是企业家精神的灵魂,"冒险"是企业家精神的天性,"责任"是企业家精神的要义。

3.广大华商在世界各地创造丰硕经济成就的同时,以"冒险、拼搏、开拓、进取"的"移民文化"精髓为指导,融合海外多元管理文化,形成了以"诚信""勤俭""坚韧""创新""责任"为核心,具有"移民"特色的华商企业家精神。

4.长期以来,华商成长于海外多元文化制度形成的社会环境,通过家庭教育和自我管理,在心态、人格、价值观等方面不断完善提升,最终形成了具有自身特色的企业家精神。

5.企业家精神是华商企业资产负债表中看不到但却价值连城的资产。在实践中,广大杰出华商将诚信、勤奋、坚韧、创新、责任等精神铭记于心、付之于行,不仅促进了他们个人企业家形象和企业竞争力的形成,也推动了华商企业的全球成长。

第五章 "与时俱进"的华商家族式组织管理

家庭是人类社会最基本的细胞,尽管千百年来社会、经济、文化环境已经发生了巨大的变化,但家庭依然保持了对全部制度的最大影响。在包括现代市场经济在内的一切社会里,家庭对一半或一半以上的经济活动承担着责任。

——加里·S.贝克尔(美国)

李光前家族管理的"中西合璧"

李光前虽深得庄西泉与陈嘉庚的提携,但他在南益的经营管理过程中,充分吸取了陈嘉庚家长式领导企业经营时所衍生的各种弊端和教训,将"知人善任"和"唯才是用"作为自己的经营哲学和用人之道:即重视上情下达以及公司内外人与人之间的和谐,同时极为关心员工的福利设施,甚至让创造盈利部门的主管拥有高度的自主权。这种管理方式日积月累,在企业中形成一种巨大的向心力。

实际上,李光前是当时文化水平相当高的企业家,除了精通中英文之外,还游遍欧美各国,吸收了许多西方企业经营管理的方法。比如说,他很早便察觉到裙带关系对企业发展之不利,于是

李光前

将南益机构的所有权和经营权分而治之。也就是说,董事会拥有相关业务的决策权、日常的管理操作及执行层面则聘用专业经理及由下属人员负责。如此一来,决策层和管理层彼此之间虽层级分明,但却让部属和员工拥有可发挥的余地。

除了引进西方现代化公私分明的管理之外,李光前也融合了华人社会的传统经营之道,非常重视同乡之情,公司新聘员工大多通过内部举荐,因此管理层以福建籍居多,唯仍以专业和操守为基准。例如,专门负责苏门答腊南北两端和南马的杨逢年、史联对,负责泰国业务的李引桐,以及负责打理中北马的李成枫等便是典型例子,他们基本上都是从一开始便跟随李光前一起创业的功臣。他们在南益机构各办事处任总经理期间,数十年如一日,促使形成了南益特殊的企业文化。

李光前家族企业管理模式内容丰富,其要点是:第一,在家族成员中,按其地位及作用,合理分配公司股权,免去了争夺家产的纠纷。第二,始终保持家族对企业的控股权,不会产生大权旁落。第三,推行西方现代管理原则,把企业的所有权与管理权分开,形成一种法治精神取向的家族管理法。当董事的家族股东只扮演决策者的角色,实际管理及执行则放手由专业经理和属下负责。

1954年9月,李光前宣布退休时,南益机构属下的子公司早已遍布东南亚及欧美等地。由于李光前很早便有计划培养接班人和善于充分授权管理层,因此南益的经营策略始终毫无偏差地按照既定方针行进,并且成功树立了家族企业的良好管理模式。

总之,李光前家族的管理模式,是西方现代管理与儒家理想的结合,它把小我与大我融成一体。正因为如此,企业充满了活力与凝聚力。

资料来源:改编自《马来西亚华人历史与人物(儒商篇)》。

几千年来,中国悠久的"家文化"传统根深蒂固,"家族主义"和"泛家族主义"倾向十分普遍,至今仍是中国人行为的核心概念。因此,杨国枢认为:"家族不但成为中国人之社会生活、经济生活和文化生活的核心,甚至也成为政治生活的主导因素。"

基于中华传统文化和营商环境的熏陶,家族因亲缘关系形成的浓厚凝聚力,使得华商企业具有典型的家族特征。但随着企业规模逐渐扩大,家族式企业的弊端也逐渐凸显。于是,广大华商在海外复杂的商业环境中,也一直积极在寻求改变传统的家族模式。

第一节 华商企业的家族式产权结构

一、企业产权结构的内涵与作用

(一)中华传统文化的产权观点:恒产论

1."恒产论"的内涵

"恒产论"是由战国时孟子提出的为私有财产辩护的理论,它的核心思想是:"有恒产者有恒心,无恒产者无恒心。"其中,"恒产"是指家庭或个人长期恒久占有的财产,"恒心"指有坚定的仁义之心。

《孟子·滕文公上》中提到:"民之为道也,有恒产者有恒心,无恒产者无恒心,苟无恒心,放辟邪侈,无不为己。"意思是说,普通老百姓给他能够长期占有的财产,他们就能够安下心,不闹事,踏踏实实过小日子。否则就会觉得朝不保夕,只图眼前利益,不想将来,从而无所不为。

2."恒产论"的实践价值

基于"有恒产者有恒心"的核心思想,孟子提出要"制民之产",即赋予人民一定的个人生活资料和生产资料,使民"仰足以事父母,俯足以畜妻子,乐岁终身饱,凶年免于死亡"。即,先让人有恒产,而后让人有恒心,最后人人都成为君子,如此则天下大治。

在实践中,商鞅在土地产权上推行的重大举措是"废井田、开阡陌"。《史记》记载:商鞅"为田,开阡陌封疆,而赋税平"。"开阡陌封疆"就是把标志土地国有的阡陌封疆去掉,实行土地私有制,"你开垦多少荒地,这些荒地都是你的",这极大地提高了秦国百姓的积极性,农民不断开垦荒地,秦国可耕地总量不断增加。

 案例 5-1

"有恒产者有恒心":新加坡"居者有其屋"计划

1959 年,新加坡摆脱英国殖民者的统治而独立。然而,当时新加坡地狭人稠,居住环境十分恶劣,人均住宅面积不到 6 平方米,有将近一半的人住在窝棚和贫民窟里。

意识到"有恒产者有恒心"以及中国历史上"农民起义"的前因都是因为"失地

流民"所导致的李光耀,提出了"使每一个公民家庭都拥有自己的房屋"的政治主张,制定和实施了"居者有其屋"的政策。在1960年设立了建屋发展局,大力推行"居者有其屋"计划,在短期内完成了大批廉价组屋,充分体现了他"有恒产者有恒心"的治国理念。

到2015年,新加坡总人口的80%以上,居住在组屋里,全国的房屋自有率超过90%。"安得广厦千万间,大庇天下寒士俱欢颜,风雨不动安如山",唐代诗人杜甫的愿景,在新加坡得到了实现。新加坡的组屋制度(Public House)已让"居者有其屋"成为社会现实。

"居者有其屋"的巨大成功,不仅使得多数国民有房可住、人心思稳,而且树立了李光耀"说到做到"的形象,在多党林立、同时又刚刚被从马来西亚"赶"出来的情况下,赢得了人民的支持,为人民行动党赢得了长期支持,逐渐取得政治优势,维护了国家政局稳定。同时,也为新加坡的持续稳定发展创造了条件。

资料来源:作者根据《有恒产者有恒心—新加坡"居者有其屋"政策评析》改编

2.西方的企业产权观点

科斯是西方产权理论的奠基人之一。根据他的观点,产权是所有权、经营权、转让权和分配权等一系列权利的总称。一般情况下,产权往往与经营性资产相联系,投资主体向企业注入资本金,法律上就拥有该企业相应的产权,成为该企业的产权主体。在西方经济学中,企业的产权制度和产权结构是企业产权的核心内容。

(1)西方企业产权制度

它的基本内容包括:以公司的法人财产为基础,以出资者原始所有权、公司法人财产权和公司财产经营权相互分离为特征,形成公司财产的有限责任制度,通过科学的法人治理结构来实行产权的市场化运作,从而实现资源的优化配置,提高资源的利用效率。

(2)企业产权结构

它是指企业所有者的结构,也即企业股东的组成结构,分为两个层次:第一个层次是法人股东和个人股东之间的结构,第二个层次是法人股东内部的结构。实践中,产权结构设计的目的有两个:第一,实现对公司的控制;第二,选择对公司的治理结构。

二、家族式企业的产权结构

家族式企业作为世界上最具普遍意义的企业组织形态,在世界经济中有着举足轻重的地位。根据美国学者克林·盖尔西克的判断,"即使最保守的估计也认为家庭所有或经营的企业在全世界企业中占 65％～80％,全世界 500 强企业中有 40％由家庭所有或经营"。

(一)家族式企业的内涵与类型

所谓家族式企业,是指由婚姻、血缘、收养关系而产生的亲属之间投资组成的,从事生产经营活动的企业形式。一般来讲,"家族式"企业分为纯粹、传统和现代三种类型。

1.纯粹家族模式

在纯粹的家族模式下,从老板到管理者再到员工,全都是一家人,即企业成员是由父子、夫妻、兄弟姐妹等成员构成的,通常称为作坊。这种模式一般存在于创业初期,企业规模往往非常小。

2.传统家族模式

在传统的家族模式下,家族长控制大权,关键岗位基本由家族成员担当。在此模式下,随着企业规模的扩大,虽然不断有"外人"加入企业,但他们往往只能处于非重要的岗位。

3.现代家族模式

在现代家族模式下,家族持有企业所有权,而将经营权交给有能力的家族或非家族成员。也就是说,家族持有所有权、股权,但是经营权不一定是家族成员。如果家族成员有能力,就由家族成员来担当管理职责;反之,就把它交给有能力的非家族成员管理经营。

(二)家族式企业的产权结构特征

具体来讲,家族式企业的产权结构一般具有如下特征:

第一,家族式企业的财产权基本上归某一个人或某个家庭所有。即,企业采取明确且单一的所有权结构,企业股权完全或主要集中在家族成员手中。

第二,家族式企业的产权与家族成员个人资产融合在一起。即,它往往不对个人财产所有权和企业资产所有权作严格的区分,产权关系和血缘关系融为一体。

例如,在创立于 1989 年、被誉为"全球销量领先的男裤专家"的九牧王企业王国之中,高管除董事长林聪颖外,家族成员还有副董事长陈金盾(林聪颖之妻兄)、董事总经理陈加芽(林聪颖之妻弟)、董事副总经理陈加贫(林聪颖之妻弟)分别通过顺茂投资、铂锐投资、睿智投资持有 3 015 万股,2011 年上市时市值均为 6.63 亿元。此外,陈美箸(林聪颖之妻妹)持股 2 095 万股,公司上市时市值为 4.61 亿元。

(三)家族式企业产权结构的优势与劣势

当我们诠释现代企业制度时,很多人将家族式企业当作了反面教材,认为它保守、封闭的产权特征制约了企业发展。

但是,塞穆·克希米利在《为什么家族企业容易从衰退中快速复苏?》一文中认为,"在经济发展时期,家族经营企业实际上绩效表现得更好。在经济衰退时期,家族企业更有积极作为和长远眼光,特别是对下一代的关切即对家族名誉的重视,让家族成员身负重任,这也是家族企业容易从经济衰退中快速复苏的重要原因"。

1.家族式企业产权结构的优势

家族式企业的所有权掌握在以血缘、亲缘为纽带的家族成员手中,它的优越性的主要表现在:

第一,家族式产权结构往往促使组织成员形成更强的凝聚力。"打虎亲兄弟,上阵父子兵。"在家族企业中,由于所有权与控制权合一,家族成员既参与企业经营管理,又参与利润分配。因此,家族成员对"自家企业"会有很高的认同感和融入感,大大降低他们逆向选择的可能性,更容易形成稳定的心理契约,从而使企业有更强的凝聚力。

第二,家族式产权结构往往导致更低的监督成本和管理成本。由于血缘关系的维系,家族成员的工作一般都会比较自觉,不会过多计较自己付出的劳动和获得的报酬是否匹配,从而使企业成员间的交易费用大大降低。而且,由于所有权和控制权合二为一,几乎没有"委托—代理"问题,因此有较低的监督成本和管理成本。

第三,家族式产权结构往往更容易避免员工短期行为。由于产权集中的原因,"家族式"企业的可持续发展与家族兴旺息息相关。因此,家族的亲缘关系使员工在观念、利益等问题上更容易保持一致,并且非常注重家族的延续性,期望家族企业基业长青,而企业的未来也往往是子女继承。所以,家族企业成员往往不会贪一时之利。

2.家族式企业产权结构的劣势

一般认为,在企业发展初期,家族式企业的组织形式有利于企业完成原始积累。但随着企业规模逐步扩大,家族式企业产权结构的诸多劣势就越发明显,主要表现在以下几个方面:

第一,产权封闭会阻碍人力资本和货币资本的结合。在家族式企业中,由于产权高度集中于家族成员,由此使他们产生特有的权力和优越感,导致族外人难以融入。而且,家庭成员往往不愿意让投资者入股分享利益,不愿意向多元化产权结构转变。因此,产权缺乏多元化的模式阻碍了外来人力和货币资本的融入,不利于企业的长远发展。

第二,共有产权导致家庭成员之间的利益纷争。在实践中,很多家族企业是夫妻、父子或兄弟姐妹共同创办。基于血缘关系和彼此信任,在资本原始积累阶段的企业内部产权往往不清,由此也埋下日后家族成员间产权纠纷的隐患。即,当企业规模发展壮大后,尤其是企业在继承或分立时,由"分金银、论荣辱、排座次"导致彼此反目的事件屡屡发生。

第三,产权单一影响企业科学、民主决策机制的形成。由于家族企业产权结构过于集中,在企业决策过程中,除家长主导经营指挥发号施令外,家族成员往往会把产权关系与血缘关系联系起来,以实现对企业经营的干预。由此导致的可能后果是,企业的决策机制受到个人和家族的制约,无法适应企业规模化和专业化发展要求。

三、家族特征的华商企业产权结构选择

工业革命以来,西方大公司的现代化管理模式显得灵活而耐久,为理论界和实业界所推崇。然而,大多数采用家族制的华商家族企业不仅能适应多变的经营环境,而且还能与西方大公司在全球市场上竞争,引起了管理学者们的高度关注。

长期以来,华商普遍偏爱家族企业。例如,据台湾有关资料统计,在 1987 年的 97 家企业集团中,属于家族集团的有 81 家,占 86.6％,非家族集团 13 家,仅占13.4％。因此,新加坡学者林孝胜认为:"帮权与家族企业是海外华人社会的两根脊梁。"

(一)华商偏爱家族式产权结构的原因

1.家族式的独特优势

长期以来,家族式在促进华商在海外发展方面具有独特优势:

首先,家族式产权结构能够为华商企业发展提供可靠的资金和人员支持。在创业初期,面对海外异常残酷的竞争环境和混乱的市场,华人与当地居民之间充满了不信任、猜测和无端提防,这种无信用的"市场信用关系"使得"外来"的资金和员工具有较强的不确定。在这样的创业环境中,由于家族成员之间天然的信赖与亲情,华商可以依靠家庭成员"内部"的融资与协作。这样,家族式可以降低监督成本和管理成本的优势就得到充分的发挥。

其次,家族式产权结构能够为华商企业发展提供强有力的"人心"支持。传统上讲,家庭是中国传统社会中生活与生产的基本细胞,也是工商业经营单位。在华商家族式企业中,企业成员以血缘为纽带,"人心"往往比较集中,他们会把企业视为本家族的共有基业,在共同利益的驱动下更能同舟共济和合力同心,甚至可以为之做出牺牲。在经营过程中,他们会为降低成本而节衣缩食,以此增加企业的资本积累,扩大企业再生产。

2.中国传统"家文化"的影响

所谓"家文化",是指以家庭(家族)为单位的存在与活动为基础,以家庭(家族)的认同与强化为特征,注重家庭(家族)延续与和谐,并强调个人服从整体的文化系

统：一方面，个人的成就与价值，都要通过对家庭和家族的贡献来衡量和体现；另一方面，每个成员都承担着发展和延续家族的责任。

对于中国人而言，"家"是个人安身立命的根基、个人情感的依托和亲情血缘的纽带。在中华传统文化中，"家文化"源远流长，它对全球中华儿女的思想和行为都有着广泛而深远的影响。无论是内地成长起来的民营企业家，还是港澳台及东南亚久负盛名的华商，"家文化"在他们身上根深蒂固。

广大华商的"家族式"企业产权结构的设计就深受"家文化"的影响，他们往往自创业之初就融入了浓厚的家族血缘色彩。在海外，低信任度的华人更倾向于创建自己的家族企业。因此，创业初期他们首选的核心合作伙伴大多是家族成员，产权也大多归家族成员所有。于是，在经营过程中，广大杰出华商通过家族内部成员的不懈努力，使企业不断扩大、发展，慢慢由小作坊变成大企业集团。

 案例 5-2

"个人富了，就要带动家族成员富"：一位西班牙华商的"家族观念"

叶姓华商长期在西班牙做外贸生意，20 年的旅西经商让他打拼出自己的一片天地，成为家族公认的领头羊。

由于他是本地家族里第一个出国并事业有成的人，在他的带动下，几个家族成员如兄弟姐妹子侄等纷纷到西班牙发展，而叶老板也用自己常年积累下来的经验以及人脉为家族成员争取到不少利益，比如让弟弟帮助打理几家百元店，让堂姐打理批发店等，同时自己的产业也获得了较大发展。

他认为，"家族企业最大的优势就是管理上的简单和便捷，在人力、物力上减少了很多不必要的环节。而且通过他们给我反馈来的信息，我又能做出新决策，这是一种良性循环"。

资料来源：《旅西华人家族企业经营利弊并存，未来走向引深思》，中国新闻网，2009 年 06 月 25 日。

（二）华商企业产权结构的家族式特征

1.创业初期的企业核心骨干主要是家族成员

华商在创业初期依靠家族成员的比比皆是，导致产权结构集中于家族成员手中。今天我们耳熟能详的知名华商企业都是如此。例如，马来西亚的郭氏兄弟集团创业之初，由郭鹤年和母亲郑格如、兄长郭鹤举，还有"鹤"字辈的五位堂兄弟共同集资创办。类似的，还有林绍良三兄弟创办的印尼三林集团、郭芳枫兄弟的丰隆集团、胡文虎兄弟的虎豹兄弟公司等。

在这种产权结构下,创业核心人物往往处于主导地位,大多实行"家长万能"式的集权管治,并以他为核心根据家族亲缘关系的亲疏远近组成管理体系。具体而言,在创业家长周围,是一个由日后继承企业的近亲所组成的决策层,就企业的战略策略向创业家长提供意见,远亲和朋友们组成的领导层则负责企业的日常运作,再往外推就是技术人员和一般雇员,形成社会学家费孝通所形容的"差序格局"。

基于此,这种由家族成员共同创办起来的家族企业管理核心——董事会和总经理必然都要由本家族的成员共同组成,而且主要成员往往身兼多职。

 案例 5-3

"子承父业,兄终弟及":印尼盐仓集团的核心骨干

2020 年,全球烟草市场价值超 9 320 亿美元,尽管全球各地禁烟等严格规定持续推进,加上公众健康意识也在不断提升,但全球顶级烟草公司仍是世界上收入最高的公司之一。在全球排名第七的印尼盐仓集团(GudangGaram),是全球十大烟草公司里最年轻的一家,也是印尼最大的烟草集团。

印尼盐仓集团由著名闽籍华商蔡云辉创办于 1958 年,总部位于克德里,是典型的家族式企业。1985 年,他逝世后组建了新的领导核心,由妻子陈淑贞接任董事长,长子蔡道行出任副董事长兼总经理主持企业工作,四子蔡道平任董事兼第一副总经理,掌管盐仓集团主要产品丁香烟的独特制作秘方,五子蔡道安和六子苏马尔托提任董事经理,这样除了二、三子早逝外,蔡家母子都进入了企业的领导核心。

2008 年,蔡道行因病去世后,蔡道平接任盐仓集团的第三任掌门人。秉持"分工不分家"华人传承传统,蔡道平的弟弟蔡道安、蔡道升,以及妹妹蔡吉花、蔡吉莲均为公司管理高层,其堂兄弟也有不少分布于旗下公司任职。与之相应,他们手中也持有公司的大量股权。

资料来源:作者根据相关材料整理。

2.企业股权主要集中于华商家族成员手中

长期以来,华商企业家族式企业产权结构较为单一,主要集中于家族成员手中。

早在民国及以前时期,很多华商企业创始人所在的家族占有大部分产权。例如:

(1)著名爱国华侨陈嘉庚先生在 1919 年成立了陈嘉庚公司,1931 年 8 月,陈嘉庚公司又改制为陈嘉庚有限公司。其中,新公司缴足资本为 150 万元,陈嘉庚 14 501 股,其弟陈敬贤 500 股,女婿李光前 1 股,8 家债权银行只拥有象征性的

1 股。

(2)1927 年,李光前在陈嘉庚的同意下,与朋友共同在柔佛开设了橡胶加工厂,次年就设立了共同经营的南益橡胶公司,1931 年将资本金增至 50 万新元,改为有限公司组织,在全部股份 5 000 股当中,李光前占 3 122 股,其妻占 250 股,其弟李玉荣占 100 股,内弟林忠国占 399 股,李光前家族成员拥有全部股份 72%。

(3)马来西亚著名华商陈六使 1925 年创办的益和集团为例。这个由陈氏家族成员构成的企业集团,其管理方式是典型的传统家族企业管理法。从股权来看,陈氏家族企业创业初期是兄弟般,益和的股权大部分为陈氏家族所拥有,包括陈家昆仲及儿女、侄儿,陈六使夫人和家族控制的子公司,益和 1938—1952 年的股权结构如表 5-1 所示。

表 5-1　益和资本结构

单位:新币千元

项目	1938 年	1949 年	1952 年
实缴资本	1 000	2 000	2 000
陈家拥有股权	825	1 740	1 780
占缴足资本额	82.5%	86.7%	88.9%

资料来源:《益和私人有限公司答案》,新加坡公司注册局,编号 41/38。

到了近现代,家族成员占有企业大部分股份仍是华商企业的普遍现象。比如,发迹于 20 世纪 70—80 年代的菲律宾巨商吴奕辉,他的 JG 高峰控股公司的股权中,吴奕辉的家庭占有近一半的股份,其兄弟与亲族分别占 25%、12%,社会公众仅占股权的 14%。

四、家族特征的产权结构与华商企业的发展

华商在经营管理方式上大多是家族经营,他们将中国传统文化与西方经营管理理念相结合,将诚信、互惠和家族主义作为企业经营的基本原则,具有决策快、效率高的优势,尤其是在华商企业发展的早期发挥了重要作用。

(一)是华商企业"做久"的根基

复旦大学吕长江教授认为,家族企业的企业家更加执着努力,敢于担当,相对于民营非家族企业,家族企业受宏观经济波动的影响较小。在实践中,得天独厚的创业优势及根深蒂固的文化基因,使得家族企业具有顽强的生命力,使它能够适应激烈的市场竞争,强有力地推动社会经济的发展。

实际上,在东南亚和我国港澳台地区,很多华商企业已经发展了几十年,甚至

上百年,传承了二代、三代甚至多,而且至今依然生生生机勃勃。例如:

• 菲律宾 SM 集团始于 1956 年,施至成当年在马尼拉开设了第一家店铺——鞋庄;

• 香港华商李嘉诚的事业起于 1950 年,当时年仅 22 岁的李嘉诚用平时省吃俭用积蓄的 7 000 美元,在筲箕湾创办了长江塑胶厂;

• 1922 年 6 月,泰国华商谢易初创办了正大庄菜籽店,即正大集团前身;

• 李锦记的创始人李锦裳在珠海南水发明蚝油,于 1888 年创立了李锦记,自此便拉开了李锦记"酱料王国"的大幕……

研究表明,在影响华商企业长寿的诸多因素中,由"家族式"产权结构带来的企业凝聚力提升、低管理和监督成本、长期导向的发展思维等,构成了华商企业基业长青的坚实基础,是华商企业强大生命力的根基之一。

这是因为,华商企业的关键岗位上大多是家族成员,实行经营权与所有权合二为一,有的即使分开,但两者之间有密切的直接的利益关系。这决定了华商企业是"有主人"的企业,将家族企业做成"百年老店"是一代又一代华商的梦想!

(二)是华商企业决策效率提升的保障

从决策的角度,大凡成功的企业,都必须有强有力的领导决策核心,唯此才能适应经营环境的瞬息万变,即所谓"谋可寡而不可众"。一位美国学者指出,集中的家族控制把公司按部就班的作用减少到最低限度,不讲究形式和快速做出决策是其很大的优点。

对于华商企业而言,家族式的产权结构决定了该企业往往都有一位可称为"创业家长"的权威,而且与企业的领导核心相统一。实际上,无论是早期的胡文虎、陈嘉庚、陈六使,还是现在的李嘉诚、郭鹤年、陈永栽等著名华商,都一直是企业集团的领导核心。

一般来讲,西方企业在面对困境时,通常都会先要求有关人员立即根据市场环境做出统计和分析,根据结果再寻求适当的应对方式,这种方法虽然符合科学,却往往容易错过最佳时刻。而广大杰出华商们的决策策略刚好相反,他们在做决策时不需要等待所谓的市场分析、精确的统计数据,而是直接依据市场和企业内部所得到的资讯,及时作出反应和采取措施,其基本的出发点是保全企业的核心业务,以及损失最小化。在特殊时期,即使壮士断腕,他们也在所不惜。

因此,西方学者 George T.Haley 等对东南亚 40 个华商家族企业的成长和发展过程进行深入剖析后,在《新亚洲王者:海外华人的商业策略》一书中写道:"这些华商企业之所以能够在多次的经济危机中生存下来,其中最主要的原因除了华商固有的谨慎个性外,就是他们应对危机是决策的迅速和果断。"

第二节　华商企业的家族式管理模式

一、家族式管理模式的核心内容与作用

(一)家族式管理模式的核心内容

所谓家族式管理模式,是指所有权与经营权合一,以人为主体的企业管理方式。在此模式中,企业主主张整个企业系统是一个大家庭,但实际上企业主与其家庭成员的血缘关系绝对要强于他与一般员工间的人情关系。

具体来讲,它的核心内容包括:

第一,企业管理主要靠最高领导者"人治"的方法实现。即,以血缘关系和人情关系作为企业内部的主要整合力量,倡导组织成员遵从"尊上""服从""忠信"的理念,决策方面表现为高度的集权模式。

第二,企业管理主要依托于企业内的人情关系网络。该人情关系网络分为三个层次:核心层次是企业主和其家庭成员;其次是依亲缘关系锁定的,被视为自己人的骨干成员;边缘层次的是一般员工。在企业管理实践中,这三个层次之间依"人情法则"互动。

例如,徽商的家族管理模式是基于族法家规,最大限度地动用宗族的物质、精神、文化资源去管理企业,如果干得好可以提升其在宗族的地位,对于表现不好的员工,严重的会把名字从家谱里除名,在古代这是最严重的处罚。

(二)家族式企业管理模式的优势

在企业中,家族式管理是家族观念在管理中的具体体现,它倡导企业成员互相信任、齐心协力,能够在一定程度上提升企业的效率优势、组织优势和成本优势。

1.效率优势

在企业创业初期,所有权与经营权合一的家族式管理模式,企业所有者的获利冲动可以通过经营者的角色直接实现。面对瞬息万变的市场机遇,企业主凭借着所有者、经营者二位一体的高度责任心,更有利于采取灵活多变的经营策略,实现企业的快速决策,在企业初创期快速完成资本的原始积累。

从组织结构的角度,家族式企业模式层级较少,具有扁平化特征而且富有弹性,既节约管理成本,又使决策高度集中,因而具有较高效率,对市场的反应较为

敏捷。

2.组织优势

从现实的角度,在缺乏信任机制的市场环境中,企业选择以血缘为背景的家族式管理模式,可以凭借家族成员之间特有的血缘、亲缘、地缘关系和相关的社会网络资源,构建起一个强烈而全面的信任关系,有助于维持企业内部稳定的优势。

在实践中,家族式管理不仅帮助企业规避一定风险,而且能增强企业的凝聚力及员工的能动性和合作精神,即促使员工自觉自愿、竭尽全力地为企业的发展和成长奋斗。尤其是,当所谓的"家长"出类拔萃、德高望重时,其组织优势更为明显。

3.成本优势

在家族式的管理模式下,家族企业主要成员间将亲情作为黏合剂,容易使彼此之间的关系更为融洽。在管理实践中,它讲求以情动人、以行感人、以德服人,管理者更多依靠个人权威而非职位权力进行管理,因而罢工、示威、成批解雇工人等恶性劳资对抗冲突较少,有利于降低企业内部管理成本,符合管理学最小代理成本原则。

陈志斌等(2017)的研究也发现,对于中小家族企业而言,家族式管理可以降低代理成本、提高执行效率,从而对企业价值产生正向影响。

(三)家族式管理模式的弊端

在创业初期,家族式管理模式对民营企业顺利度过艰难的创业期具有重要作用。但是,当企业完成资本的原始积累后,依然过分依赖于传统家族制度来整合企业资源,将导致企业产生浓厚的家长式权威,必将对企业的进一步发展产生束缚。

1.不利于形成"能者上、平者让、庸者下"的用人机制

在实践中,家族式管理模式一旦形成,既得利益者的范围也就随即圈定,他们对外来人员有某种天生的排斥心理,在选择企业成员的时候总是会想到"内部人"。在管理过程中,老板及其治理者往往亲疏分明,导致部分并不具备相关能力的人,由于是家族的一员而得到了任用和提拔。相反的,一些有能力的外来人员就可能不被及时公平地提拔重用,容易导致"裙带"作风,会使企业流失有能力的人才,导致企业的可持续发展受限。

正如新希望集团总裁刘永行所说:"家族企业最大的弊病就在于社会精英进不来。几兄弟都在企业的最高位置,外面有才能的人进不来,而且一家人的思维方式多少有些类似,没有一个突破点。在具体问题上大家又各有各的想法,要决策某件事就很难,容易耽误商机。"

2.不利于形成客观公正的激励约束机制

在家族式管理模式下,管理过程中可能过分重视人情,往往忽视制度建设和管理。即,家族成员间的亲情可能会混淆管理理性,而企业的制度和流程在亲情面前惨白无力,家族成员以及家族元老的主观能动性往往可以凌驾于企业制度的规范性之上。

家族企业在处置人际关系时按亲疏远近而非因才适用,因此在组织内产生"自己人"和"外人"的不同,造成"打仗亲兄弟,上阵父子兵"的家族主义气氛。外人为生存也就趋炎附势,拉帮结派,形成"你群"和"我群"的派系。因此家族式治理要么凝聚力很强,人际关系融洽,要么内部四分五裂,派系纷争。

而且,在关于如何调整"外来员工"与企业家族成员之间互相交叉利益关系的方面,"家族式"管理很难用统一的制度和纪律来约束全体成员的行为,这对于企业良好组织秩序的形成有一定程度的负面影响。随着家族企业的成长,其内部会形成各类利益集团,夹杂复杂的感情关系使得领导者在处理利益关系时会处于更复杂,甚至是两难的境地。例如,当企业家族成员违反制度时,管理者很难像处理普通员工那样一视同仁,这无疑给企业管理留下了隐患。

诚然,这种"重人治、轻法治"的管理模式,一定程度上会为企业带来和谐的利益。但企业不是家庭,而是一个社会经济组织,存在相互交叉、彼此影响的"多重关系",这需要公正客观的管理机制。

3.高度集权模式不利于形成科学的决策机制

实行"家族式"管理的企业,人权和财权一般都牢牢地掌握在一个或少数几个"家长"手中,这便于创业者控制企业,使他能"个人说了算",不仅重大经营决策,连日常的一般管理决定也大多是由家族企业家长做出的。

诚然,这种集权式决策迅速、快捷,能够适应快速变化的市场,对创业初期资金和管理能力都较缺乏的家族企业是至关重要的。

但是,这种决策方式是凭经营者的主观经验和常识,靠简单的信任和亲情去维系的,而不是靠健全的机制和客观的事实来判断的。另外,家族管理者为维护自身地位,常会排斥异己,一意孤行,这使企业战略决策失误的概率进一步增大。因此,随着企业的发展壮大,高度集权式的决策很难保证决策的民主性、科学性,可能造成"一股独大"的局面,不利于企业的长期生存。

因此,麦金锡公司香港分公司的顾问们在研究了大多数的海外华人联合企业后,曾经警告说:"他们的组织过于集权化,已无法适应他们目前庞大的商业规模。"正如艾伯特·赫希曼所言:企业家在重大决策中实行集体行为而非个人行为。尽管伟大的企业家表面上常常是一个人的表演,但真正的企业家其实是擅长合作的,而且这种合作精神需要扩展到企业的每个员工。

 案例 5-4

沃尔玛:寻找家族和非家族管理间的契合点

沃尔玛公司的前身,是山姆·沃尔顿和妻子海伦开的一家专卖 5～10 美分小商品的小店。1962 年,第一家沃尔玛百货商店开业。1970 年,沃尔玛门店发展到 32 家,1991 年成为美国第一大零售公司。到 2021 年,沃尔玛在全球拥有 4 743 家店,连续 8 年蝉联世界 500 强榜首。根据 2021 全球最富 Top10,山姆·沃尔顿家族的财富已高达 2 150 亿美元。

山姆希望家族成为公司重要的一部分,他的继承人必须持有公司股权。基于此,沃尔顿家族成员(包括海伦及 4 个子女)拥有公司 38％的股权,是沃尔玛最大的股东。这些分红收入直接分配给每位成员,他们可以用来维持自己的生活、慈善或者自己做投资。

但与此同时,山姆·沃尔顿没有强迫子女参与公司经营,他引入职业经理人,并建立了一套现代家族企业法人制度,规定家族成员持有股票不能超过 40％,同时家族不能干涉公司经营,从而使沃尔玛公司能够独立于家族经营。他还让子女们知道,如果他们愿意进公司,他很欢迎,可是他们必须像他一样卖力工作,必须全心全意做个好商人。

山姆·沃尔顿在他最后几个月,他一直思考接班问题。最终,山姆决定让儿子罗伯森担任董事长,但不让他兼任首席执行官。于是,新领导团队由家族成员和职业经理人共同组成,由罗伯森、格拉斯和索德奎斯 3 个高级主管分享和划分权力。

但是,除了罗伯森以外,其他子女较少过问公司事务。不过沃尔顿的家人虽然决定不出任高级管理职务,但他们仍然保持某种程度参与,他们认为他们应该做负责任的股东,他们有责任与沃尔玛维持密切关系。于是,他们经常出现在公司,密切观察公司发展。除了罗伯森之外,董事会永远都会有山姆另一个子女担任董事。

在家族事务上,沃尔顿家族采取的是一致行动、集体思考的管理方式,由家族成员共同决定家族财富的管理。在家族的任何决策上,都是以沃尔顿家族为整体进行投票表决,单独个人无法改变任何事情。沃尔顿家族也通过这种方式,保持家族作为一个整体和一致行动,避免家族内讧、兄弟嫌隙。

通常,沃尔顿家族每年会举办 3 次聚会,他们会选择在周末聚集在家族位于本顿维尔镇北部的一个大宅子里,一起讨论如何分配、投资和使用每年产生的大量分红。

资料来源:改编自《沃尔玛:寻找家族和非家族管理问的契合点》,中国品牌,2012。

二、华商传统家族式管理的表现与特征

由于华商企业所有权、控制权和家庭三者密切重叠,所以在传统的"家族式"管理中,广大华商从中华民族"家和万事兴"的传统理念出发,把中华传统文化中的"齐家"原理运用到企业管理中,其企业组织和管理方式具备明显的家族特征,以"父义、母慈、兄友、弟恭、子孝"作为基本主线,从家族关系和企业组织架构的纵、横两个维度相互联系,充分利用家族伦理关系调节各种管理行为。

(一)"手腕强硬"的集权式决策倾向

华商企业以家庭为基础,典型特征就是"金字塔"形的组织和"轴心型"的管理,即所有的决策权集中在最高决策者——家长的手中,决策的过程是由上而下,而非自下而上。据相关资料记载,孩子们长大后,胡文虎就安排他们主管各部门,他们职位的调动全由胡文虎一人决定。若有意见,只能通过他的朋友,不能直接向他提,任何时候他们都必须绝对服从。

当华商发现利润之所在时,他们拍板定案更快。在他们心中,几乎每位华商都认为自己是实用主义者,而不是条条主义者,不会受官僚式机构按部就班的束缚。在实践中,香港的吴姓华商说他在几天内可以完成在亚洲买下一间酒店的生意,而同样的行动在美国就要花去几个月时间。

另外,移民的不稳定性和生活的艰辛,更强化了华商谨慎、控制一切的风格。即使作为"家长"的华商有分权倾向,他们也大多都不愿与外人而只愿与家族成员分享权力。例如,在菲律宾巨商吴奕辉的 JG 高峰控股公司中,其五个兄弟都出任集团属下主要企业的董事长、总经理,重大举措都在家族之间商定,由吴奕辉最终裁定(汪慕恒,1995)。

(二)"自己人优先"的人员配置原则

在采取传统家族管理模式的华商企业中,即使是大型的公众式公司,也往往是由一位定夺一切的家长统治着,而且大的生意都是由他了解和信任的人去做的。以华商胡文虎为例,在管理过程中,除了儿女,他偏向于雇用胡姓人员任管理职位,不论思想倾向,而且最好是永定人,如他在中国的代表胡兆祥、私人秘书胡守愚、上海永安堂经理胡桂庚等。

在传统华商家族式管理过程中,企业的核心岗位也大多是由家族成员担任,被认为是"外人"的职业经理人较难融入核心关键岗位。例如:

(1)华人世界里的长寿家族企业之一李锦记也是如此。在目前第四代管理者

当中,李文达的长子李惠民负责家族投资,二子李惠雄主管家族办公室及家族基金,三子李惠中担任酱料集团主席,幼子李惠森经营保健产品"无极限",而唯一的女儿则专攻产品技术和研发,并负责家族学习及发展中心。

(2)早在1933年就成立的新加坡大顺集团,这个家族式企业直到今天仍然很红火,关于企业人员构成和决策方式,现在的企业掌舵人王发祥说:"我们兄弟的工作和职务分明,碰到问题时,大家会坐下来好好商量。公司的一些会议往往是利用星期天的时间,轮流在每位兄弟的家里举行,大家边吃边谈。"

(三)"情为纽带"的组织管理手段

在传统的家族式组织管理中,广大华商以中华传统文化为依托,突出了"情"的作用。

第一,在家族成员间,华商大多依托"长幼有序"的中华传统文化心理,强调下属对领导的"家长"式服从。例如,当年的胡文虎是怎么管理他的企业王国呢?他受到传统文化心理层沉淀的影响,据相关资料记载,他的商业王国是建立在家族、血缘、宗亲、方言、地缘的基础上,以忠、孝、悌、仁、信义、行善为指导思想。他对孩子,自小就灌输行孝的思想,且身体力行,父母的照片随身携带,每逢清明节,必在报端报道携家眷到仰光扫墓。

第二,对于非家族成员,华商大多采用"荣辱与共"的理念与手段,强调员工对企业的心理认同和组织忠诚。例如,郭鹤年将中华传统的"家和万事兴"深深印在脑海中,他不仅把家族的全体成员团结在一起,而且还把"家和万事兴"推广、应用于企业的全体员工,在公司中创造、培育一种家庭式的氛围,以使情感激励真正发挥作用、落到实处。他说:"很多事情道理很简单,经营管理不能只靠制度,更重要的要靠人。我经常讲,公司中的员工像兄弟姐妹一样,甚至更亲密于同胞兄弟,因为公司的人天天在一起。……只有上上下下有感情,合作得好,才能调动每个人的才能,发挥他的最大潜能。"

(四)"相对封闭"的财务管理理念

在财务管理中,华商家族多把公司的财务状况视为机密,因此缺乏完善的家庭监管制度和规范的会计与审核制度,不愿意向银行、税务机构和合作伙伴公开。尤其是中小型华商,个人资产与企业资产不分,业主的私人开销与企业的收支账目不分。

由于封闭思想的影响,家族式经营模式下企业通常不愿公布其公司的结构及财务信息,有些家族企业对其商业经营极端保密,如采用加密传真、电子邮件,甚至为了避免商业机密泄露,他们会在公园里走很长的路进行商业交谈,以此来避免被别人听到。

不仅是中小华商,即使华商巨富也存在此类情形。例如,菲律宾华商首富陈永栽,其企业就曾因财务不够透明而受到非议,原因是他没有按当局规定按时提交财务资料。但是,从历史的经验看来,拥有显示上市公司透明度及问责架构的家族企业,在不同的经济危机中生存、茁壮的概率平均一般较高。

 案例 5-5

华商陈六使的家族式企业管理

以马来西亚著名华商陈六使 1925 年创办的益和集团为例。这个由陈氏家族成员构成的企业集团,其管理方式是典型的传统家族企业管理法。

在组织管理方面,陈六使主管下的益和集团没有庞大及复杂的管理架构,它施行的是高度中央集权的家长式管理法,其基本结构为"股东(家族成员)—董事部(家族成员)—管理部(主管为家族成员)",其中董事部由家族股东中委任的四至八人组成,管理部中的主管也由董事成员选任,这是典型的企业拥有权和管理权合一的管理法。

在人员构成上,其中有九位家族股东担任两个或两个以上公司的董事或董事主席或董事经理,这九位家族精英构成连锁性家族董事网络,如下表所示,控制家族企业集团,维护及发展家族资本的利益。

在决策时,陈六使为最高决策人和主管和执行员,在企业中拥有绝对的权威。由于树胶行情变化很大,他往往亲自接听电话,及时处理买卖交易事宜。

陈六使家族公司之连锁性董事表

		益和	永裕工程	联合建筑	协和	集和	华益	亚洲保险	宜昌	大石洋灰	马来亚纸品	合众纸厂
董事	文确	✓	✓	✓				✓				
	六使	✓	✓					✓		✓	✓	✓
	永和	✓	✓									
	永进	✓	✓		✓			✓	✓			
	永裕	✓	✓	✓								
	永义	✓			✓	✓	✓		✓			
	永汉	✓										
	永华	✓				✓	✓		✓			
	永新										✓	✓

资料来源:《益和私人有限公司答案》,新加坡公司注册局,编号 41/38。

三、传统家族式管理对华商企业发展的不利影响

在实践中,很多华商企业都保持了传统的家族式管理模式,认为这是"正统"的管理理念和方法,提升了他们海外生存的能力。但是,这种管理模式始终保持着小规模经营的特征,随着华商企业经营规模、范围和地域的扩大,它的弊端也逐渐显露,对华商企业的可持续发展造成了不利影响。

(一)企业内"社会信任"缺失,制约华商企业"做大做强"

从世界范围来看,华商企业集团规模普遍偏小,其根源之一就在于企业内缺乏必要的社会信任。实际上,传统的家族式管理模式在强调"家"观念的同时,也弱化了"家"与外界的联系。

实践中,基于企业内"社会信任"缺失的现实,很多华商企业在管理人员选择上往往以血缘亲疏为标准,采取亲戚总比外人靠得住的家族管理制,疏忽个人的才华和品行,限制了许多下属作用的发挥,从而导致华商企业的发展规模受限。

为什么出现这样的情况? 根据费孝通的"差序格局"观点,"信任度是随着家族关系疏远程度而逐级递减的"。美国学者福山在《信任》一书中也解释道:"华人社会是一个低信任度的社会,由于华人企业家只信任与自己有血缘关系的人,而不信任家族和家族以外的人,所以没有职业经理人阶层形成,也就形不成大企业。"

(二)企业治理结构的"固有短板",影响华商企业的"长治久安"

研究表明,东南亚华人企业和企业集团虽然多数已具备了现代公司的组织形式和治理结构,但本质上仍基本保持着家族式的经营治理结构。而在奉行传统"家族式"管理模式的华商企业中,所有权、经营权和决策权难以分开,组织治理的职业程度较低,这是其企业治理结构的"固有短板"。由此导致的结果可能是:

第一,华商企业中各方应行使的职能未得到有效发挥,常常会显现"成也萧何,败地萧何"的"能人经济"现象。即,当华商个人决策正确时,决策迅速且贯彻有力,会提高华商个人的权威;但当其决策失误时,因得不到他人的及时提示而给企业造成庞大的损失。

第二,华商企业治理职业化程度较低,制度、流程等管理体系不够健全,企业发展的后劲不足。在华商个人绝对权威的背景下,当这人不在或退位,组织会显现人才断档、权力真空现象(继任者很难在短时间内形成个人绝对权威),造成企业一时内的混乱或无组织状态。

第三,家族成员之间利益协调的难度加大,家族或家庭之间的矛盾可能演化为

企业矛盾。在实践中,如果家族结构简单,家族起纷争的机会也相对减少,但如果家族较大,要把这么大的家族团结起来,其难度也相对提高,相互之间发生利益冲突的机会也相对增加。

例如,益和集团的陈六使在企业治理方面故步自封,当企业规模越来越大,他却依然大权在握,从决策到执行都亲自动手,他虽也有意识培养接班人,却不让接班人将益和企业组织、管理和经营方针现代化,使接班人、家族股东及高层管理者都萌生退意,转向发展各自的事业,包括他一手提拔的内部接班人陈永裕。

 案例 5-6

多妻多子多忧愁:港澳台地区华商的豪门家产争夺

近年来,我国港澳台华商豪门中的争产情况硝烟滚滚、风云变幻,可谓"利益面前无大小,利益面前无兄长"。

香港华商霍英东病逝五年后,家族争产风暴正式拉开序幕,霍氏家族成员几乎全部深陷其中。2011 年 12 月 19 日,霍英东长房三子霍震宇向香港高等法院提交传票和起诉书,状告 12 名兄弟姐妹、亲母、二妈以及姑姑和已去世的姑父共 16 人。

香港丽新集团创办人林百欣有 3 位太太,各房子女早在他去世前,就为家产分配明争暗斗。大房长子林建名、养子林建康和三房女儿林明珠,对二房所生的儿子林建岳充满怨恨,见面互不理睬。2005 年,林百欣的葬礼当日,三房妻女还在暗中较劲,都不想让对方进场。

周生生珠宝创办人周芳谱家族,2010 年也因为品牌所有权大打官司。周芳谱原配子女拥有"粤港澳湛周生生珠宝金行",妾室后人则拥有"周生生珠宝金行"。由于两房各自拥有的金行名字类似,都想将"周生生"品牌占为己有,只好对簿公堂。

澳门赌王何鸿燊一生风流倜傥,四房太太,17 个子女,家大业大,可是随之而来的,却是无休无止的争产战争。以何超琼和梁安琪为首的几房为了争财产,已经到了势同水火、无法相容的地步。"赌王"的身家即使再"数之不尽",要满足每个人的欲望也是不可能的。

我国台湾地区著名的企业家、台塑集团创办人、被誉为"经营之神"的王永庆逝世,使得庞大的财产浮出水面,3 300 亿新台币的资产导致他的儿子、私生子、养子为了遗产而相互争抢不休,甚至闹到了法庭上,成为轰动一时的新闻事件。

资料来源:作者根据相关材料整理。

四、与时俱进的华商家族式管理模式

在新时期,一批杰出的海外华商已经意识到了传统家族式管理模式存在的诸多弊端。于是,他们紧紧追随时代浪潮,在继续保持传统家族式管理模式优点的同时,以开放和包容的心态,充分吸收西方企业管理理论与实践的精华,努力将华商传统家族式管理模式推向现代化、国际化。

因此,新加坡咨政李光耀曾在 1999 年墨尔本的华商大会上指出,"要从家族管理过渡到现代管理并非易事,这与根深蒂固的文化本能相抵触,但无法否认的事实是,那些无法向前跨越的华商企业,将无法适应在全球市场上竞争"。家族企业要与时俱进,不能只依靠近亲的力量,更要有对他人的信任和对现代化管理手段的认知,在实际的管理中实现联网,所有业务数据整理备份,账目往来实施监管。这一系列的举措必将使家族企业脱胎换骨,既能保持"家"的原汁原味,又能让"家"更上一层楼。

(一)西方管理思想融入:华商现代家族式管理模式的形成

西方组织管理理论是研究管理组织的结构、职能和有效运行的理论,普遍认为企业治理结构本质上是关于企业所有权安排的契约,不同的职位有不同的职责、义务和权利。

实践表明,华商现代家族式管理不同于传统的家族式管理,是官僚组织理论、系统论、公司法人治理结构等西方组织管理理论融入华商企业管理的结果。

1.马克斯·韦伯的"官僚组织理论"

在西方组织理论中,马克斯·韦伯提出的"官僚组织理论"是核心内容之一,它突出强调了规则、能力和知识在组织管理中的作用。该理论认为,组织应通过公职或职位来管理,而不是通过个人或世袭地位来管理。在他看来,组织的合法权威有习俗惯例、个人魅力和法规理性三种来源。

其中,法理权威的最适宜的组织形式是官僚制,即一种以"分部—分层""集权—统一""指挥—服从"等为特征的组织形态,他认为理想官僚组织的特征包括六个方面:

第一,合理的劳动分工。即,工作应当分解成简单的例行任务。

第二,层级节制的职权等级体系。公职和职位应当按登记来组织,下级应当接受上级的控制和监督。

第三,正式的选拔。所有组织成员都是按照经过培训、教育或者正式考试取得的技术资格进行选拔。

第四,正式的规则和制度。为了确保一贯性和全体雇员的活动,管理者必须倚重正式的组织规则。

第五,组织管理的非人格化。规则和控制的实施具有一致性,避免掺杂管理者个性或个人偏好。

第六,职业定向。管理者是职业化的官员,而不是他所管理单位的所有者,他们领取固定的工资,并在组织中追求职业生涯的成就。

2.巴纳德的系统组织理论

巴纳德将社会学概念应用于分析经理人员的职能和工作过程,提出了一套协作和组织的理论。该理论的核心内容包括:要将传统组织改造为现代组织,就必须明确组织的目标、权力结构和决策机制,明确组织的动力结构即激励机制,明确组织内部的信息沟通机制。即,组织作为一个协作系统,应包含协作的意愿、共同的目标和良好的沟通三个要素。

另外,要使组织存在和发展,不仅要包含上述三个基本要素,而且必须符合组织效力和组织效率这两个基本原则。其中:

(1)组织效力是指组织实现其目标的能力或实现其目标的程度。实践中,组织是否有效力是随组织环境以及其适应环境能力而定的。

(2)组织效率是指组织在实现其目标的过程中满足其成员个人目标的能力和程度,它是组织的生存能力。

该理论还认为,经理在一个正式组织中位于系统运转的中心,对组织成员活动进行协调。为此,巴纳德在《组织与管理》一书中,从构成领导行为的四要素、领导人的条件、领导人的品质、领导人的培养和训练、领导人的选拔等五个方面,论述了"领导的性质"这一关系组织生存的根本问题,突出强调了经理人员在企业管理中的重要作用。

3.公司法人治理结构

根据李维安(2000)的界定,公司治理是指所有者(主要是股东)对经营者的一种监督与制衡机制。因此,公司治理讨论的基本问题,就是如何使企业的管理者在利用资本供给者提供的资产发挥资产用途的同时,利用公司治理的结构和机制,明确不同利益相关者的权力、责任和影响,建立委托代理人之间激励兼容的制度安排。

实践中,为了提高企业战略决策能力,为投资者创造价值,各国现代企业的治理结构都基本遵循决策、执行、监督三权分立的框架。其主要特点是,公司内部的权力分配是通过公司的基本章程来限定,通过股东大会、董事会、监事会及管理层所构成的公司治理结构的内部治理。具体来讲:

(1)股东会或者股东大会。股东大会由公司股东组成,所体现的是所有者对公司的最终所有权,是公司的最高权力机构。

(2)董事会。董事会由公司股东大会选举产生,对公司的发展目标和重大经营活动作出决策,维护出资人的权益,是公司的决策机构。

(3)监事会。监事会是公司的监督机构,对公司的财务和董事、经营者的行为发挥监督作用。

(4)经理。经理由董事会聘任,是经营者、执行者,是公司的执行机构。

1999年5月,由29个国家组成的经济合作与发展组织(OECD)正式通过了其制定的《公司治理结构原则》,它是第一个政府间为公司治理结构开发出的国际标准,得到了国际社会的积极响应。其主要内容包括:

第一,公司治理结构框架应当确认利益相关者的合法权利,并且鼓励公司和利益相关者为创造财富和工作机会以及为保持企业财务健全而积极地进行合作;

第二,公司治理结构框架应当保证及时准确地披露与公司有关的任何重大问题,包括财务状况、经营状况、所有权状况和公司治理状况的信息;

第三,公司治理结构框架应确保董事会对公司的战略性指导和对管理人员的有效监督,并确保董事会对公司和股东负责。

(二)新时期华商家族式管理模式的特征与趋势

随着国际化程度的提升,现代华商企业的管理模式也逐渐吸收了西方的管理思想,很多大的华商企业已经不再是纯粹的家族模式,他们在组织结构和组织治理两方面进行了积极探索,也取得了一定的成功经验。

例如,李锦记建立了家族治理结构,以此来化解子女的冲突和防止股权分散:一方面是建立正式的家族宪法约束家族成员行为、防止家族股权外流,建立家族委员会等内部沟通机制,挑选最有能力也最能代表家族整体利益的企业领导人和家族精英;另一方面,强化价值观的传承和内部信任,以此凝聚家族成员、化解内部冲突。

1.大型华商企业的"去家族化":经营权与所有权分离的积极探索

《易经》中提到最高的境界是"群龙无首"。西方企业管理理论也认为,所有权与经营权分离是现代企业的特征,是新形势下家族企业集团发展的关键。即,企业大股东未必需要直接参与该公司的决策及日常管理,一般交由职业管理人员管理,而且重视企业整体管理制度建设。

对于华商企业而言,这能够有效避免华商传统"家族式"管理模式的弊端,有助于提升企业的组织效率和组织效力。

首先,许多大型华商企业开始逐渐"去家族化",尝试将所有权与经营权分开。即,华商家族企业着力规模扩大和多元化发展的同时,在保持对企业控制权的前提下,委托给现代职业经理人,并充分授权来经营。例如,南益集团的李光前很早就懂得授权给管理层,而李嘉诚收购和记黄埔时便刻意回避纯粹家族式管理,它们已不再是传统的家族式管理模式,而是实现了企业组织、经营方法与企业管理的现代化。

其次,华商在"去家族化"过程中,融合了西方管理思想和传统家族管理观念。即,将管理权交给专业人士,同时家族成员仍对集团的发展战略握有决策权,实现了家族企业的所有权、控制权和管理权的有效分离。例如,SM 创始人施至诚一直在努力"去家族化",但他的"去家族化"并非让家族人员全部退出管理层,而是采取"职业经理+家族成员"的共制模式。2019 年 1 月,合伙人 Jose Sio 接替施至诚担任 SM 投资公司董事长,而家族成员施蒂斯和施汉生仍然是投资公司的联合主席,标志着 SM 走向了家族专业治理的道路。

2.保持家族对企业的控制:依然是华商家族式管理模式的总体特征

近年来,广大华商虽然逐步倾向"去家族化",但是他们对企业的控制权仍然非常"执着",并不愿意将企业交予"外人"。即使在那些在证券交易所上市的华商企业中,企业管理架构所设定权力的方式也往往被用来为这个终极目标服务。

20 世纪 70 年代之后,很多知名华商家族虽然已经上市,但是家族本身仍会确保对公司的最大股权,尤其是对董事局的控制权。正如英国《经济学家》的评论所指出:"许多最大的华人商行,像香港的李嘉诚帝国和泰国的差伦·波克凡,它们成功地吸收结合了职业经理,但从不以削弱家族控制为代价。"主要原因在于:

第一,在中国传统文化根深蒂固的华商企业中,家庭及其利益往往就是企业的灵魂及目标。为了弱化企业规模扩大和"去家族化"趋势对家族控制力的威胁,建立基于家族的资本积聚和控制也往往是华商的首要目标。

第二,对于很多华商而言,只有把公司牢牢掌握在家族手中,才具有归属心和安全感。华商在实践中保持家族对企业的控制,主要是为了降低在海外寻找职业经理人的风险和成本,减少与职业经理人间的"委托—代理"问题。

在实践中,为了达到提升企业效率和加强家族控制的双重目标,许多华商利用西方管理思想,对企业进行现代组织设计安排。目前,在很多透明度高的大型华商法治式家族企业中,他们的一般管理系统结构为:

(1)由家庭成员组成的企业家层;

(2)基本由专业管理者组成的专业管理层;

(3)基本由家庭成员及信任者组成的监管层,履行企业家层对专业管理层的控制职能。

3.引入"职业经理人":兼顾"任人唯贤"和"任人唯亲"

管理学大师彼得·德鲁克在《大变革时代的管理》一书中给出了家族企业管理

的四条基本原则:

第一,家族成员一般不宜在企业里工作;

第二,管理层至少有一个高层职位由非家族成员担任;

第三,在家族企业中,越来越需要在关键岗位上安排非家族成员的专业人士,且他们必须受到平等的对待,在公司中有"完全的公民权"。

例如,马来西亚华商郭鹤年的用人思想是,"就我个人的意见认为,追寻良好的管理必须从个人的家院以及花园着手做起。相同文化,诸如语言、举止、形态,以及教育制度,可以为建立起早期的内聚管理工作队伍做出巨大贡献。当集体协作及团队精神建立起来后,方能引荐其他具有不同文化背景的才智之士进来。换句话说,我建议事后才在你的花园中介绍其他的花卉"。

近年来,随着华商企业努力实现所有权与经营权分离,华商家族企业已开始逐渐吸收西方企业管理的精华,在保证家族对企业控制权的前提下,积极吸纳职业经理和专业人士进入领导层,使家族企业的经营管理与国际接轨,任人唯亲的用人模式也逐渐改变。例如:

(1)新加坡华商黄祖耀。他认为,"最理想的方式是家族控制配合精英专业管理,家族企业家为企业制定方向,专业经理人提供知识和专长,两者互相配合去实现企业的长远目标"。

(2)泰国华商谢国民。他深谙企业要强大绝对不能受到家族影响的道理,职业经理人的引进成为他关注的要点。

(3)香港华商李嘉诚。在收购和记黄埔时也大力起用职业经理人,李察尔、麦理思、马以民等均在公司出任要职,配合家族成员的专业化治理。

但是,引入职业经理人不可避免会导致"委托—代理"问题。为了解决这个问题,华商充分利用股权和文化的力量:一方面,积极引入西方管理思想中的股份制,即通过企业股权的内在激励,使职业经理人与企业风雨同舟,最大限度发挥他们的优势和资源;另一方面,用文化的认同力量把家族外的成员凝聚在企业内部,为职业经理人提供了共同参与、志趣相投的感觉,努力消除家族企业中常见的等级森严的氛围。

第三节 华商企业的家族式代际传承

家族企业的成功传承堪称世界难题,它涉及传承制度与计划、接班人选择和培养、家族成员的职业发展、传承后家族企业的公司治理等诸多问题,长期以来一直是家族企业研究领域的中心议题。近年来,当华商企业集团纷纷进入"高龄化"状态时,代际传承就成为一项严肃且极其重要的大事,如何打破"第一代创业、第二代守业、第三代衰败"的咒语,成为华商家族企业必须面对的难题。

一、家族企业代际传承的重要性与核心内容

实践表明,成功的代际传承是确保家族企业基业长青的前提。创始人在代际传承时,通常需要考虑的是,究竟该交班给儿女还是交给职业经理人?创始人的"精神领袖"地位如何传承?新的接班人何以服众?接班人该如何保持企业员工的持续创新激情?

(一)家族企业代际传承的重要性

1.代际传承是影响家族企业可持续发展的核心要素

让自己创办的企业成为"百年老店"是很多创业者的梦想。但是,中国民间有"富不过三代"的说法,即由于未能成功实现代际传承而导致企业衰败的案例比比皆是。研究表明,家族企业中由第一代成功传承到第二代的只有30%,成功传承到第三代的只有10%～12%,而成功传承到第四代的概率只有3%。同样,复旦大学吕长江教授也发现,无论是在国内还是在国外,几乎所有的家族企业在传承后的相当长一段时间内,业绩普遍下降。

其中主要的原因可能在于,作为家族企业的创办人,第一代企业经营者久经风浪,对于掌控企业发展和处理各种事务等往往游刃有余,而到了第二代或第三代,由于各种原因,接班人可能是平庸之辈,经营决策能力与企业人际关系处理能力有限,导致家族企业发展受挫,甚至毁于一旦。正如方太集团董事长茅理翔所言:"交接班绝对算企业的一道生死坎儿,这比经济危机更可怕。"

同样,华商家族企业也是如此。美国学者福山(Fukuyama)将华商企业的发展分为三阶段:第一阶段是由一个有权威、创新精神、冒险精神的创业者创办了一个企业,这个企业可能做得非常成功。第二阶段,创办人要退休了,儿子们之间就要为接班的问题发生纷争,企业很可能就四分五裂。运气好的企业,其中有一个儿子继承了他的位置,就发展到了第三阶段。否则,企业就可能由此衰败。

2.代际传承是家族企业管理实践中的难点

在家族企业中,许多准接班人的价值观和管理理念与老一辈创始人有较大差异,导致在代际传承过程中,企业一代创始人和二代接班人之间面临着管理鸿沟、文化鸿沟、情感鸿沟等三大挑战。具体来讲:

第一,管理鸿沟。作为准接班人,由于生活环境和教育背景的差异,一代与二

代之间在管理理念与方法上存在较大鸿沟:对于第一代企业家,他们更加关注"情"的层面,在企业管理上凸显"人治"色彩;然而,对于受过高等教育的二代,他们很多都受过良好的管理学教育,受西方管理思想的影响,相对弱化了家族的概念,在企业管理上也更倾向于采纳现代的企业管理制度,更倾向于"法治"色彩。

第二,文化鸿沟。普华永道的一项调查发现,技术进步、人口趋势和社会变化等因素大大扩大了当今商界领袖和他们的准继承者之间的文化差距。主要表现在,一代创始人普遍具备吃苦耐劳、艰苦奋斗的创业精神,而成长环境较为优越的二代接班人更强调个性和自由,更热衷于投资新兴企业,对实业的关注相对较少。而且,他们大多难以适应父辈那种没有休息日的工作节奏,希望有自己的业余生活。

第三,情感鸿沟。它更偏重于从父辈与下一代沟通的角度来阐释传承的另一个鸿沟。作为父辈创业者,他们在二代还很小的时候可能主要忙于事业,与子女交流较少,情感上难免有疏忽。子女成长后,在父辈安排下到公司任职或接班,这样形成了企业领导与员工、家长与子女的双重关系。由于前期情感沟通的障碍,双方在如何处理工作沟通与情感沟通关系时会比较困难。

(二)家族企业代际传承的核心内容

如果把家族企业看成一个生命体,代际传承最核心的问题就是培育家族企业的长寿基因,这决定了它能否在传承前后实现持续、健康、稳定成长。因此,要实现家族企业的成功传承,最核心的内容包括"传承给谁""传承什么""如何传承""传承后如何治理"等四大基本问题。

1.家族企业"传承给谁"的问题

在整体传承制度框架安排范围内,家族企业"传承给谁"是代际传承能否成功的关键。在实践中,它取决于在任者的传承意愿、家族因素的传承意愿、继任者的继任意愿、家族企业经营环境变化和压力、继任者的个人胜任能力等综合因素。

一般来讲,家族企业的传承对象主要包括:

第一种,传给自己的家族成员,尤其是子女。家族观念在中国传统文化中根深蒂固,"子承父业"是大多数华人企业家的选择。比如我们都熟知的华人首富李嘉诚传位长子李泽钜,碧桂园的杨国强传给了二女儿杨惠妍,新希望的刘永好传给了女儿刘畅等。

第二种,将企业交给职业经理人打理。当"二代"能力不足,或者接班意愿不强时,家族企业就依据价值观、能力和责任心等标准,传承给符合条件的职业经理人。例如,美的集团的何享健就把企业全权交给以方洪波为核心的职业经理人团队来管理。

第三种,像阿里那样传给合伙人。简单地说,合伙人传承就是把企业传承给一个团队,再由这群合伙人和选出来的领导者,牢牢掌控公司的经营、决策和管理。在马云和蔡崇信看来,志同道合的合伙人更有可能把优秀文化持久地传承和发扬下去。

2.家族企业"传承什么"的问题

家族企业到底需要传承什么? 实际上,代际传承不仅是家族财富的传承,还包括权利、责任和家族精神文化的传承与永续,继而搭建以家族财富、权利、精神为核心的家族文化传承体系。具体来讲:

第一,财富传承。从人性角度来看,如何将财富传给后辈是创业者最为关心的问题。对于创业者而言,他们最不愿看到家族财富因代际传承而缩水。但是,家族财富的守护和传承不是静态守财,而是一个动态增值的过程。因此,他们对继任者的要求是必须成为"创二代""创三代",而不能是坐吃山空的"富二代""富三代"。

第二,权利传承。对于很多家族企业而言,一旦享有绝对权威的创始掌门人去世,后代之间便争权夺利,甚至令家族事业滑坡的案例屡见不鲜。因此,权利传承是家族企业代际传承的重要组成部分,它不仅是新掌权人话语权的象征,而且对于家族企业实现平稳过渡,避免家族成员纷争以保持企业"和谐",都具有十分重要的意义。

第三,责任传承。在实践中,很多创始人把家族企业的代际传承视为家族责任的传递。因为,继任者只有在强烈家族主义倾向的激励下,才能更重视家族企业的存续与荣誉。反之,如果责任意识没有很好地传承,继任者的家族使命感淡化,其行为也就无法以家族利益为核心,也没有动力开疆辟土,很难率领全体员工努力把企业"做久做强"。

第四,文化精神传承。文化精神传承涉及两代人价值观的代际整合,是对家族财富、权利和责任的升级。如果继任者没有继承一代创业者的企业家精神,那么今天的家族产业就可能明天会成为他的负担。即使家族企业的财富再多,如果文化与精神缺失,财富不可能被下一代真正保管。正如褚时健所总结的:"人生总有起落,精神终可传承。"

其中,家族精神就是家族企业的"灵魂",文化是家族企业传承的重要内容。正如六脉金服董事长何嘉编所说,"传承只是个结果,传承不仅仅是传家财,更需要传文化与精神"。同样,李锦记认为:"在我们的家族理念中,一直提倡的是永远创业的精神,没有'富二代',只有'创二代',如果要守住家业,就要不停地创业。"

3.家族企业"如何传承"的问题

随着家族成员的代际递增,越发庞大的家族规模也会令家族关系更为复杂,若处理不当,潜在矛盾则会转为现实冲突。作为创业者,如何才能把企业顺利地传给第二代呢?

第一,确定代际传承的方式。创业者不管是把企业交给子女,还是非直系亲属的外人,传承方式是传承能否成功的关键。一般来讲,在开放包容的家族企业文化中,可以选择规范的公司制传承方式;在和谐有序的家族企业文化中,可以选择家族内成员广泛参与的传承方式;在以亲情和血缘关系为纽带的家族企业中,更多采用家长式的传承模式。

第二,做好代际传承的规划。家族企业的成功传承,必须做好传承起点和传承结束点等的合理传承期计划。即,创始人需要制定代际传承的规划与时间安排:一方面,要充分考虑代际传承的计划与时机选择;另一方面,还要制定传承的起始时间安排,是早传还是晚传、传承交接的时间长短等。

第三,推动代际传承的实施。实践表明,继任者能力提升和家族和睦是代际传承实施的重要保障。为此,要做好代际传承期内的过程组织:一方面,一代创始人要通过"传帮带"培养继任者,这几乎是"子承父业"家族企业传承的必经之路;另一方面,一代创始人要协调家族成员关系,努力减少继承者参与企业经营的阻力,降低"接棒损耗"。

 **案例 5-7**

"鞋王"郑秀康:一位创始人父亲的"柔性"交接班

康奈创始人郑秀康是改革开放初期创业的第一代温商,随着年龄的增长,选择接班人成为他的一大心事。后来,郑秀康逐渐退居幕后,将企业的指挥棒交到儿子郑莱毅和女儿郑莱莉手中。总体来讲,康奈家族一双儿女的交接班过程比较"柔性"。

1.女儿:"扶上马"

郑莱莉是个"70后",她从天津财经学院毕业后到深圳一家会计师事务所工作,被当做潜力员工培养。当时郑秀康亲赴深圳,希望她回到家族企业中工作,郑莱莉的第一反应是拒绝,她向父亲表明了自己的态度,"在工厂我看不到未来,在这里我已经看到了"。

郑秀康告诉女儿:"在这里,你再有未来,也只是一名员工,到康奈,你是经理。我不是老传统的人,不是所有财产都是儿子的,你给弟弟打工,将来会给你股份。"学财会出身的郑莱莉很直接,她随即问了父亲一个更尖锐的问题:"你给多少股份?"

最终,郑秀康成功将女儿从深圳接回温州,郑莱莉第一个月的薪水 2 000 元,做的是最基础的生产线工作,逐一学过做鞋的 280 道工序。为此,郑秀康谈说:"要让她知道,钱是怎么赚来的。"很快,郑莱莉成为副组长、营销经理,后来又成为父亲的助理。

2.儿子:"接班人"

在交接班的问题上,郑秀康行使作为企业创始人和父亲的权力,交接班的"传子"逻辑,把性别作为决定企业继承人的主要因素——传给儿子。对郑莱莉而言,很多人觉得不那么公平。

为此,他采取迂回的策略予以解释,"女企业家到了五十岁的时候,体力和能力都在走下坡路,但是男企业家在四十多岁时,正是精力旺盛的时期……"

善解人意的郑莱莉"接收"到了父亲的意思,她主动后退开始负责上市工作,后来退出鞋业分管投资。为此,郑秀康很庆幸,一儿一女组成了一个"好"字!女儿"很聪明很实在",知道企业是以家族为主体的,要尽责任。

3.培养:"带着干、帮着干、看着干"

郑秀康非常清楚中国家族企业的管理模式,父亲为了让儿子接班得更顺利,往往会采取牺牲企业原有制度的方法,过早地交出经济大权和人事大权,看似帮助儿子获得了威信,实际上由于儿子在经营企业上还不成熟,在企业里埋下了危险的种子。

于是,按照郑秀康的说法,他培养两个孩子的前两个过程——"带着干、帮着干",接下来就是"看着干"。正是在父亲的"隐形之手"的操纵下,郑莱莉开始从基层历练中被"扶上马",相继成为集团副总裁、营销总经理。

通过分工模式,在培养过程中郑秀康平衡处理了各方利益关系。在父亲支持下,姐弟联手合作,将康奈打入国际市场。于是,因为成就感、代际的肯定和外界的认同感,让郑莱莉在遭遇"子承父业"的不公平待遇时,也得到了一定的情感补偿及心灵上的满足。

资料来源:根据《第一财经》、《中国鞋网》等资料整理。

二、家族特征的华商企业代际传承:选择、特征与实践

第一代华商身为创业者,其商业敏感度、开拓动力往往是后人所不及的。但是,由于第一代病故或年岁渐长,"二代接班"的问题已经成为华商家族企业的主要问题之一,代际传承的成功与否,直接决定着华商企业能否基业长青。

在二代华商陈叙伦看来,"传承有两个层面的意义,一是要传承父辈好的品质,取其精华去其糟粕,学习他们吃苦耐劳、敢于拼搏的精神;二是要传承态度,这种传承是跨越家族的。"

(一)子承父业是华商家族企业的主导思想

从理论上来讲,华商不可避免地会在更广阔的范围内寻找合适的后继培养对象。但是,一方面受中国传统思想的影响,另一方面出于对企业长远发展的责任心,子承父业更像是一种约定俗成,长期以来都是大多数华商代际传承的主流。

例如,老一辈华商中,谢易初在1963年交班于谢国民,李光前去世后,其三个儿子李成义、李成智、李成伟共同担负起了南益集团的重任。近年来,东南亚各国著名华商的代际传承也是如此,如印度尼西亚林绍良之子林逢生,李文正之子李白,黄奕聪之子黄鸿年,马来西亚郭鹤年之子郭孔丞,林梧桐之女林秀琼,新加坡黄祖耀之子黄一宗,郭芳枫家族的郭令明、郭令灿,泰国陈有汉之子陈智深,菲律宾郑周敏之女郑绵绵等,都已经成功接班。

作为企业继承人,"二代"具有教育程度和国际化思维的优势,而且大多会怀着惊人的责任感去接班。例如,身为世纪金源公司的总裁,黄涛身上的压力显而易见,"我父亲寄予了我很多希望,但如果我不行的话,我会主动选择退出这个位置。这个集团也是我父亲的第三个儿子,是我的另一个弟弟,我父亲把几十年的心血都放在这里面,我不能害了它"。

甚至,创业家长一旦逝世,哪怕"二代"已经在海外成为其他领域专家,也要被召唤去接管家族企业,"作为二代,他们渴望自由,又常常妥协在对家族的责任和义务之间"。例如,1983年永安郭氏家族第二代掌舵人去世,已经成为美国哈佛大学物理系博士的郭志权,即放弃长期从事的物理学专业,返抵香港出任永安集团主席。1987年包玉刚被查出癌病后,身为美国著名癌病专家的四女婿郑维健奉召归队,主理家族投资生意。

 **案例 5-8**

马来西亚华商郭鹤年的"接班之路"

在协助父亲郭钦鉴的过程中,刚刚二十出头的郭鹤年也表现出了极为卓越的商业才华,因为这样的原因,1947年郭钦鉴拨出部分资金,让郭鹤年独自创业,这一年他24岁。在新加坡,郭鹤年创办了他商业生涯中的第一家公司——力克务公司。开始的生意是杂货、米面,后来逐渐发展到船务经纪、船租业及胶黏剂制造。然而,正当家族在马来西亚的事业红火运行,且郭鹤年也在商场中崭露头角时,1948年,在多年操劳中本就身体欠佳的郭钦鉴因病离开了人世。对于家族来讲,他的逝去对整个家族生意的打击更是前所未有。全盘接手家族生意的郑格如希望由于丈夫的离开导致家族事业停滞,因此,她建议郭鹤年与他的哥哥及堂兄弟们拧成一股绳,联手重新创业。

经过和郭家人的会议商讨,郑格如拿出部分自己和郭鹤年兄弟的财产,加上郭钦鉴几位堂兄弟的下一代的入股,于 1949 年 4 月 1 日主持成立了一个新的公司——郭氏兄弟有限公司。在管理者方面,由于郭鹤年两位哥哥的发展比较侧重政治(大哥郭鹤举曾在 20 世纪六七十年代代表马来西亚出使荷兰、比利时、前联邦德国等国家,还担任过马来西亚驻欧共同体首席代表,回国后还出任过马来西亚旅游局主席等职务,二哥郭鹤龄则是马来西亚共产党内的著名人物),新公司成立后,已经在新加坡取得良好业绩的郭鹤年便推举大哥担任董事长,自己出任执行董事和公司秘书,担负起了家族企业在经营、管理等方面的业务。郭家的生意就这样正式交付给了下一代,而郭鹤年也在掌舵家族事业的同时,一肩扛起家族兴旺重担,这一年他年仅 26 岁。

资料来源:作者根据相关资料整理。

(二)华商企业代际传承的方式

1.“不分家”模式

“不分家”模式已是海外及台湾等地华人家族企业传承的常态模式,因它能规避企业所有权的“碎片化”,故而被许多家族企业作为走出“富不过三代”魔咒的优选路径。主要原因在于:在传承制度中,从家族企业成员关系和家族企业利益最大化视角,一代创业者必须考虑到家族企业家庭的血缘、姻缘关系,在家庭成员间采取这种非市场导向的方式进行。

例如,黄廷方有两个儿子和六个女儿,在传承模式上,他采用的是华商企业中流行的“子承父业”方式。但是,在分配过程中,并非简单的“均分模式”,而是“分块(地域板块)不分家”。黄廷芳 2010 年去世,黄家二代两兄弟遵从父亲既定安排,“按部就班”运作家族企业,告别“黄廷芳时代”后,未出现外界担忧的分家争产等传承问题。

2.分家分业,各得其所

这种模式的特征是,在多元化发展的华商家族企业中,华商通过让子女各自继承一项彼此没有竞争的业务,力图化解子女间可能存在的继任冲突。在实践中,该模式的优势是能够减少家族继承人之间可能的冲突,但难以避免家族财富分散、约束企业发展的问题。

研究表明,很多华商在多子女的情况下,往往会把家族产业分成实体企业、投资和家族基金会等。在此情况下,有人负责实体主业,有人管理家族资产,还有人保证家族生活。多子女华商进行这种划分的初衷是,使企业能够较为有序、顺利地传承。

例如,霍英东 2006 年去世后,他的三个儿子分工如下:霍震霆性格比较外向,主掌体育事业;霍震宇是电脑专家,对高科技研究多一些;霍震寰是霍家财务大权的真正"掌门人";霍启刚,是一个标准的"学霸",以全 A 优异成绩考入牛津大学,获得经济学和管理学学士学位,现在任霍英东集团副总裁,以接班人形象走上前台。

3."家族宪法"模式

家族办公室在西方国家司空见惯,古罗马时期的"Domus"(家族主管)以及中世纪时期的大"Domo"(总管家)是家族办公室的前身,现代意义上的家族办公室出现于 19 世纪中叶。目前,在欧美许多国家,由家族成员执掌,自行组织并设立专业团队对家族事务进行综合管理,并制定相应的"家族宪法",是最为经典的家族办公室表现形式。在华商企业中,陈守仁借鉴西方经验很早就成立了家族办公室,"家族宪法"的代表当数李锦记。

例如,作为百年家族企业,如何传承延续、基业长青,注定是摆在李锦记面前的一大命题。深感家族分裂的切肤之痛,李文达为了不让历史重演,在 2002 年推动李锦记成立了家族委员会,并制定了家族"宪法"。通过制定家族宪法,以祖训的形式,让家族成员明确分工,明确家族的价值观(家规)。而且,把家族接班人的培养、股利分配政策、家族成员的行为准则、不遵循家族宪法的制裁、冲突调解、家族宪法的修改等事项作了相应明确的陈述,把家族和企业融为一体。

 案例 5-9

华商陈守仁的"家族办公室"与代际传承

陈守仁夫妇膝下 9 个子女都学业有成,大部分子女在集团分布世界各地的公司里担任要职。在陈守仁看来,"富不过三代"并不是必然的,导致"富不过三代"的主要原因是创一代立业后,没有好好地安排和组织管理架构去处理家族企业和平衡家族成员福利所致。

实际上,陈守仁很早就开始思考代际传承的问题。其中,关键措施之一是学习外国家族的传承经验,拿出一部分资金成立家族办公室,为家族成员提供包括健康、医疗、教育等多项家族服务。该家族办公室共包括三个结构:

第一个机构是"教育与职业委员会"。它的任务就是培养子孙成才,特别是教育有保障。其中规定,家族后代合理的教育开支全部由家族支付。此外,对家族成员进公司,委员会要进行把关和筛选,如果品质能力低下,家族可以提供生活照顾,但不可以进公司。

第二个机构是"健康与医疗委员会"。当家族成员生病时,不仅有资金上的帮助,还有信息、人脉上的支持。例如,针对家庭成员的疾病类型,该到哪家医院看哪一位医生,当地若是找不到合适的医生,还要负责联系国外医院等。

第三个机构是"康乐委员会"。"家和万事兴",该委员会意在促进家人关系和谐。他们规定,每周日有空就一起吃饭,父母年纪大时,家族第二代和第三代成员要轮班照看。而且,该委员会还会督促举办家庭内部的聚会,促进家人情感交融。

他们还规定,每个委员会由4~7名第二代及第三代家族成员组成。委员会主任由第二代家族成员担任,副主任是家族第三代。定期轮替,每个委员会每年开四次会,鼓励大家积极参与到家族管理中。

(三)华商企业代际传承的时机:尽早选拔培养接班人

在海外华人社会中,无论是富商巨贾还是小店业主,他们最操心的莫过于自己的事业是否后继有人。虽说"富不过三代"是句老话,但他们不能忍心看到自己辛辛苦苦创下的家业,由于无人继承或内讧而化作泡影。

为此,他们一直在探索家族企业能够长远发展的良方。其中,尽早确定企业的培养对象,监督继承人的学业,并促使其在工作中积累经验、提高能力,在社交中为其铺设强大的人际关系网,这些都是华商们培养"后继之君"的重要手段。例如:

(1)陈汉涛。他和妻子陈马雪梅育有二男一女。大女儿陈安兰和大儿子陈安律都毕业于朱拉大学,后到英国深造,获得硕士学位。小儿子陈安业大学毕业于工业工程专业,后到英国攻读硕士学位。早在陈汉涛的身体依然硬朗时,他就前瞻性地布局事业的交接班,有意识地培养三个儿女做好顺利接班的准备,并将公司管理职业化、规范化、制度化。在公司股份的分配方面,陈汉涛的安排是:三个儿女每人33%的股份,三人共99%,余下1%作为慈善基金。

(2)吴奕辉。他采取了不少手段,确保JG顶峰的经营和管理能实现平稳交接。他将超过50%的公司股份交给自己值得信赖的接班人,确保接班人能够在公司未来的发展中有举足轻重的地位。但是早在这之前,他通过种种手段,对愿意接班的兄弟和子女进行了才能上的考核,最终,吴奕辉最小的弟弟詹姆斯被任命为JG顶峰集团董事长,而他的大儿子兰斯则获任JG顶峰集团总裁和接班人。

(四)华商培养"二代"的主要方式

实践中,"二代"成功接班面临诸多挑战,除个人领导组织能力外,他们还受到家族企业成员的相关利益的预期制约。为此,广大华商为了帮助"二代"在家族企业中树立威信和威望,通常会采用各种方式努力培养继任者的综合领导能力。主要包括:

1.言传身教和在企业中磨炼是培养"二代"的主要途径

父母是孩子的第一个老师,父母对孩子的言传身教会对其日后的思想和行为产生深刻的影响。华商由于兼具商人和移民的两重属性,他们创业的艰辛和对商业操守的坚守,往往会对"二代"的企业发展理念和人生价值观产生深远影响。

实际上,"二代"不仅在家庭生活中耳濡目染了"一代"华商的经营管理思想,而且往往很早就被引进家族企业出任要职,自小训练掌管企业的能力。例如:

(1)黄涛。作为家中长子,从小就被父亲黄如论看重和培养,但他并不认为父亲对他有专门的训练,"没有刻意的传承,应该说,是我从小耳濡目染,听到和看到他处理各类事情的过程,然后自己从中领会"。

(2)黄廷芳。从小就调教孩子如何接管家族生意,特别是培养后代的商业嗅觉与决策力。内地改革开放后不久,深圳举行了首次土地使用权公开拍卖,黄廷芳就把两个儿子带到交易现场,观摩竞拍。

(3)李冠华。作为香港金日集团总裁,他是典型的家族企业二代接班人。"如果没有亲自做过基层的工作,不可能体会到工人的难处和每个层级的矛盾,日后在做管理决策时就很难有正确的判断。"

(4)施至诚。从小就开始培养接班人,他要求子女必须从搬运货物、清点货架货物的基层工作做起,家庭成员都要分散去 SM 所属的各种商场实地考察,并且在办公室开会讨论,星期天则是家庭日,全家聚会谈自己的感受、想法和决策,提前做好接班的准备工作。

 案例 5-10

华裔青年彭纪赫:紧跟着父亲创出"一片天"

对于彭纪赫来说,父亲彭彦诞是他一直追赶的人生目标。他的父亲赤手空拳在纽约开创了一片天地,经营的产业涉及建筑的方方面面。"我感觉,他用两手做起来的是不得了的事,我觉得没几个人能做到。"

彭纪赫的父亲彭彦诞在华人商圈颇具影响力,经过几十年的打拼涉足了从建材到水电供应再到房地产等建筑产业的方方面面,拥有实业工程、电器工程、电器材料行、水喉公司、木材行、房地产公司等等一系列产业链。

自小看着父亲辛苦打拼,彭纪赫心里种下了长大后继承父业的种子。而他也认为,在父亲的陪伴教导下成长,是件很幸运的事。彭纪赫说,虽然父亲的学历并不高,但他读的书、讲的道理比任何人都透彻。在父亲的培养下,大学商科毕业后彭纪赫进入父亲的水喉公司工作,在各个公司工作学习后,彭纪赫决定自己出去闯一闯,于是开始创业。彭纪赫目前经营着一家建筑水喉公司,经过这几年的发展已经初具规模。而他走上建筑这条道路源于父亲从小潜移默化的影响,从他十一二岁起,就开始跟着父亲做工,习得批灰、烧铜管等基础技艺。

而对于未来接手父亲的产业,彭纪赫也有自己的想法。在管理、经营上他有自己的思路,他也希望等到自己羽翼更加丰满、从父亲那里学到更多之后再接班。而目前已经当爸爸的他,也希望未来他的儿子能够继续将家族事业传承下去。

对于一直努力向父亲看齐,觉得重大责任在肩的彭纪赫来说,或许父亲平实却包含关切和哲学的话语能让他了解到父亲深沉的爱。

资料来源:作者根据相关材料整理。

2.“体外培养模式”:先到家族企业之外任职与历练

所谓“体外培养模式”,是指“二代”在接班之前,先在家族企业体系之外谋求发展,待取得一定成就后再回归自己的家族企业。该模式的优势在于:

第一,丰富“二代”的社会阅历,有利于提升其进取心和心理抗挫折能力;

第二,促进“二代”在家族外形成朋友圈及人脉网络,回归之后有利于企业的发展;

第三,离开家族庇护,有利于“二代”提升独当一面的能力,为日后接班打好基础。

在实践中,“体外培养模式”是很多华商培养“二代”的选择。例如:

(1)李锦记。李锦记要求家族年轻成员学成后,必须先在其他公司任职磨炼至少3~5年,而且在工作能力和激情都获得家族认可后,才能回李锦记任职。

(2)谢国民。谢国民宣布下一代子女不能轻易进入企业,他认为家族成员倘若没有经过社会的历练和认可,很容易在公司失去威信,只有具备相当能力的家族成员才能进入公司。

(3)吴奕辉。吴奕辉为了让孩子们体会到辛勤工作的价值,要求自己的子女在上高中的时候就开始到处找工作去锻炼。他对子女的要求是:“一旦选择了某个工作,就一定要做到最好,绝对不能平庸。”在这样的培养下,他的几个孩子都十分刻苦勤奋,纷纷在自己的领域里做出了不平凡的成绩。

3.“扶上马、送一程”

企业代际传承过程中,二代继任者大多会经历一个培育期、权力过渡期和接班之后的稳定期。在这个过程中,“扶上马、送一程”的培养方式是指,“一代”利用他们的经验和在家族内的权威,指导继任者进行决策和理顺企业内的家族关系,以平稳渡过交接班动荡期。它是父辈对于二代接班人的关爱帮扶、权力让渡和角色转换行为。例如,方太集团创始人茅理翔制定的“带三年、帮三年、看三年”交接班计划,就是这种模式的典型代表。

实际上,对于“二代”华商而言,虽然在接班前经过了一系列培养,但他们仍面临重重挑战,主要包括:一是家族权威的重新树立;二是来自企业业绩和生命周期延续的压力;三是如何进行企业管理文化的重新塑造;四是人才和管理队伍的培养。为了平稳度过这个阶段,华商家族企业中往往是"父子共治",核心任务是"父"为"子"顺利接班搭桥铺路。当然,这个过程短的只有几个月,长则可能数年。

例如,早在1989年,李嘉诚长子李泽钜就被任命为长江实业公司执行董事,4年之后任董事副总经理,到了1994年便任集团副主席。但直到2018年李嘉诚退休,李泽钜才正式接任董事会主席一职,其间有将近30年的"父子共治期"。至于其中的原因,用李嘉诚的话来说,有一些业务决策,他依然觉得自己的儿子没有太多的经验,而他能给儿子们一些建议,尤其是给两个儿子一段磨合期,如果出现了矛盾,大家可以坐下来谈,自己还能控制得住局面,而且两个儿子也不敢当着他的面闹。

本 章 精 要

1.中华传统文化的产权论包括"恒产论",实践中商鞅在土地产权上推行的重大举措是"废井田、开阡陌",实行土地私有制。

2.诺贝尔经济学奖得主科斯是现代产权理论的奠基者和主要代表。他认为,产权是所有权、经营权、转让权和分配权等一系列权利的总称,没有产权的社会是一个效率绝对低下、资源配置绝对无效的社会。

3.华商偏爱家族制的原因在于:一是家族制的独特优势,二是中华传统文化的影响。

4.华商企业家族制产权结构的特征是:创业初期的核心骨干主要是家族成员,企业股权主要集中于家族成员手中。

5.家族制产权结构有利于华商企业"做久",能够显著提升华商企业的凝聚力,更容易形成利益共同体特性。

6.家族是华商企业治理的核心,一般会经历原始家族企业、透明度低的人治式家族企业和透明度高的法治式家族企业等三个阶段。其中,"长幼有序"是其显著特征。

7.华商家族企业代际传承的核心问题是代际传承制度、传承给谁、如何传承(传承过程和方式)、传承后家族企业规范治理这四大基本问题。

8.家族特征的华商企业代际传承的主导思想是子承父业,传承的方式包括"不分家"模式、分家分业各得其所模式、家族控制配合精英专业管理、"家族宪法"模式等。

9.华商培养"二代"的主要方式是言传身教和在企业中磨炼,以及"扶上马、送一程"。

第六章 "德法兼容"的华商员工管理模式

离娄之明，公输子之巧，不以规矩，不能成方圆；尧、舜之道，不以仁政，不能平治天下。徒善不足以为政，徒法不能以自行。

——《孟子·离娄章句上》

菲律宾华商施恭旗："一个非常有人情味、讲感情的老板"

知名食品品牌"上好佳"是很多人童年的一份记忆，它的创始人是祖籍福建晋江的菲律宾华商施恭旗。从小在父母做生意中耳濡目染的施恭旗，在二十几岁的年纪就加入了父母创办的公司，自创并发展出了上好佳（Oishi）休闲食品品牌，很快在菲律宾打出名头，并成为行业领军品牌。

施恭旗

"温者貌和，良者心善，恭者内肃，俭乃节约，让即谦逊"，具此五者，可谓不求之求。施恭旗先生把"温良恭俭让"这种蕴含中华优秀传统文化的千年智慧与现代之西学有机结合、碰撞，开出了别样美丽的花儿。施恭旗经常讲："我的经商准则有两条，一是先学做人，再学做事；二是坚持诚信。我所奉行的座右铭是'己所不欲，勿施于人'。"

关于员工管理，施恭旗信奉"良心教"，心怀善念，一贯施行"温和主义"的儒商作风,以德服人。节假日,公司会给加班的员工提供优厚待遇;下班晚了,公司会特意安排专车送员工回家;每年公司员工还有外出旅游的机会;甚至对于那些不幸患上绝症、丧失工作能力的职工,公司也会给予长期的照顾。他在菲律宾修建廉价房,廉价分期付款卖给自己的工人。老板如此仁慈宽厚,工人们的情绪自然也很稳定。宽以待人,换来的不是管理的混乱,而是员工对自己的企业从心底里有认同感。企业对员工的"在乎",换来的是员工对企业加倍的热爱和珍视。一些国家时有罢工发生,但在施恭旗的公司却从来没有出现过这种情况。员工们都说,"老板是个好人,愿好人一生平安"。

利益是一时的,感情是永久的。无论是在中国还是在菲律宾、越南、缅甸等国家,上好佳的员工们都会这样称赞施恭旗,"一个非常有人情味、讲感情的老板"。在上好佳公司,无论高层领导抑或普通员工,都众口一词地说:"我们老板人品高尚,为人谦和、厚道,还有他的爱国精神,都让我们钦佩,都具有很好的榜样力量。"

1993年,上好佳与上海虾片厂合作,开始投资设厂。一段时间后,派去中国的菲律宾经理却打电话给施恭旗说:"做不下去了,工人的反应很强,有很多的意见。"施恭旗说,"当时可能是因为意识形态的问题,上海的工人觉得资本家是不好的,都是要来剥削的"。施恭旗亲自飞到上海,跟工人们面谈,"一开始工人们不让我坐下,后来谈着谈着,觉得我的态度挺好的,就拿过来椅子让我坐"。

除了加强沟通,施恭旗还在改善员工工作环境和待遇方面做了很多努力。例如,上好佳的机器要24小时运转,夜晚工人们去食堂吃饭很冷,在中国长江以南的地区都是没有暖气的,施恭旗却毫不犹豫地给工人们安装了暖气。当时工人们的工资每月只有200元,施恭旗每年都会主动给工人们增加工资,"我想增加他们对资方的信心,让他们相信,只要公司有效益,他们也会有好处。后来工人们笑着对我说,'资本家也不错嘛!'"

德国哲学家康德指出,"人是目的而不仅仅是手段"。管理者应该把员工看作目的,而不能只将他们看作实现目的的手段。在实践中,管理者只有将上述分别体现了"硬"和"软"特征的两种管理模式相互配合,才是企业管理水平提升的根本途径。

在管理学领域,形成了以东方管理为代表的伦理型管理和以西方管理为代表的法理型管理两种范式。其中,伦理型管理中以"柔性"的道德调控为管理的根本方法,而法理型管理将"刚性"的法律、制度、规则作为有效管理的根本保障。

近年来,随着市场环境的变化和企业自身的发展,广大杰出华商在员工管理中坚持"以德为先"原则的同时,在实践中还积极采取"以法为器"的管理措施,这对华商企业的发展壮大起到了重要的推动作用。

第一节　华商"以德为基"的伦理型管理

美国管理学家法兰西斯说:"你能够用钱买到一个人的时间,你能够用钱买到劳动力,你能够用钱买到服务,但是你不能够用钱买到热情,你不能够用钱买到主动,你不能够用钱买到一个人对事业的奉献。"因此,过于追求数字化和模型化的管理思想,往往会无视人心理需求和精神需求的情感因素,容易导致员工与企业的隔阂感。

然而,基于中国本土文化体系下的伦理型管理模式,它以伦理为本位的价值理念,注重成员间的情感关联与伦理团结,将成员对组织的情感忠诚作为管理的终极目标,直接指向人的精神世界,解决的正是企业管理中的这种深层次问题。

一、伦理型管理的内涵与特征

(一)伦理型管理的内涵

1.伦理

"伦理"一词,最早见于《礼记·乐记》:"乐者,通伦理者也。"其中,"伦理"的"伦"即人伦,指人与人之间的关系,"理"即道理、规则。"伦理"是指在处理人与人、人与社会相互关系时应遵循的道理和准则,也即"伦类的道理"。

根据龚天平(2003)的观点,伦理在组织中起着特殊的管理作用,主要包括:第一,弥补规章制度之不足,并克服其局限性;第二,促进合作和相互信任,提高组织的有效性;第三,降低管理成本和创造合作效益,提高组织效率。

因此,从管理学的角度,由于"伦理"强调了"人不只是手段而是目的,要尊重个人的尊严权利、价值和愿望"的理念,已经随着管理伦理化而逐渐进入企业管理领域。目前,它已成为大量管理者开展管理活动时的精神支撑与价值归宿。

2.伦理型管理

所谓伦理型管理,是指将伦理作为管理的动力机制与调控方式,将成员间的情感关联作为重要价值目标的管理模式。它依托于成员之间密切的伦理关联,强调推动个人的情感参与,重视成员主体性的发挥,而非要求成员对组织规范的强制服从。

在管理实践中,伦理型管理模式尤为重视组织成员间的伦理关联。具体来讲,它包含两个维度：

第一，组织成员之间横向的情感关系。于内，这种情感关系发自成员的自然感情，是主体善良意志的自发表达；于外，这种情感关系表现为无私的关爱，包括对组织和同事。

第二，组织成员之间纵向的等级关联。等级差别是伦理的应有之义，它需要人们明确自身在组织中的角色地位，并依据相应角色要求进行活动，以确保组织的稳定秩序。

在实现方式上，伦理型管理主要通过全方位地尊重员工的人权，重视组织成员内在感情的自然表达，用道德的力量来改变人的思想价值观念，进而来控制、调节人的行为，而规章制度被置于相对次要的位置，仅作为管理的辅助性手段存在。

(二)伦理型管理的特征

李博(2010)认为，伦理型管理以"仁爱"为核心，推崇诚、义、信等伦理规范，形成组织成员的内在约束，促使成员进行自我管理。具体来讲：

第一，"仁爱"是维系组织的基本纽带。"仁爱"是东方伦理的核心，表现在管理上就是要以"关怀、关心、珍惜、真情、爱心"来塑造和感化。在组织中，以"孝"为起点，延伸出"慈、友、佛、仁、爱、忠、亲"等浓郁的情感内涵。

第二，以人伦化的秩序、类家族化的人际关系来构建组织秩序。在伦理型管理的理念中，组织是家庭的延续，工作者为家庭成员。基于此，管理者就要负起家长的责任，给予成员家庭式的关爱、照顾，有福同享、有难同当，以此建立归属感来提升组织的凝聚力。

第三，以有道德权威的个人而非制度规则为组织权威的基础。在伦理型管理的理念中，组织权威更多地依赖于组织的"大家长"而非规则。于是，管理者的道德权威成为管理的基础，管理者的行为起着重要的垂范作用。

第四，推崇诚、义、信等伦理规范，形成成员的内在约束与自我管理。在实践中，伦理型管理通过"良心、道德、理想、习惯"等发挥管理作用，从内在意识上控制和引导组织成员行为，使其源于成员的内在伦理自觉，而非外在的权威、规范的压力。

第五，管理的价值取向上不以人类物质欲望的实现为中心，而以人的幸福、组织和谐为中心。在指导思想上，伦理管理型呈现出以"天道为归依"的特征，"上合于天、下合于地、中合于人"，而不是单纯以利润、成员欲望的满足为中心。

(三)伦理型管理的理论渊源

1."儒家文化"

文化体系与管理模式密切相关，在不同文化体系下，会形成符合自身文化特质的独特管理模式。在中国传统文化中,儒家思想中的"忠""信""诚""义""智"等伦理规范,就成为伦理型管理的文化遵循和理论基础。

例如,伦理型管理的本质是关系伦理,直接体现为领导与成员关系的处理与平衡,关键在于"仁礼互构"。那如何实现"仁礼互构"呢?孔子认为"仁者爱人"(《论语·颜渊》),拥有仁德之人,会通过自身修养,使得自身与他人的人格向更好的方向发展,从而实现整个社会的和谐,即"修己以安人"(《论语·宪问》)。于是,在儒家"修己安人"的关系伦理影响下,组织领导不仅仅是"独善其身",是"道德的个人"和"道德的管理者"的统一体,表现出"己立立人、己达达人"的现实关怀和人生追求。

具体来讲:

第一,儒家管理思想在提倡"和合"的同时,也更加强调以"忠""信"等道德规范维护"社会秩序"。即,所有管理者都必须对其团体组织"尽忠",个人的需要和利益应置于团体或组织之下,而彼此之间要绝对"讲信"。

第二,"诚"是一种自我认同的方式,它是员工自我创造性的精神根源。即,"诚"是个体与他人的一种共鸣,能够感化他人和唤醒自我认同。在儒家看来,当与他人相处时,具备"诚"的人会知道,在特定情境或特定关系中,什么事情适当去做或者不做。

第三,"义"是员工意识的一种感受,在利害分明的情境中采用合适方式,管理者赋予员工一定的权力、利益、职责以及责任,使得员工与组织的平衡被兼顾。即,管理者在仁德的理念下,用行动给他人带来利益,把仁心转化成义举。

第四,"智"是利用个人智力来理解情境与事件,作出适合情境的正确行为,以达到"义"的标准。即,管理者通过积累智慧,从学习和反馈中找到智慧,引导学会如何和谐生活,以及如何在不伤害他人利益的前提下合理追求个人利益。

2.西方"人际关系学说"

除了儒家思想外,梅奥提出的"人际关系学说"也为伦理型管理奠定了基础。它基于"社会人假设"的基本论点,提出管理者要调动职工的积极性,就应该使员工的社会和心理方面需求得到满足,更多强调"人的思想和行动更多的是由感情而不是由逻辑来引导的"。

具体来讲,"人际关系学说"的主要观点是:

第一,管理人员不应只注意完成生产任务,还应把重点放在关心人和满足人的需要上;

第二,管理人员不能只注意指挥、监督、计划、控制和组织等,还应重视员工之间的关系,培养和形成员工的归属感和整体感;

第三,在实际奖励时,提倡集体的奖励制度,而不主张个人奖励制度;

第四,采用"参与"式管理,让员工不同程度参加企业决策的研究和讨论。

二、华商员工管理中的"伦理型"特征与表现

(一)"以人为本"是华商伦理型管理的基本特征

在中华传统文化中,"以人为本"是把人的生存发展作为根本,主要强调"人"贵于"物",即"天地万物,唯人为贵""民为贵,社稷次之,君为轻"等。如《论语》记载,"厩焚。子退朝,曰:'伤人乎?'不问马。"

1."以人为本"管理思想的内涵

从管理学的角度,"以人为本"的管理思想是指以员工为中心,把提高员工素质、满足员工需要等方面放在首位,以此调动员工的主动性、积极性和创造性。

其中,台湾企业管理大师陈怡安先生用简洁精辟的三句话道出了"以人为本"管理思想的精髓:"点亮人性的光辉,实现生命的价值,共享繁荣和幸福。"

它强调的是,员工的外在品行贵在发自其内心的自觉自愿,而不是靠外在压力。也就是说,只有当老板把员工当作"亲人"和"主人"时,员工对企业的忠诚才是发自内心和持久的,唯此企业的管理水平才能达到更高境界。

2.华商伦理型管理中的"以人为本"

长期以来,广大华商在员工管理中积极践行"以人为本",充分体现了伦理型管理的核心理念。具体来讲:

第一,广大杰出华商特别强调尊重员工,主要体现在语言和行为方面。例如,台湾企业家吴三连为了表达对普通员工的尊重,在企业内部废除了"工人"的称谓,一律改称"事务职员"或"技术职员",这种小小的改变使职工在心理获得了一种平衡感,从而提高了企业员工的自尊心。

第二,广大杰出华商特别强调善待员工,主要体现在物质方面的激励。在实践中,大量华商非常注员工的薪酬和生活福利,也非常关注普通员工的日常生活。例如,美国华商王安表示:"士气总是受公司对雇员福利关心程度的影响。如果一个公司不想让自己的雇员成为赚工资的奴隶,那就必须给他们适当的物质奖励。"

第三,广大杰出华商特别强调满足员工精神情感上的多层次、多方面的需求。例如,在很多华商企业中,员工结婚、晋升、生子、乔迁、获奖之际,都会得到老板的特别祝贺。另外,谢国民强调要给每一位员工足够空间,在一定范围内允许员工做他想做的,"你不要去指挥他,人都不喜欢被管,特别是今天的年轻人。你要让他发挥想象力,并且支持他去做"。

第四,华商特别强调满足员工自我发展的需求。例如,台湾"鞋业大王"蔡长汀发现不少企业都有核心人才流失的致命弱点。对此,每当蔡长汀看见自己认准并

确有才干的人要离开时,他就会说:"别走了,留在环隆,我给资金,你自己干,成功了企业归你,失败了算是我出的培训费。"因此,蔡长汀成功挽留了很多员工,因为他们看到了自己前途的光明。

(二)"家和万事兴"是华商伦理型管理的外在表现

"家和万事兴"是中国人朴素的持家理念,它的意思是,"只有家庭和睦了才能更好地搞好个人事业"。应用到企业管理中,该理念强调的是管理者要把企业看成一个大家庭,在处理内部关系方面,不仅要强调团结、和谐和谦让,还要关爱每个员工,引导员工之间像兄弟姐妹一般相亲相爱、团结互助,以此建立融洽和谐的企业氛围。

"礼之用,和为贵",在企业内部构建和谐的人际关系一直是华商企业追求的目标。长期以来,广大杰出华商受儒家"仁"的思想的影响,信奉华人企业家非常重视企业的家庭氛围,努力要把企业办成一个大团队"大家庭",这是华商伦理型管理的典型外在表现。例如:

• 邱芋訹。作为马来西亚 MK 家纺集团的年轻 CEO,邱芋訹非常重视家庭氛围的情感感化,努力把团队打造成大家庭,这也是他成功的要素之一。在这个大家庭里,员工们把邱芋訹当成一个大兄长,存在亦师亦友的关系。结果是,每个员工为公司多付出一点也不会斤斤计较,不会下班时间一到就赶着回家。

• 蔡秀珠。早期为了拼出一番业绩,大马华商蔡秀珠遇到很多挫折。她回忆说,在创业最困难的时期,庆幸的是遇到不少贵人,还拥有一批杰出的员工,这让她不曾孤军作战,"我与员工之间的感情就像一家人一样,大家共事这么多年,早已建立深厚的友谊及默契。"

• 郭鹤年。他的母亲经常教导家族的每一个人,要牢牢记住"家和万事兴"的古训,"一个家庭或家族,只有每个成员和气相处、互相帮助、合作无间、精诚团结,才会兴旺发达、富足如意"。于是,郭鹤年将"家和万事兴"深深印在脑海中,他不仅把家族的全体成员团结在一起,而且还推广应用到企业全体员工中,在公司中创造、培育一种家庭式的氛围。

三、华商伦理型管理的实现途径

长期以来,广大杰出华商通过选人育人、情感感化、文化熏陶等方式,在企业管理中讲求"以德率才、以情动人、以行感人、以德服人",积极践行伦理型管理的理念。

(一)"以德率才":华商筑牢伦理型管理的根基

所谓"以德率才",是指管理者通过正直诚实、存善之心等优良品德,通过垂范效应,推动包括自己在内的人才将聪明才智用于正道,体现个人造福企业的基本商业伦理。这里的"德"就是通常所说的"贤",它有两重含义:一是"忠",即强调员工对企业的忠诚,能与企业建立稳定的"利益共同体""命运共同体";二是"诚",即强调员工对待老板和同事时要有正直诚实的本性。

对于华商而言,选人才就像选种子,找到有感恩之心的员工,是他们进行伦理型管理的前提。否则,即使华商为员工付出再多,而员工不思回报,伦理型管理的效果也会大打折扣。一位华商曾经说,"现在不是缺有能力的人,而是缺信得过的人",因此华商往往会基于亲情和乡情进行人才选用,其中"德"的标准甚至会优先于对能力的考量,要求员工不仅在工作期间要遵守企业的规范,在工作之余也必须保持较高的道德水准。

例如,华商胡文虎用人的一个重要标准就是,看他对父母是否"孝"。台湾著名华商王永庆认为:"以德行为首要标准选拔适当的人,培养他们的知识和经验,使新进人才有出头的机会。"在工作中,他要求公司主管对部属的工作详细询问查阅,互相研议,从而认清各人的天资、性格以及工作品质。

(二)"以德服人":华商伦理型管理中的自我管理

孙子提出,"上下同欲者胜",即上下一条心才可取胜。为此,他强调要爱护士卒,"视卒如婴儿,故可与之赴深;视卒如爱子,故可与俱死"。在管理过程中,领导者如果拥有尊重员工的"德",把部属当作手足一样疼爱,一般情况下部属会加倍回馈领导者的仁爱之心;反之,如果领导者过于"自我",只是把员工当犬马来使用,那么部属看到领导者就没什么感情。

古人云:"其身正,不令而行,其身不正,虽令不从。"对于广大杰出华商而言,他们在管理过程中会充分利用自己的优良道德品质,对企业员工产生感召力和影响力,最终获得企业成员的信任和尊敬,并愿意为企业效力,这无疑大大提升了企业的伦理型管理水平。诸如:

• 印尼华商黄鸿年。黄鸿年从来不以老板自居,他把雇员都当同事。黄鸿年说,"我都是用能人,越能的人,越有怪癖,越有自尊,越清高,越需要尊重"。一个细微之处可以体现黄鸿年对下属的尊重,他从不让员工提包、开车门等这样的事。如果有员工想这样做,他会说:"谢谢,我自己有手。提包、开车门不是你该做的事,也不符合你的身份。"

• 泰国华商林立盛。林立盛对待下属秉承公平之心,无论是新加入的子公司还是"老资格"的子公司,他都一视同仁,给予这些子公司负责人们充分的信任,达到了领导信任下属、下属就忠心于领导的良好氛围。实际上,泰华树胶各子公司负责人都对总公司和林立盛非常忠诚,不仅尽力把自己的事情做好,还时常超额完成生产和销售任务。他们的品德和能力，为泰华树胶的发展提供了支撑。林立盛多次强调说："如果这些厂长、经理不是忠心的人，不是有能力的人，是没办法做的。"

(三)"以情动人"：华商伦理型管理中的情感感化

在中国传统文化的影响下，华商的情感取向一定程度上决定了他们的思维模式和行动方式，在员工管理中尤其突出了情感感化特征。也就是说，华商在管理中不会动用太多冰冷的条规戒律，而是注重"情感管理"，更多强调管理者和员工情感的双向交流和沟通，关注员工的日常环境、工作环境和内心世界。

这从香港和记黄埔有限公司在意大利的 H3G 公司的 CEO 诺瓦里（Novari）的描述可见一斑。他说，"香港老板特别注重企业人员之间的情感，他如此关心我，以至于了解到我喜欢吃虾，每月参加高管会议时，都用不同的调料为我烹制虾；还为我的安全担心，觉得我开的那辆 Smart 汽车不够结实；还认识了我的家庭，经常询问我孩子的情况"。诺瓦里感到，华人老板非常重视关系，把人际关系看成是良好合作的必要条件。

在实践中，广大杰出华商积极把这种"仁爱"之心应用到企业管理之中，在企业中善待员工，从工作和生活的细微之处入手，时时处处关心员工，爱护员工，并且想方设法为他们解决一些实际的困难和问题。例如：

• 王安。他说，"我们雇用了各种类型的人，从科学家、工程师到推销员、秘书，每一类人都有自己不同的工作方式和特殊需要，因此需要采用不同的方法以维持他们的士气。例如，科学家和工程师是公司的灵魂，为了保护他们的创造性，容忍他们的一些在普通组织中不能容忍的行为是值得的。这样，工程师们都知道企业能够理解他们对公司的贡献"。

• 李贵辉。李贵辉虽然是一个年轻的创业者，但他积极奉行情感化管理，非常关爱员工的工作与生活。有一次，一名员工的母亲病重，他知道后马上与当地医院院长沟通，千方百计组织抢救。另外，他对于薪酬发放还定下这样的规矩："员工一律只取 50% 的工资，剩下的 50% 由公司负责寄往员工家中。"不难看出，该做法旨在促进家庭生活的和谐，这种充满爱意的规定受到员工与家庭成员的欢迎。

• 陈玉辉。"没有好老板，只有好员工"是阿根廷华商陈玉辉的一个"金句"。他把店里的本地员工当做兄弟姐妹看待："有员工生日，他会请员工甚至员工家人一同吃饭；每每节日，还会给员工送上礼物；员工犯错，会宽以待人；员工有困难，更会倾囊相助"。而一个关于员工的事情更是体现了他对员工的情感：一名本地员工偷偷拿了店内一笔并不算少的钱，陈玉辉报了警，也查到了当事人，但是他却没有追究对方的责任，也没有要回失窃的钱，只留下了一句话，"你如果是用来盖房子的，我自然会支持你的"。

(四)"以行感人":危难时华商与员工"同舟共济"

在西方商业价值观中,商人以追求利润为唯一目标,任何活动都要以股东利益最大化为目的,按期公布公司的财务报表。在市场景气时,自然是皆大欢喜。但是,一旦公司出现亏损,通常就要大幅裁员,甚至申请破产保护。基于此,员工与企业的关系只是以利益关系为转移,员工一旦找到更好的工作或职位或更高的薪水就会立刻辞职。

而在伦理型管理模式下,广大杰出华商非常明白"财散则民聚,财聚则民散"的道理,他们在注重企业效益的同时,更加注重企业的社会责任,即使陷入亏损状态,也尽可能维护员工的利益,尽量避免破产。

对于华商的这种庇护和关怀,企业员工在儒学伦理中"受人滴水之恩、应当涌泉相报"的价值理念下,他们往往也以努力工作来报答,于是相互间产生了一种神圣的家族式道德责任:"在华商看来,工资、奖金正是自己创业成功荫护属下的结果;在员工看来,虽然自己付出了劳动,但正是企业主给自己提供了一个这样的场所,因此心存感激"。

 案例 6-1

华商朱丽丽:疫情之下,绝不裁员!

2020 年以来,受新冠肺炎疫情影响,外国许多企业都相继宣布了关店消息或是裁员计划。南非也一样深受疫情影响,失业率有所增加。祖籍福建石狮的全非洲华人妇女联合总会荣誉会长、福建省海外杰出女性联谊会理事朱丽丽,虽然拥有多家商场和工厂,却一直没有选择裁员,她说:"困难的时候大家就是要相互扶持。"为应对疫情,南非政府从当地时间 3 月 26 日开始在全国范围内实施最严格的五级"封城"措施,全面停工停学。

也是从这时候开始,朱丽丽就给自己工厂里所有受疫情影响而无法正常上班的工人发半薪,一直持续到了现在。实际上,商场关门、工厂停工对她的影响不算小,几个月没有收益却持续支出,对任何老板来说都是不小的压力,但朱丽丽没犹豫,她说:"当然要给他们发工资,不然他们没饭吃。"南非"封城"等级逐步降低后,朱丽丽的工厂开始缓慢复工,对于那些已经复工的人,朱丽丽除了给他们准备口罩、消毒液之外,还每天给工人们煮中药,希望以此增强他们的抵抗力。

资料来源:东南网,2020 年 09 月 08 日。

第二节 华商"以法为器"的制度化管理

习近平总书记指出:"小智治事,中智治人,大智立法。治理一个国家、一个社会,关键是要立规矩、讲规矩、守规矩。法律是治国理政最大最重要的规矩。"历史上,大秦帝国的崛起正始于"商鞅变法","徒木立信"的行为让"法"的思想在当时的秦国深入人心。

诺思在《西方世界的兴起》中也声称,"西方经济的发展主要得益于制度的变迁"。这是因为,制度详细规范了人们"做什么,怎么做,何时做,谁来做"等重要问题,会对组织及成员施加约束性影响。

一、制度化管理的内涵、特征与价值

(一)制度化管理的内涵

1.制度

所谓制度(institution),是指要求全体成员共同遵守的规章或准则。从企业管理的角度,制度是企业为了规范员工行为,按一定程序所制定的办事规程或行为准则。

具体来讲,它从"什么可以做""什么不可以做""做好了有什么奖励""违反了会如何处罚"等角度,为员工提供了规范性的行为指南。

2.制度化管理

所谓制度化管理(institutionalized management),是以制度规范为基本手段,用于协调企业组织集体协作行为的管理方式,是企业实现法治的具体表现。其中,员工管理制度主要包括:劳动合同管理、工资管理、社会保险福利待遇、工时休假、职工奖惩等。

与伦理型管理不同,制度化管理的实质在于以科学确定的制度规范作为组织协作行为的基本机制,主要依靠个人的、科学合理的理性权威实行管理。

在管理实践中,它能够为企业严明纪律、奖励先进、处罚落后、调动员工积极性,最终为提高工作效益和经济效益提供支撑和保障。

(二)企业制度化管理的特征

1.个人本位的权利观念是企业制度化管理的基础

权利观念是西方管理的重要文化基因,巴纳德提出的"诱因理论",正是基于权利观的个人与组织利益的交换。从学术的角度,个人本位一般是与团体本位(国家本位)相对应的概念,它已成为渗透在人们内在合理观念的根本观念和基本共识。

企业制度化管理的基础是,首先要承认员工作为独立的经济主体,应该享有其相对独立的经济利益和经济权利,在管理过程中应充分考虑个人的利益和权利,如私人财产权,受教育权,居住、健康、择业等。

因此,制度化管理正是以个人本位的权利观念为基石,以契约规则划定个人和组织的利益边界,规定彼此的权利与义务关系。

2.规章制度居于企业管理的至高位置

在制度化管理框架下,契约精神、法治观念的特点十分突出。反映在员工管理中,规章制度在管理中有至上的地位,是组织一切活动的依据,不因任何地位任何身份的个人而发生改变。基于此,制度管理也被称为"刚性管理"。具体来讲:

第一,以非人格化、制度化的特征否定了家长制下的"人治现象"。在管理实践中,它依据不顾情面、照章办事的原则,通过办事程序法规化、条例化的方式,否定了企业中的裙带关系,否定了企业决策中的主观武断和感情用事等做法。

第二,在企业中,每个人在规章、制度面前,都处于形式上的平等地位。在实践中,无论是企业高层主管还是一般员工,办理企业业务时都要按照明确的责任权限,保持情感中立态度进行秉公办理,企业主本人也应遵守企业规章制度。

第三,管理者只是根据制度规定而暂时拥有权力,服从者所服从的是制度,而不是某个具体的人。即,制度化管理虽然也讲等级和服从,但这种服从不是个人的依附,不是基于对某人的臣服、不是对特定个人的忠诚,而是忠诚于制度和行政规范。

(三)制度化管理的价值

"人跟着利益走,利益跟着制度走。"正如格力集团董明珠在 2015 年的一次演讲中多次强调的,1995 年格力在"北有春兰,南有华宝"的情况下利润增长了 7 倍,这正是当年格力进行制度建设的结果,"决定企业命运的是制度,不是员工"。

因此,制度管理对于企业发展具有重要价值:

第一,有助于在企业内部塑造按制度办事的平等氛围,打破"权谋文化"。企业制度化管理强调,"员工要依据企业共同的契约和制度来处理各种事务,对那些'谋人者''投机者'进行强有力的制约,久而久之就促进了企业观念的变革,促使形成企业的平等文化"。

第二,有利于企业运行的规范化和标准化,促进企业与国际接轨。学界普遍认为,企业采用制度化管理的方式更加符合国际惯例,也更加接近欧美等发达国家的管理风格,这对于企业与国际接轨、顺利融入国际市场具有重要价值。

第三,有利于促进组织运行的稳定性和可预期性。制度化管理追求专职化、层级化、权责一致、一切按规则行事等方式,从根本上排斥"一言堂",有利于减少决策失误,使组织中的活动具有严密性、可操作性、可预见性、可计算性、可控制性等。

第四,有利于企业吸引优秀人才加盟。一般来讲,人们普遍愿意在公平、公正的环境下参与竞争和工作,而制度管理强调"官不私亲,法不遗爱",最大程度上体现了企业管理的公正性和公平性,因此规范的制度管理是企业赢得人才争夺战的强有力武器。

二、华商员工管理中的"制度型"特征与表现

一位学者指出,"华人企业要保持基业长青、实现可持续发展,就必须要过好家族制、多元化、国际化'三关'"。在国际化过程中,广大杰出华商认真遵守住在国的法律法规,在企业积极推行制度管理,明确管理者的责、权、利,努力打破"人管人"的旧框架,通过"制度管人"的方式来提高管理效率。

(一)"合规经营":遵守住在国有关员工管理的法律制度

在大量的教训面前,越来越多的华商意识到,员工管理要严格执行住在国法律、法规的规定,制定规章制度不得违反当地法律、法规的规定,要依法保障劳动者的劳动权利。否则,就可能会受到当地法律的制裁。

1.遵守住在国对于"工作—生活平衡"的规定

"工作—生活平衡"是海外人力资源工作的一个重要命题。在欧洲很多国家,"工作—生活平衡"是社会公平与福利的重要体现,劳动者工作和生活的平衡已经成为法律和公共政策非常关注的内容。长期以来,出于保护劳动者权益、提高劳动者工作和生活质量的考虑,欧洲部分国家逐步形成了系统性的工作政策。

例如,在亚洲,周日通常是消费最火、人气最旺、商家不愿错过的大好时机,可是在大部分欧洲国家,"星期天不工作"是一项法律规定。在希腊,周日为法定假日,商店不得开门。在法国,"星期天不工作"作为法律已经实行了100多年,雇主每违规雇用一名雇员在法定工作时间以外工作,可被罚款1 500欧元,重犯者罚款额倍增。在波兰,根据2018年3月1日起实施《周日不营业法》,除了重要节日的周日外,其余周日不得营业。在不得营业的周日,商店不得安排员工承担任何工

作,否则将面临最高 10 万兹罗提(约 18.6 万人民币)的罚款,多次违法可能被判处监禁。

然而,部分华商最初存在着侥幸心理,无视政府的规定坚持周日"做生意",进而遭到当地政府的查处。在希腊,在 2014 年最高峰时,曾有高达 90%的华人商户在周日开门营业,在希腊政府连续数周查处周日营业的案件后,很多华商都开始遵守当地规定,不再"重蹈覆辙",努力维护华商"奉公守法、诚实守信"的良好形象。

2.遵守住在国的用工制度

远离故土,华商在海外打拼确实不易,雇员工、买设备、保证周转资金等需投入较大成本,对此精打细算也无可厚非。但是,遵守住在国的用工制度是华商经营的底线,诸如雇佣"黑工"等违法行为是不能逾越的红线。

在欧洲很多国家,"黑工"是一种非法工作的现象,指的是"未申报""未定期申报"的工人,在就业中心没有登记就业信息,薪酬、缴费、税收都不上报。由于"黑工"现象会造成国家税收和社会保险金的流失,所以一直是法国、意大利、西班牙等欧洲国家打击的重点,违反相关规定的企业或个人将会被处以高额罚款。

长期以来,不规范用工被认为是华商企业的一个重要利润来源。"比如在法国,雇一个黑工,包吃包住的话是 1 100～1 200 欧元,最多给你 1 500 欧元",当地华商刘先生说,"但合法劳工可能最低也要给到 1 800～2 000 欧元,加上税,起码要支出 2 500 欧元"。尤其是,这些工人报酬不高但工作效率很高,他们很多人一天工作 18 个小时,甚至就睡在缝纫机前面。

但是,由于这些雇佣行为违反了当地用工制度,屡屡遭到巨额处罚。2019 年 9 月,一位意大利华商因雇用黑工被罚逾 10 万欧元;2021 年 11 月,一名西班牙华商由于雇黑工、不上保险,被劳动局罚款 8 万欧元;2022 年 3 月,位于意大利 Lograto 的两家华商企业雇用没工作合同的黑工被罚款 15 万欧元……

 案例 6-2

(一)工厂不缺订单,但华人老板却被抓了

2020 年 11 月,意大利贝加莫地区的两位华商遭到了警方指控。

警方的调查从 2020 年 4 月就开始了。当时正值意大利新冠疫情肆虐初期,这两名华商经营的工厂经营代加工口罩和防护服业务。当时意大利口罩奇缺,为了提高生产效率,工厂雇了多名黑工加班加点工作。

警方突击检查这两家工厂是否符合生产个人防护用品规定,其间发现多名工人没有居留,且吃住都在工厂内,进而展开进一步调查。

"靴子"在最近终于落地。这两名年龄分别为 44 岁和 48 岁的华商,被指控非

法雇用以及剥削黑工并软禁,工厂也被勒令关闭六个月。

(二)西班牙新一轮劳工检查开始 华商须遵纪守法

据《欧华报》报道,当地时间 2019 年 4 月 9 日上午,西班牙华人微信朋友圈里有条提示十分醒目:"大家小心,今天仓库区扫荡式大突查,主要查身份! 查保险! 查黑工!"

据华商反映,早晨大家一开门,第一波西班牙便衣警察就进来检查,禁止所有人员进出,便衣们兵分几路,去仓库的,去楼上的,去办公室的。记者采访的商家,因为工人都是全保,逐一登记了身份证。店内当时还有几个老外客人,从瓦伦西亚过来进货的,警察在核对了身份证后,也就让他们离开了。

但并非所有商家都给工人上了全保,据记者了解,已经有三家被查,特别是仓库区的中餐行业,颇受打击,几乎被检查了个遍。

媒体呼吁广大华商,在西班牙,查黑工、查保险将变为一种常态,随时都会有便衣警察或劳工部门的人突然上门。为了安全起见,请大家务必遵纪守法,加强管理,切不可贪便宜雇用黑工或不给工人上保险,或全天工上半保,这些都是警方和劳工部门的检查重点,而华人企业更是政府检查的重中之重,为了避免巨额罚款,守法经营是前提。

资料来源:中国侨网,2019 年 04 月 11 日。

基于此,已有越来越多的华商意识到,自身传统的经营模式与用工制度不能与当地现行法律相冲突,守法经营是他们在海外生存和发展的基础,也是寻求领事保护的前提。于是,越来越多的华商意识到,决不能因"侥幸心理"作祟而以身试法,否则必将因小失大,最终付出惨痛的代价。同样,法国《欧洲时报》也曾发表题为《米兰华商胜利后的反思》的文章,呼吁广大华商严于律己和进一步增强法制观念与融入意识,认为这才是防止自身正当权益遭受侵犯的治本之策。

(二)"不别亲疏,一概于法":华商企业内部的制度管理

1."法治"植入:华商企业积极引入制度化管理思维

近年来,在华商企业内部管理过程中,制度管理的作用也越来越大。我国学者储小平在其著作中指出:"从家庭或家族企业到泛家族企业,直到公众上市公司,这个华人家族企业成长的过程,也是它们'法治'程度逐渐提高的过程。"

例如,华商郭鹤年是最早一位把西方现代化管理制度、方法应用在企业管理中的人。他指出,"严格的制度和良好的纪律对维持一家公司的正直作风及向前、向上发展大有裨益"。在企业管理实践中,他正是靠严格的制度管理,才使众多的香格里拉酒店可以统一向客人提供第一流的服务,能在旅游业、酒店业中成为骄人的

金字招牌,甚至在每年的"全世界最佳酒店"评选中名列金榜。同样,也正是借助经营管理的制度化,他才能在中国深圳、厦门等地的精炼食油厂,以及马来西亚的糖厂、面粉厂等企业,都狠抓质量控制,以各种优质名牌产品赢得了越来越多的顾客,占领了较大的市场份额。

2.规章制定与执行:科学化和严格化并举

受海外尤其是欧美管理思想的影响,广大杰出华商的制度化管理水平显著提升。在实践中,他们围绕自身企业的实际,学习海外同行同业先进企业的管理新理念,制度管理呈现出科学化制定和严格化执行的特征:

第一,制度的内容和流程科学化。一方面,广大杰出华商借鉴西方管理思想,制定了企业行政管理、人力资源管理、财务管理等制度,且核心内容非常注重企业成员的责、权、利明晰;另一方面,华商企业制度的制定过程遵循"由低向高、由简到繁"的原则,通过适时修改和完善,逐步提高管理制度的针对性和时效性。

第二,制度的执行严格化。在实践中,越来越多的华商明白制度要严格执行的道理,即如果企业有制度而不执行、有执行而不到位,有可能产生的"破窗效应",导致制度失去权威。因此,他们在制度管理管理中也非常强调制度的严格执行,采用"铁腕"手段将相关制度管理严格贯彻到企业管理中去。

例如,台塑集团的王永庆建立了一整套人事管理制度,包括责任制、业务考核、监督和奖惩等制度,并要求每个员工在工作中忠心尽职,严格完成工作任务,表现良好者给予优厚的奖赏,对违背命令或行为的越轨者则严惩不贷。一旦员工工作出了差错,都要严格地按照条例进行处罚。他深知,产品质量一旦出了问题,就可能威胁到企业生存。于是他告知部下,这不是我的心肠特别硬,这是市场规律的要求、竞争规律的要求,也是生存规律的要求,甚至为此被人责为"只会做事,不会做人"。

 案例 6-3

华商黄双安与囚犯:我们按规矩来

1962 年印尼政府国营公司急需合作伙伴,将木材出口到日本,高层调查后选择了黄双安的企业,并投资 1 000 万印尼币给他,还给他送来 700 名囚犯当廉价劳力。

囚犯上来就与黄双安谈条件,条件一是每人每星期要吃三颗鸡蛋,条件二是每人每星期要有一盎司牛肉。那个时候就是黄双安自己一个月都吃不上三个鸡蛋。如果你是老板,你会怎么处理?

"我说好,把你们想要的条件写下来,签名,我带你们跟监狱要求。"黄双安说,典狱长听完条件后,当场拿鲨鱼尾做成的鞭子,往一个囚犯身上抽,才一鞭子,所有条件就都不要了,从此再也没有人提出这种要求了。

黄双安将囚犯等同普通工人,两人一组,一天只要上交一根长 4 米、直径 4.78 米的木头就可以,剩下多砍的由公司付工资,犯人一看制度公道,便人人苦干,没一个想跑,黄双安也和囚犯在一起工作、吃饭、睡觉。

(三)"守法"与"维权":运营管理中的制度管理

在经营过程中,很多华商开始认真研读当地法律法规并认真遵守,为获得事业的长远发展奠定了坚实的基础。例如,在意大利东北部的威尼托大区,华商建成了东方理想商城、中国商城等大型交易中心,他们诚信经营、遵纪守法,获得当地政府和民众的充分肯定和认可。他们的秘诀就是,"要想在意大利发展,除了坚守自己擅长的行业外,更要诚信守法"。

当然,华商在海外的合法权益受到损害时,他们也会依据当地法律积极维护自身权利。例如,面对罗马尼亚当局对尼罗市场实行断水断电、撤走物业的困境,华商成立了华人维权委员会,自己担负起管理市场、治理市场的责任。同样,在 2010 年,对于德国媒体的恶意渲染,华商联手起诉诽谤中餐馆主是奴隶主的德国 RTL 电视台。

 案例 6-4

新西兰华商谈"维权斗争":依法依规向"洋伙伴"争取权利

西方商业文化的基础是契约,但在与当地人合伙做机械设备生意时,新西兰华商王镜池并没有将"契约"放在首要位置,而是把所有精力都放在业务上,他与合伙人没有达成明确的书面协议,一厢情愿地认为大家可同甘共苦。

意想不到的是,他的合伙人没有储蓄的习惯竟然成为散伙的导火索。原来,为节约开支,王镜池和合伙人约定最初每人只发 600 新西兰元的周薪。这一数额对于习惯节省开支并喜欢在家留些现金的中国人来说绰绰有余。然而,他的合伙人却急于在每个项目结束时就要分红。

合伙人刚提出分红要求时,王镜池自掏腰包垫上还没有收到的项目款,后来他提出按季度或者月份分红。没想到,合伙人却诬告王镜池伪造嫌疑单据,直接开出 6 万新西兰元的账单。在王镜池断然拒绝后,合伙人竟然将公司机械设备拉走,并且威胁王镜池用高价赎回。

交涉无果后,王镜池手握完整的证据材料,到奥克兰市警察局维权。警方最终接手这起纠纷,很快向对方发出警告:"限期在当晚将抢占的设备归还,否则警方将派人取回设备,并对其提起非法占有的指控。"当晚 10 时,机械设备被送回,王镜池望着机械设备,心中涌上一股暖流。这次海外维权的胜利,支撑着他在新西兰创业至今。

资料来源:环球时报,2015 年 10 月 29 日。

第三节 华商"德法兼容"的管理模式

著名未来学家阿尔文·托夫勒曾经说过,"西方文明如果没有东方哲学的注入,是没有灵魂的,而东方文明如果没有西方科学文化的注入,就会缺乏科学支撑,缺乏制度效应"。在全球化背景下,无论是东方的伦理型管理,还是西方的制度化管理,都必须要在碰撞、融合与升华中,吸收对方管理文化中的活力因素。

在实践中,新加坡在管理中成功做到柔性的"德治"和刚性的"法治"的有机结合,成为举世公认的国家治理典范。事实上,广大杰出华商正是以"和而不同"的宽宏包容心态,通过将"人"为中心的柔性管理与西方以"事"为中心的规范化管理相互融合,在管理模式上实现了"德法兼容"。

一、"德法兼容"管理模式的特征:"恩威并用"和"9.9"型管理

(一)"恩威并用"

1."恩威并用"的内涵

"恩威并用"出自《三国志·吴书·周鲂传》:"鲂在郡十三年卒,赏善罚恶,恩威并行。"意思是,在管理过程中要安抚和强制同时施行,给予恩惠和加以惩罚两种手段并用。也就是,管理者既要严格要求部下,又需要积极照顾体贴部下。

在企业管理实践中,广大企业家也对"恩威并用"进行了生动阐述。例如:

•唐山豪门集团董事长陈世增:"兄长的心"+"厂长的手",即将对待员工的慈爱与严厉相结合,是管好企业的有效办法。

•江苏春兰集团公司总经理陶建幸:"无情的三铁"(铁条例、铁纪律、铁管理)+"友情的爱心"(优厚的职工福利)。

2."恩威并用"的实施原则

在企业内部,大多数员工依赖规则驱动,只有少数人靠自我(理想和价值)驱动。这就要求管理者要同时利用胡萝卜与大棒这两种工具,灵活运用"施恩"与

"立威"两种方式，成为让员工既拥戴又敬畏的成功管理者。

在实践中，管理者在运用"恩威并用"的理念时，要注意以下两点：

第一，威不滥用，恩不轻施。主要原因在于，领导威势太重，基于制度的管理如果过于苛刻，则下属不敢亲近，长期会疏远离心；反之，领导如果过于亲和，基于情感的管理太过宽缓，则下属会生出轻慢懈怠，影响工作任务的完成。

第二，"恩者小至大，威者严渐宽"。即，基于"德"的恩惠要由小到大，否则下属会淡化了你的恩惠，效果也会大打折扣；同样，基于"法"的立威应该从严到宽，而且制度处罚完毕后要进行情感安抚，否则难免会给下属埋下不满和对抗的种子。

 案例 6-5

董明珠的员工管理艺术："严"与"爱"

格力集团董明珠非常强调通过严格的制度对员工进行严格管理。例如，公司的制度明确规定："上班时间不允许在办公室吃东西，违者罚款 200 元。"

有一次，有个员工从老家带了些土特产到公司。他在离下班还有 5 分钟的时候，就拿出土特产跟伙伴们分享，正好被董明珠撞见。她当时严厉地批评处罚了这位带特产来公司的员工，并依据公司制度，罚了他 200 块钱。很多人对这件事情非常不理解，觉得董明珠做得太过了。

事后，董明珠拎着礼物到这位员工的家里，跟他说明情况，希望他能够理解。她对员工说："公司的制度归制度，人情归人情。我代表公司罚了你 200 块钱，现在我自己掏 200 块给你。虽然你是第一次犯这样的错误，但公司的制度不分几次，犯了错就得罚。而作为一个员工，谁能无过，谁能是完人，所以作为领导，第一次这200 块我替你交了。"

董明珠这样做，让员工非常感动，因此深刻反省自己，跟领导认错。于是，他也表现得非常大度，觉得不能拿领导的钱，自己犯了错，不能让领导买单。

这就是董明珠管理员工的艺术：坚持制度原则的同时，心中有爱。

（二）"9.9"型管理

1964 年，罗伯特·布莱克和简·莫顿提出了管理方格理论（management grid theory），其中的"9.9"型管理是"德法兼容"管理模式的典型之一。该理论认为，管理者在"对生产关心"和"对人关心"的领导方式之间，可以有使二者在不同程度上互相结合的多种领导方式。

具体来讲，管理方格是一张纵轴和横轴各 9 等分，总共 81 个小方格的方格图，纵轴表示领导者"对人的关心程度"(包含了员工对自尊的维护、基于信任而非基于服从来授予职责、提供良好的工作条件和保持良好的人际关系等),横轴表示领导者对"对生产的关心程度"(包括政策决议的质量、程序与过程、研究工作的创造性、职能人员的服务质量、工作效率和产量),第1格表示关心程度最小,第9格表示关心程度最大(如图6-1所示)。

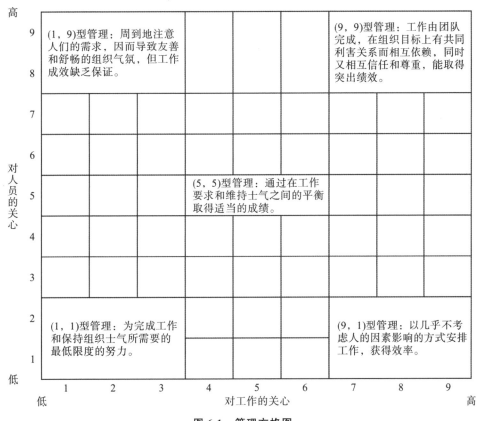

图6-1 管理方格图

在管理方格内几种典型的管理方式中,"9.9"型管理也被称为"团队型"管理,表示管理者对人和生产都很关心,通过使员工和生产两个方面最理想、最有效地结合,能够使下属在责、权、利等方面高度统一,提高他们的积极性和工作效率。

它对企业管理实践的启示是:

第一,管理者要高度重视"制度约束"。即,要布置足够的工作任务,向下属提出严格的要求,并且要有规章制度作保障。

第二,管理者也要高度重视"员工关怀"。即,管理者要十分关心下属,包括关心他们的利益,创造良好的工作条件和工作环境,给予适度物质和精神鼓励等。

二、华商员工管理中"德法兼容"的实施

在很多华商企业中,他们遵循"以德拢人心,以法促有序"的原则,采取"制度化约束与思想政治工作并举"的手段,在企业管理中积极实施"德法兼容"的管理模式。

也就是说,广大杰出华商在管理过程中,不仅讲"和为贵""人为本""义利统一",以此提高成员的自主性、积极性,还强调加入更多的规章制度,以"专业""经济""规范"等为原则,为企业提供有效的组织管理和约束激励机制。

(一)原则:"以德拢人心,以法促有序"

"如果德治不举,人心不稳,法治就会千疮百孔;而法治松弛,惩恶不力,德治也会破堤而溃。"即,"德治"规范人的内心世界,"法治"强制人的外部行为,只有两者相辅相成,才能从根本上提升管理水平。

否则,如果"强调人情而轻于合同,注重情感而疏于法制",就会削弱企业在任务和规则方面的理性表现。例如,美国华商王安本人被称为慈善的专制者,他敬业、勤奋,不贪财,为员工谋福利,因此很受员工的爱戴,但他轻忽制度建设和治理,被美国商业周刊称为"治理泛泛平庸者"。

因此,广大杰出华商为了实现凝聚人心与提高效率并举的管理目标,基于人本主义和经济学原理,在实施"德法兼容"的管理模式中,认真遵循"以德拢人心,以法促有序"原则,动之以情、晓之以理,努力将企业的制度化管理与情感管理和情感交流融合在一起,在强调规章制度有形约束的同时,也高度重视伦理道德的无形约束。

例如,李嘉诚曾告诉他的孙儿:"做人如果可以做到'仁慈的狮子',你就成功了!仁慈是本性,你平常仁慈,但单单仁慈,业务不能成功,如果人家不好,狮子是有能力去反抗的。"

(二)手段:制度化约束和思想政治工作

毛主席说过:"思想政治工作是经济工作和其他一切工作的生命线。"在企业管理中,要实现制度化管理,必须有一整套强有力的思想政治工作做保证。在实践中,广大华商通过制度化约束,对违反规章制度的人进行惩罚,使"罚当其罪,为恶者畏惧",这是树立领导者权威的必要手段,也是影响搞好管理的必要前提。

例如,台湾国泰集团董事长蔡万霖对犯错误的员工相当严厉,他将不定期的巡视作为监督企业的一个有效手段,他随时都有可能出现在公司的任何一个角落,一旦看到员工有越轨的行为或者工作不积极,当即予以严厉训斥,甚至开除。因此大家都兢兢业业,不敢有丝毫懈怠。

然而,很多杰出华商也明白,如果一味实行严格的规章制度,必然会有部分成员感到不适应,甚至牢骚满腹。因此,他们还会进行耐心细致的思想政治工作,通过做思想工作,既坚持制度的标准不变,消除他们的疑虑,化解他们的不满,使他们从抵制执行制度到自觉地遵守规章制度,使问题得到圆满的解决。正如华商陈玉书所说:"同事和老板是在同一条船上,如果只有利害,不讲需要,那就太冷酷了"。

例如,郭鹤年经营管理的一个特点是制度管理与情感激励的紧密联系,两者缺一不可,"很多事情道理很简单,经营管理不能只靠制度,更要靠人。制度是人定出来的,也要靠人去执行。只有上上下下有感情,合作得好,才能调动每个人的才能,发挥他的最大潜能"。

同样,被称为"纺织女王"的台湾华商吴舜文的目标管理思想是,"员工的工作目标不是自上而下的硬性规定,而是每年的年度计划由员工自己提出,经可行性论证后再分解为月度目标,因此其工作热情被调动出来,上级的控制也就有的放矢"。这种管理机制既有西方的科学求实精神,又有东方人以"和"为核心的感情特点,因而实施起来也卓有成效。

本 章 精 要

1.伦理型管理是指将伦理作为管理的动力机制与调控方式,将成员间的情感关联作为重要价值目标的管理模式。它以"仁爱"为核心,依托于成员之间密切的伦理关联,强调推动个人的情感参与,重视成员主体性的发挥,推崇诚、义、信等伦理规范,而非要求成员对组织规范的强制服从。

2.长期以来,广大杰出华商在员工管理中积极践行"以人为本",充分体现了伦理型管理的核心理念,"家和万事兴"是华商伦理型管理的外在表现。具体来讲,包括:在语言和行为方面特别强调尊重员工,特别强调通过物质方面的激励善待员工,特别强调满足员工精神情感上的多层次、多方面的需求,特别强调满足员工自我发展的需求。

3.广大杰出华商通过选人育人、情感感化、文化熏陶等方式,积极践行伦理型管理的理念。其中,"以德率才"是华商筑牢伦理型管理的根基,"以德服人"是华商伦理型管理中的自我管理目标,通过"以情动人"实现伦理型管理中的情感感化,华商通过危难时与员工"同舟共济"以实现"以行感人"。

4.制度化管理,是以制度规范为基本手段,用于协调企业组织集体协作行为的管理方式,是企业实现法治的具体表现。与伦理型管理不同,制度化管理的实质在于以科学确定的制度规范为组织协作行为的基本机制,主要依靠于个人的、科学合理的理性权威实行管理。

5.在国际化过程中,广大杰出华商认真遵守住在国的法律法规,在企业积极推行制度管理,具体来讲:一是"合规经营",遵守住在国有关员工管理的法律制度;二是"不别亲疏,一概于法",在企业内部强化制度管理;三是运营管理中的"守法"与"维权"。

6.广大杰出华商正是以"和而不同"的宽宏包容心态,通过以"人"为中心的柔性管理与西方以"事"为中心的规范化管理相互融合,在管理模式上实现了"德法兼容"。其中,"恩威并用"和"9.9"型管理是"德法兼容"的主要特征。

7.在很多华商企业中,他们遵循"以德拢人心,以法促有序"的原则,采取制度化约束与思想政治工作并举的手段,在企业管理中积极实施"德法兼容"的管理模式。

第七章 "顺势而为"的华商企业战略管理

兵者,国之大事,死生之地,存亡之道,不可不察也。不战而屈人之兵,善之善者也。故兵无常势,水无常形,能因敌变化而取胜者,谓之神。

——《孙子兵法》

一个叫李小东的中国人,如何成为新加坡新首富?

2021 年 8 月 31 日,随着新加坡冬海集团(Sea Ltd)的股价一举冲到 338 美元,冬海集团创始人李小冬以 198 亿美元身家成为新加坡首富。在此之前,籍贯天津的李小冬有"上海交大学霸""还不起贷款的留美学生"等诸多称号。乔布斯 2005 年在斯坦福大学的那场著名演讲,他就是当时在现场的听众之一,乔布斯说的那句"保持饥饿,保持愚蠢(Stay hungry, stay foolis)"一直激励着他。

李小东

2009 年,李小冬和一起奋斗的聚美优品 CEO 陈欧分开后,正式创立了"冬海集团",将公司改名为 Garena,开始了一次彻底的转型。押准了时代脉搏的李小冬决定,公司应该专注代理网络游戏发行业务,并立志将 Garena 打造成东南亚最大的游戏发行平台。2010 年 5 月,在李小冬的多番努力之下,腾讯批准将爆款游戏《英雄联盟》的东南亚独家代理权交给 Garena。

在随后的几年里,Garena 迅速发展成为东南亚最大的游戏发行商,陆续拿下了《鹿鼎记》《火瀑》《地下城与勇士》等知名游戏，并将版图从新加坡不断拓展到中国台湾、马来西亚、越南、菲律宾、泰国和印尼，成为新加坡第一家估值超过10亿美元的互联网独角兽，成长为足以垄断游戏市场的"东南亚小腾讯"。

作为一个中国人，李小冬把东南亚市场翻来覆去地研究得异常透彻，真正做到了比东南亚人还懂东南亚人，这是 Garena 的制胜法宝，也是李小冬未来称霸东南亚的绝招。由于东南亚市场网络基础建设薄弱，住宅宽带普及率极低，网吧成了大型游戏的分销重镇，也成了决定一款游戏成功与否的关键环节。深谙东南亚市场规则的李小冬打造了一支强大的"网吧地推军"，在各个网吧进行线下点对点推广，最终在整个东南亚形成了一张高达7万个节点的关系网，带来了一骑绝尘的渗透率。

但称霸游戏市场并没有让李小冬得到满足。他不仅要做"东南亚小腾讯"，还要做"东南亚小阿里"。一次偶然的机会，女儿说了一句"很想念中国的淘宝"。说者无意，听者有心，李小冬从这句话中看到了新的商机：既然新加坡没有自己的淘宝，那我就来再造一个淘宝！

2015年6月，李小冬推出了被称为"东南亚版淘宝 App"的 Shopee（中文名"虾皮"），它借鉴了淘宝当初的做法，对买家卖家都实行免费政策，一时间吸引了大批初始用户。在战术上，Shopee 采用"拼多多式打法"，主推高性价比的小商品，将用户一步步吸引过来。另外，Shopee 还推出了自己的支付软件 AirPay，它在功能上和支付宝一样齐全，很受东南亚用户的欢迎。当时，就连最有想象力的人都不会想到，这个 Shopee 日后真的会击败强大的阿里巴巴，成为东南亚最强的电商平台！

李小冬明白，只有比竞争对手都更深刻地理解东南亚，他才能在竞争中脱颖而出。

东南亚由中南半岛和马来群岛组成，包含11个国家。虽然都在"东南亚"这个范畴里，但各国的风土人情、市场定位、消费水平，甚至物流水平都大不相同。举个例子，泰国是一个虔诚的佛教国家，人口总数超过6900万人；邻邦新加坡却是个高度发达的工业化国家，人口尚不足600万人；而单是印尼一国境内就有580种语言，数百个民族，总人口数高达2.62亿人。

于是，李小冬将东南亚11国的本地化运营运用得炉火纯青。比如，在印尼，Shopee 为了迎合当地人的饮食习惯，推出了专门的伊斯兰产品和服务；在网络文化发达的泰国，Shopee 不仅聘用当地网红宣传带货，还在"413"泼水节等重大节日灵活配合促销活动；在消费水平较低、注重性价比的马来西亚，Shopee 常年使用高价折扣、全网最低的促销手段。在2017年上市前夕，李小冬甚至把公司名字从 Garena 改为了"冬海集团"，英文是 SEA，取自 South East Asia 的三个首字母，以致敬整个东南亚市场。

在称霸了整个东南亚市场之后,李小冬还是没有停下脚步。从2019年开始,冬海集团不断将触手伸到拉美地区,Shopee以闪电般的速度进入巴西等国家,力求在拉美这片同样年轻、同样复杂、同样快速增长的新兴热土上,复制来自东南亚的传奇。

第一节　华商战略思维的特征与构成

一、"顺势而为"是华商战略思维的总特征

"谋定而后动,战略决定未来。"唯物主义观点认为,社会的整体发展是有趋势的,企业经营者要先于别人把握住趋势,而且对各类社会资源理解得越深,便越能深入了解它的变化以及趋势。

因此,罗伯特.沃特曼认为:"同以往的年代相比,当今商业环境中的一个更为突出的特征是,变化成为唯一不变的事物,成功的企业能够有效适应变化,不断调整其战略、系统、产品与文化,以便能经受冲击,在激烈的竞争中得以繁荣。"

(一)"顺势而为"的内涵

1.什么是"势"

所谓"势",是指力量惯性趋向。从字形字意来说,由"执"与"力"组成。其中,"执"意为"在高原上滚球丸","执"与"力"联合起来表示"高原上的球丸具有往低地滚动的力"。

正如孙子兵法中所说:"激水之疾,至于漂石者,势也。"它的意思是,"势"就像是洪水,怎么挡也挡不住。

2.什么是"顺势而为"

"顺势而为"是一种大的战略,要求人们要根据外在环境调整自己的行为,即做事要顺应潮流,不要逆势而行。在大自然中,水的运动就是"顺势而为"的生动写照,"顺势而为,如水推舟,事半功倍;逆势为之,则逆水行舟,艰难险阻,功败垂成"。

基于此,"顺势而为"的关键是:

第一,"势",即要有一双慧眼,判明大势进退,唯此才会知晓大方向,知进退。

第二,"顺",即顺应、顺道、顺利,而不是悖逆。

第三,"为",即只有作为才能成就事业,才能通向未来。

案例 7-1

暴风雨停了，牛牵回来了

有一场暴风雨快要来了，农夫的牛在山里还没有回来，于是他让自己的三个儿子想办法把牛牵回来。

大儿子带了全套精良装备，二儿子带了一把伞，三儿子什么都没有带。

几天后，暴风雨停了，大儿子瘸了，二儿子不知所终，三儿子把牛牵回来了。

大家都问三儿子怎么赤手空拳把牛牵回来的。

三儿子说："我走到半路看到暴风雨快来了，就在附近的破庙里睡了两天，看到风雨过去我再进山去找牛，发现牛还是一直在老地方，就这样牵回来了。"

（二）"善观时变、顺势而为"：华商战略思维的根基

长期以来，"善观时变、顺势而为"是广大杰出华商战略思维的根基，也是他们顽强生命力的根基。对于东南亚杰出华商，为什么他们在二战后短短几十年中会取得如此大的成就，理论界有两种观点：

一是"经济适应论"，即强调东南亚华商的发展壮大是顺应当地发展大势，紧紧抓住东南亚国家经济发展带来的独特历史机遇，由此造就了他们的成功。

二是"制度适应论"，即认为华人能够基于当地复杂的政治制度和社会结构，与当地政府官员结盟形成"密友"关系而获利致富。

李国梁认为，东南亚华商发展的根本原因是，"广大华商适应战后东南亚国家推行工业化政策、发展本国民族经济的需要，在经营实践中，他们能够基于外部环境的具体形势，做出与之相匹配的战略决策"。

1.商机把握：华商紧跟时势要求

长期以来，广大杰出华商之所以能够带领企业走向成功，一定程度上是"时势造英雄"的结果。他们深知，顺着河流的方向过河要比逆向过河容易得多。他们在战略制定过程中，往往能够根据时代背景，不断调整企业的发展方向。正如菲律宾华商陈永栽谈到集团的发展时说，"顺自然，顺机会去做，机会要我们做什么就做什么"。

例如，新加坡金鹰国际集团的陈江和，他赚到第一桶金的时间是 1972 年，那年他仅仅 22 岁，当时的全球金融危机使得全球石油公司的业务不断飙升，正处于总统苏哈托大力开发石油资源战略背景下的印度尼西亚更是如此，石油公司都在大规模扩建。于是，陈江和抓住机遇，他的设备和工程生意在短时间内就赚到了1 000万美金，从那个时候陈江和就意识到做生意要紧跟时代和时局的重要性。

同样，新加坡华商郭芳枫也对自己的商业生涯进行了这样的总结："做生意要

审时度势,抓住时代特点,准确识别时代发展的需要,从而因势利导,充分利用时代提供的有利条件,同时采用适当的经营对策。"而对于"世界船王"赵锡成来说,他的战略决策是来自对世界航运发展的深刻认识,他曾说:"当时航运业看起来是鼎盛时期,很多人利令智昏,都想来淘金。我全面系统地分析船运业前10年的发展,发现相关指数波动的幅度越来越大,周期越来越快,同时透过对船运业产业链的分析研究,发现当时正孕育并隐藏着'泡沫航运'的险象。"

近年来,自从中国提出"一带一路"倡议后,中国加大与世界各国的经济合作和交流。在英国宁德商会会长陈勇看来,中国新一轮开放大发展的时机已经到来,越来越多颇具发展前景的领域可供华商选择。基于此,广大华商紧跟时代,以"中欧班列""跨境电商""海外仓"建设等为抓手,采取独资、合作等方式积极参与到"一带一路"建设之中,力争在这次机遇中实现自己事业的跨越式发展。

2.产业转型升级:华商紧跟时代脉搏

很多华商在初创企业时,通常依靠"三把刀"从餐饮、制衣、传统贸易等传统行业起步,逐渐推进事业发展。然而,随着世界科学技术的飞速发展,华商的一些传统经营观念遭遇电子商务等新兴商务模式的强烈冲击。

当前,互联网和电子商务的蓬勃发展正在对世界华商的传统经营方式构成极大的威胁。原因在于,从事传统贸易的华商利用他们遍布世界,由家庭成员、朋友组成的关系网获得贸易信息、开展贸易,这种网络一直是华商成功至关重要的因素之一。现在,互联网能把大量信息送到偏远地区,电子商务的出现又使商品生产者与消费者直接进行交易,这对从事传统贸易的华商的生存基础构成了直接威胁。

基于此,广大华商紧跟国内电子商务发展的步伐,积极借力"丝路电商"和"中欧班列"促进自己企业成长。例如,2020年11月,泰国石狮同乡总会暨泰国石狮商会组建设立东南亚采购集散中心综合服务平台;2021年,首个海外仓供需对接的海外智慧物流平台——"海外仓服务在线"正式上线,其中海外华商就是重要的参与者。截至2022年4月,新疆企业与海外华商合作,在10个国家和中国香港特别行政区布局了46个海外仓。

具体到华商个人,俄罗斯华商郑海洋已经在德国、俄罗斯分别建起面积超过1万平方米的海外仓,主要将俄罗斯、哈萨克斯坦的木材、粮食等大宗商品运往中国市场,同时将中国汽车零部件、电子产品等运往中亚及欧洲市场。同样,随着中欧班列的延伸,意大利华商冯亚斌的公司业务也不断拓展,在欧洲多国都开设了办事处或物流点,与当地大型快递公司加强了合作,成为中欧班列的货源组织者之一。

对于新西兰华商顾明祥来说,"在海外,按传统模式和理念经营的店铺、企业已经很难有大的突破,华商企业想要在海外站稳脚跟并且有更长远地发展,就必须进行转型、升级"。他是这样说的,实际上也是这样做的。他高中毕业后到新西兰的奥克兰大学攻读国际贸易,毕业后在新西兰创立了自己的企业,把中国制造的服装远销新西兰,"随着企业的不断扩大,我们的服装现已进驻新西兰的主流商场"。他认为,作为"80后"的新一代华商,应该为企业转型升级多做有益的尝试,于是他在2008年推动了企业的产业转型,实现了经营领域从服装贸易到创建自有女装品牌的跨越,形成了从设计、生产到销售服务的完整产业链。

 **案例 7-2**

美国华商李学海的投资之道:脚步与开放同行,产业顺时代而变

李学海原籍广东,1976年从香港移民美国。回顾其创业历程,李学海的每一个关键决策似乎都暗合了时代发展趋势。

曾在制衣厂打工多年的他注意到,当地华人仅接加工订单,利润被外国时装公司牢牢把持,便决心自创品牌,并于1981年成立服装公司"C.G",即威特集团前身。凭借过硬的质量与设计,C.G高歌猛进,销售网络遍布全美。

20世纪90年代初,受经济危机影响,美国不景气的房地产业让李学海嗅到了第二次商机。他陆续买下总价值超2亿美元的15座巨型货仓,领先业内为报关商检、卸货进仓、打包出库等配备电脑管理。

如今,其仓储物流中心遍及纽约、新泽西、洛杉矶等美国东西海岸主要城市。电商与网购的蓬勃发展,再次力证了他在二十多年前布局物联网、信用系统、零库存等供应链服务的远见。

事实上,时刻关注中国变化的李学海,早已在中国兴办多个服装工厂,投资多家物流企业。"回顾过去,中国改革开放初期的政策优惠,让海外华商获得宝贵商机;其间,国内日益增长的消费能力,拉动了华商事业的不断拓展",李学海说,"如今国内社会经济环境今非昔比,想获得更好发展,企业必须根据市场需求和政策导向及时调整目光,进行相应转型"。

2015年,李学海着手开发天津V1汽车世界创新生态园项目。项目不仅包含国际赛车场,还建有二手豪车购买服务中心、高端汽车VIP俱乐部、售后汽车改装升级店、汽车文化博物馆、大型汽车展会场、汽车主题游乐场、汽车研发中心等设施,旨在为中国汽车创新领域和赛车文化打造全新里程碑。

李学海的观点是,聚焦汽车项目,是看好中国在该领域的产业发展趋势。他说,当前中国汽车保有量是几亿辆,每年生产和销售数量在3000万辆左右,是世界范围内数量最多的;另有数据显示,未来中国的新能源车、电动车、智能车或将占据全球总销量的80%,V1汽车世界项目正是就此紧密展开。

资料来源:中国新闻网,2018年11月14日。

二、华商的战略思维构成

在长期的经营管理过程中,广大杰出华商形成了他们独特的战略决策思维。笔者经过归纳总结后认为,这些战略思维主要表现在三个方面:

(一)立足长远:不拘泥于短期的盈利

企业家不能往"钱"看,要往"前"看,即企业家不能只注重眼前利益而忽略企业的长远发展,更不能发现有利可图就盲目跟风。研究发现,很多杰出华商的战略思维是立足于企业的长远发展,重点投资长期利益,而且还能以超凡眼光看到别人看不到的机会,这是很多杰出华商在商界立于不败之地的重要原因之一。

例如,在我国改革开放之初,谢国民带领正大集团、郭鹤年携巨资进入国内发展,这都是基于各自集团业务的长远发展而定的。同样,缔造了世界农业企业发展管理标杆的华商黄鸿年,他做生意也一直是着眼长远,从来都不是要一城一池的得失,要对大局和长期利益把握得紧、分析得准。他多次强调,"我并不会为击败所谓的竞争对手而采取什么策略,金光集团的核心竞争在于,企业自身是否看得够远、谋得够深、做得够透"。

 案例 7-3

郭鹤年:我不是一个特别会打算盘的商人

郭鹤年说自己不是个有本事的商人,很多生意如果换成手段更厉害的,都不会像他这么做。比如那么早就到中国投资,从投资回报来说,就不是精明的决定。

郭鹤年投资国贸中心时,国内的投资环境很不完善,市场也没起来。如果他将这笔钱放到海外,回报一定更大。后来在中国做酒店,做食用油,也都是"要像种树那样,一棵树种下去要好多年才能摘果"。

在他不断把海外赚到的钱往中国输送的时候,在海外赚得盆满钵满的人甚至笑话他,做了看不到头的生意。多年后,谈及这本账,郭鹤年说:"大算盘我会打,但小算盘,我不打,也打不到那么精。"打大算盘,不打小算盘,也是他20来岁时就坚持的生意经。当时,他做大米、食糖生意,一些同行用恶劣的手段和他竞争。比如,把海水掺到糖里找保险公司赔偿,然后想办法把糖处理出来,低价和他竞争。虽然眼睁睁地看到不少人赚大钱,但郭鹤年宁愿慢一点、亏一点,也只用正面来发展,"我那时就有个信念,要看大利益,看长远,做得正,才能做得久"。

看长远,打大算盘,最终让郭鹤年得到了大回报。金龙鱼 A 股上市,就是一个打大算盘,最后成为赢家的典型例子。20世纪80年代末,郭鹤年派侄子郭孔丰来到中国,大力开拓粮油市场。当年,国人还在排队打品质差、杂质多的散装油时,金龙鱼便推出了小包装,使中国食用油的卫生品质上升了一个台阶。这期间金龙鱼的发展也曾屡屡遭遇挫折,但郭鹤年始终从长计议,坚定看好中国消费市场的前景,也坚定长期投入。至2019年,金龙鱼在小包装食用油、包装面粉、包装米领域的市占率,分别达38.4%、29.1%、18.4%,全部位居中国第一,郭孔丰也因此被誉为"改变中国人餐桌的人"。

(二)"快鱼吃慢鱼":华商战略思维中的"速度制胜"

"快鱼吃慢鱼"是思科CEO钱伯斯的名言,它意在"先",贵在"抢",突出强调了对市场机会和客户需求的快速反应,因为商机转瞬即逝。他认为,"在Internet经济下,大公司不一定打败小公司,但是快的一定会打败慢的。速度会转换为市场份额、利润率和经验"。

实践证明,在"快者为王"的时代,速度已成为企业的基本生存法则,"快鱼吃慢鱼"的抢先战略是赢得市场竞争的首要条件。在其他因素基本相同的情况下,抢先的速度是竞争取胜的关键。例如,当年加拿大将枫叶旗定为国旗的第三天,日本生产的枫叶小国旗和玩具就出现在加拿大市场,销售异常火爆,而近水楼台的加拿大厂商却坐失良机。

对于广大杰出华商而言,"速度制胜"是他们的重要战略思维之一。著名华商彭云鹏说:"我们一旦做出决定后,就会全力以赴;在生意投资上,眼光要看得准,判断要正确,而且速度也要快。"同样,郭鹤年也多次强调,"马要跑得快,你能看到的,别人也能看得到,要抢在他前面。"即,做生意一旦方向、方法明确,要速战速决。

在东欧,20世纪80—90年代之交突如其来的政治剧变,使得在计划经济下成长起来的东欧民众一时无所适从。而就在此时,大批经历过中国本土改革风雨的华人新移民,敏锐地捕捉到了20世纪90年代之后迅速转型的东欧市场的特点与需求,快速抓住了东欧新旧体制交替中涌现出的种种商机,迅速走上海外创业之路,于是一批新华商在东欧迅速崛起。

在泰国,通过华商林立盛的努力,泰华树胶与中国的合作如今已成为中泰经济合作的典范。正是速度上的快,让林立盛和泰华树胶得到了最好的回报。中国进口的天然橡胶有1/3是由泰华树胶供给的,而福建鞋业所需的乳胶,更是有4/5来自泰华树胶。林立盛说:"如今看来,发展对华业务是我二十多年来最引以为傲的决策。因为我能在绝大多数泰国人都没有意识到中国市场的巨大商机时,就已经比别人先行一步。所以,当中国的商机真正迸发出来的时候,我们已经占得先机。"

 案例 7-4

"乌节地王"黄廷芳的"快半拍"战略

20 世纪 50 年代初,以卖酱油起家的黄廷芳开始进军房地产业,逐步拥有了乌节路的许多地块,因而也被人们誉为"乌节地王",在新加坡和香港等地先后兴建了700 多座酒店、购物中心及公寓。

20 世纪 70 年代中期,由于受中东石油危机及世界经济衰退的影响,香港经济在经历了一轮快速发展后随势进入低潮,地产业也由此深受波及,一度陷入低迷。于是,黄廷芳此次"快半拍"的投资战略开始大展声威。

首先是其眼快,充分预见到尖沙咀区的发展。只局限于金马伦道方圆一里的地区内,从长远看是远远不能满足其发展需求的,为此港府在 20 世纪 60 年代末70 年代初,开始在尖东区域进行大规模的填海造地工程,完工后以拍卖方式售给房地产商经营。

其次是手快,当人们还在揣摩他在香港这块弹丸之地上的下一个目标时,黄廷芳却已经将目光瞄向了幅员辽阔的内地。当中国推开尘封网结的国门,黄廷芳就加以足够的关注,在厦门刚刚开始有价出让土地之时,黄廷芳就来了。在厦门立足之后,他又快速移师福州。

资料来源:作者根据相关材料整理。

(三)"认准了就要去做":华商战略管理中的执行思维

企业家应具备独立的思考能力和判断力,需要有独到的眼光和坚定的信念。

由于国际环境的复杂性和不确定性,广大杰出华商在海外势必会面临政治、经济、文化和社会等方面的风险,但面对商业机会,杰出华商不会因为这种不确定性而裹足不前。相反,他们会依靠商业感觉和经验做出判断,认准了就一定要走下去。

正如郭鹤年所说,"一个生意看好了,只要风险可控可承受就要大胆干。每种生意都有危险,如果你总是有危险就走开,就会什么都不敢做、不能做,那么将永远是穷人"。施至成的大女儿曾用"计划"和"组织"两个词说明父亲和 SM 的成功秘诀:"施至成能够结合社会发展趋势和消费需求变化,依靠自己的商业感觉和经验,以发展眼光制订有想象力的未来计划,然后通过组织的力量,以及科学管理,把想象变成现实。"

而对于新加坡华商林连登而言,他的商业成功之道主要在于其锐利的商业眼光和冒险精神。在实践中,林连登凭借自己几十年的经验,深入了解树胶价格的情势,他认为"胶价有如胶质之本性,拉之则常,放之则弛"。林连登的判断是,当时影响胶价的国家是美国,人造胶成本比天然胶高,人造胶比天然胶有市场是由于美国政府对各厂家提供援助使然,因此,林连登对天然胶具有坚定的信心,不管环境如何不利,胶价如何低落,他仍旧如常尽力于其胶园的投资,当危机过后,林连登的事业果然不退反进。

 案例 7-5

用半个世纪,改变了美国中餐的"中餐女王"的江孙芸

在美国,很长的一段时间里,中餐代表着"价格便宜""味道差""用餐环境不好",并且只有穷人才会吃。而江孙芸,把中餐从"穷人吃的饭"变成了"上流社会人人追捧的极品美食"。

1920年,江孙芸出生在江苏无锡的一个名门之家,是父母的掌上明珠。江孙芸的父亲年轻时曾留学法国,热衷各类美食,甚至还专门请了两个厨师负责每天做菜。江孙芸每天看着父母讨论美食,耳濡目染,学习了不少中国菜的品鉴方式和做法。身为养尊处优的大小姐,江孙芸只负责品鉴美味,从未想过自己会踏入餐饮行业。

1958年,江孙芸"阴差阳错"地在旧金山波克街成立了中餐馆"福禄寿"。那时候,在美国能吃到的中餐无非就是炒面、酸甜肉、芙蓉蛋,这些根本就不是她所理解的中国菜。她下定决心,一定要让美国人知道什么才是真正的中国美味!

江孙芸与厨师们一起,凭借记忆,一点一点复原了家乡的味道,从北京烤鸭到酸辣汤。为了确保每道菜的品质最佳,江孙芸每天还会亲自去菜市场采购当天的新鲜食材,即使价格昂贵许多,她也不在意,只为提供最好的菜品。

她正是凭着这股子认真的劲儿,才创造出了属于自己的经典中餐菜式,也还原了中餐原本的味道,让美国食客大开眼界。除了努力提高菜品质量,江孙芸对餐馆的服务质量也有严格要求,从餐厅的清洁和装潢、餐具瓷器,到服务员的制服都一丝不苟,一扫人们认为中餐馆"脏乱差"的刻板印象。

凭借无可挑剔的菜品和热情周到的服务,很快,"福禄寿"的名字就享誉了美国餐饮界,并且迎来了众多社会名流,包括美国前国务卿基辛格、瑞典国王、披头士乐队、影星施瓦辛格……

《旧金山纪事报》称,江孙芸为"美国中餐之母,湾区烹饪史上最有影响力的人物之一";知名美食杂志《Saveur》称,"福禄寿"成功将中国的地方烹饪带到了美国;美食学者保罗·弗里德曼(Paul Freedman)将"福禄寿"列入了他的历史考察作品《改变美国的十家餐厅》中……

资料来源:中国侨网,2020年10月31日。

第二节 夹缝中的生存之道：华商的产业化发展战略

自 20 世纪 70 年代以来，一大批知名华商经历了一个从小到大、从单一到多元的过程，并逐渐越过区域的樊篱，向集团化、多元化和国际化方向发展。

那么，华商产业化战略的真谛是什么？长期以来，尽管华商在复杂的环境下有着不尽相同的发展道路，但总体上讲，华商的产业化战略有"多元化发展"和"有所为有所不为"两个突出特征。

一、"鸡蛋不放在同一个篮子"：从单一性经营到多元化发展

长期在夹缝中生存，在激烈的竞争环境与不利环境下打拼，培养了广大杰出华商敏锐的市场眼光和过人的商业头脑。在实践中，他们擅长把握市场机会，从单一行业赚取第一桶金后，向多元化和多国性投资发展，这是大型华商企业集团普遍的战略选择。

(一)"由点到面"：华商立足主业的多元化战略

1.多元化战略的内涵

多元化战略也称多角化战略或多样化战略，是指企业同时生产或提供两种以上基本经济用途不同的产品或劳务的一种经营战略。它的典型特征是，企业经营不只局限于一种产品或一个产业，而实行跨产品、跨行业的经营扩张。

一般来讲，多元化战略可以分为相关多元化和非相关多元化。

(1)相关多元化。也称同心多元化，是指企业以现有业务或市场为基础，进入相关产业或市场的战略。采用相关多元化战略，有利于企业利用原有产业的产品知识、制造能力、营销渠道、营销技能等优势来获取融合优势。也就是说，两种业务或两个市场同时经营的盈利能力，往往大于各自独立经营时的盈利能力之和，即"1＋1＞2"。

(2)非相关多元化。也称离心多元化，是指企业进入与当前产业和市场均不相关的领域的战略。例如，电子企业进军房地产企业，就是非相关多元化。一般来讲，企业采用非相关多元化战略的主要目标不是利用产品、技术、营销渠道等方面的共同性，而是从财务上考虑平衡现金流或者获取新的利润增长点，以此规避产业

或市场的发展风险。

2.华商多元化战略的选择

目前,大型华商企业大多是多元化经营,它们早期基本上都有一个发家的"基业",主要是食品加工、餐饮、贸易等领域。随着实力的增强,他们会充分抓住经济发展带来的机会,通过不断相关多元化和非相关多元化向新领域进军,从而扩大事业范围:

一方面,华商通过与自身企业相关联的技术或市场领域,通过相关多元化实现协同效应。例如,新加坡大华银行集团、华联银行集团等都在主业之外,还通过兼营股票经纪、期货期权、租赁等业务,扩大企业的经营规模和实力。

另一方面,华商企业的多元化还表现为非关联性,以经验曲线效应和范围经济取胜。如印尼华商翁俊民从小商贩到东南亚工商巨头,国信集团已将业务线扩展到金融、医疗、酒店和房地产、专业零售、媒体、采矿等诸多行业。

同样,在马来西亚,"糖王"郭鹤年在糖业市场频频取得良好战绩之时,却没有在这个领域内继续乘胜追击,而是在通过糖业积累资金的同时,将事业引向多元。这是因为,多年的市场经验告诉郭鹤年,"马来西亚食糖的升值空间非常有限,无论经营面粉厂、做饲料加工,还是延伸到压榨植物油行业,市场总是很快就饱和"。形象地说,郭鹤年觉得自己就像浅水中的小鱼,只要试图往下一潜,就会撞到池底,所以只能横向游动。于是,在他的商业生涯中,总是不断往更深、更富饶的海洋进发,"这让我可以得到更多的渔获"。

 案例 7-6

华商叶树林的"小道"与"大道"

香港华商叶树林的企业王国正是从经营米铺开始走向多元化发展的。

1966年,手上有了一点积蓄的叶树林开了一家米铺,自己当起了老板。米铺开张时,恰好碰到香港发生暴动,人们开始抢购米粮。叶树林的米铺适逢其时,生意如日中天,叶树林也因此赚到了第一桶金。

接下来,他继续想着如何百尺竿头更进一步。叶树林说:"虽然米铺的生意很好,但我还是时刻观察社会的发展,因为米铺是零售店,做企业要走'大道',不走'小道'。我认为梦想有'大道'和'小道'之分,定位不同。"

于是他顺时而动,紧紧抓住时代发展的机遇实现了多元化发展。20世纪60—70年代,作为亚洲四小龙之一的香港经济腾飞。谋定而后动,叶树林转变经营方向,开始转为杂货批发,经营罐头、啤酒、凉果、糖果、饼干等。

1975年,叶树林与合作伙伴一起成立了荣兴集团,并取得了蓝带啤酒的亚洲代理权。到了1988年,他的业务涵盖酒店、的士按揭贷款、房地产及物业发展。如今,叶树林的生意已经遍布香港、美国乃至全世界,公司的生意也拓展到地产开发、酒店业务、财务公司、的士运输行业等多个行业。

(二)"形散而神不散":华商多元化战略的显著特征

1961年5月12日,肖云儒在《人民日报》一篇名为《形散神不散》的短文中,提出了"形散神不散"的概念。所谓"形散",是指"散文的运笔如风、不拘成法,尤贵清淡自然、平易近人";所谓"神不散",是指"中心明确,紧凑集中"。

借鉴到企业管理领域,企业经营中的多元化之路中的"形散而神不散"是指,企业在相关多元化和不相关多元化过程中,一方面产业布局呈现多样化,具有"形散"的显著特征,另一方面,这些产业往往有一个清晰的"发展主线",具有相互关联的"神不散"特征。

对于许多大型华商企业而言,"形散而神不散"是他们多元化经营的显著原则,基本经历了一个提前布局、逐步试水的循序渐进过程。也就是说,他们的多元化经营大多立足于一点一滴"做"起来的基业,遵循企业较为清新的发展脉络,利用各产业领域的分工,通过"外部嫁接"和"自体生长"两种形式,使多元化产业间相互配合、相得益彰,在促进各业务板块练就"看家本领"的基础上,确立自己企业集团的优势地位。

 案例 7-7

带着"脚跟"站到新行业:"新赌王"吕志和的多元化之路

如今被称为澳门新赌王的吕志和先生,原本从事的行业是机械设备贸易,从卖机器设备到今天的澳门赌王,他的多元化发展路径是:机器设备贸易→工程和矿石→其他建材和房地产→酒店投资与管理→休闲旅游→赌场。

其背后隐藏的基本思维逻辑是:机械设备可对工程建设、矿山开发提供核心支持,于是他决定进军到工程和石矿领域;而工程和石矿,又可以为进入其他建材和地产提供核心支持,于是他做了其他建材和房地产开发;而做地产可为做酒店提供核心支持,于是他自己盖房子,请人管理,进军到酒店行业;合作中,他学会酒店管理,于是又既当业主又做酒店管理;做着做着,澳门博彩开放,大搞休闲旅游产业,善于盖酒店并且经营酒店大有用场。

顺理成章地,10年间吕志和成了澳门新赌王。纵观他的多元化不难发现,他每多元一个新业务,都是在旧核心上加点新东西。

很多人奇怪,他为什么每到一个新行业都能很快站稳脚跟,吕志和回答说:"因为我是带着脚跟站到这个新行业,不是带着一张白纸加支票来的。从开始做生意至今,每次投资我都会贯彻到底,成功后再考虑做第二件事,而不是'渔翁撒网'。"

资料来源:作者根据相关资料整理。

(三)"滚雪球"式的循序渐进:华商多元化经营战略的路径

所谓"滚雪球效应",是指雪球在雪地中滚动,一旦获得了起始的优势,就会越滚越大,越滚越大,优势也会越来越明显,最终滚成一个让人出乎意料的体积。

它告诉我们,无论是何种成功,都少不了一步一个脚印的拼搏,绝非三分钟热血的一蹴而就,无论多大的雪球,也是从小雪球慢慢滚动而成的。

通过观察华商的发展历程,我们可以看出,很多华商企业的多元化发展也渗透着滚雪球的影子,是一个持续积累、反复投资的过程。例如,黄奕聪及其家族正是通过反复重新投资来实现扩大再生产的,每年在各企业中获得的利润,除小部分支付生活需要外,他们几乎不曾在企业所获利润中领取过红利。正如黄奕聪自己所言:"我将我们所获的利润进行再投资,如果我获得10块钱利润,我只用5角,其他9元5角我都用来再投资,扩大生产。不然的话,把这些钱用光或吃光,我们的企业何时才能发展壮大呢?"

而且,华商往往不是在某一行业取得一定竞争优势后才走上多元化之路的,而是主要凭借其对外部机会的把握能力而反复投资实现的。因此,华商比较成功的是循序渐进的多元化。例如,华商陈江和从零配件供应起步,于1967年创立金鹰,20世纪70年代有了第一间工厂——三夹板厂,到1983年"金鹰"的经营范围就拓展到了为石油公司承包工程、夹板厂、林浆纸、黏胶纤维制品、棕榈油加工、能源开发、工程设计、物流、服务业、地产等,成为一家综合性跨国工业集团。

二、产业选择的"有所为有所不为":把握机会与风险控制并重

总体来讲,攻守结合是华商产业战略选择的特点。正如"印尼钱王"李文正先生所说,"没有攻的力量,就没有守的优势"。对环境提供的发展机会,广大杰出华商的选择往往具有两个特征:一方面充分利用"有所为",即"哪里有问题,哪里就有机会";另一方面,坚持稳健的策略对风险加强管控,对风险过大的产业"有所不为"。

(一)产业选择的"有所为":努力开拓产业机会

在实践中,当华商面对有较高潜在利润或社会价值的产业机会时,他们会积极筹措资源,努力通过拼搏使商业机会由"潜在"变为"现实"。就像英国著名华商叶

焕荣那样,他认准的机会是,"贸易和房地产休戚相关,一个是血肉,一个是骨骼。没有血肉的骨骼和没有骨骼的血肉,都是不可想象的"。基于此,他几十年来深耕贸易和房地产两大主业,成功促进了企业集团的稳健发展。

将具有中国特色的产品推向全球,是很多华商眼中的市场机会,他们会积极投入并长期坚守。丹麦著名华商范岁久始终认为,"中国的小东西可以赚大钱",于是他以"中国特色、西方口味、香脆可口、营养卫生"为产品的主要特征,将中国春卷变成世界快餐,实现了比汉堡更早登陆丹麦,使小小春卷风靡全球,荣获"世界春卷大王"称号。

对于很多华商来说,"质优价廉"的国内工业产品是他们认准的商业机会,他们会充分依托国内产业集群优势,积极投入资源,通过带动中国轻工业产品向海外出口,实现"有所为"。例如,非洲新华商大多来自国内沿海地区,特别是轻工产业发达的浙江、广东和福建等省,他们集中在非洲国家的首都或经济中心的商业市场,充分利用交通、商业枢纽的便利辐射到周边国家,以当地市场为平台接触到非洲小商贩,在此基础上形成庞大的中间销售网络,一方面从中国产业集群中获得价格低廉的产品,一方面通过中间销售平台将产品销售到非洲各个角落。

 **案例 7-8**

丹麦"春卷大王"范岁久:将中国小吃推向世界

20 世纪 60 年代,在丹麦哥本哈根的范岁久为了生计,开了一家手工操作的中国春卷店。春卷一上市就吸引了众多丹麦人,于是范岁久索性采用自动化滚动机新技术生产中国春卷,投资兴建了"大龙"食品厂,同时配套兴建了冷藏库和豆芽厂。

范岁久制作春卷的秘诀是:对春卷的馅心进行精心选择和配制。他并不完全照搬家乡传统的韭菜肉丝馅心,而是在保持中国春卷特点的基础上,根据欧美各国的不同口味,采用笋丝、胡萝卜丝、豆芽、木耳、牛肉丝,或是鸡丝、火腿丝、鸡蛋、龟鲜、白菜、咖喱粉等原料,并能根据销售的不同国别,做到风味各异。美国国会还派专家对他生产的春卷进行化验鉴定,而后驻德国的 5 万美军每天向范岁久定购高达 10 万只春卷。

1986 年墨西哥举行世界杯足球大赛时,范岁久抓住商机,按墨西哥人的口味制作了一大批辣春卷,在墨西哥被抢购一空。

现在,除供应丹麦全国各地外,春卷还远销美国、德国、荷兰、比利时、卢森堡、瑞士、法国、希腊、意大利、冰岛、格陵兰、中东、挪威、瑞典、奥地利、西班牙、日本和新加坡等 20 多个国家和地区。

(二)产业选择的"有所不为"：规避过高风险与选择性退出

"寸有所长,尺有所短,有所不为,才能有所为。"综合分析华商成功的案例,发现他们在产业选择和发展道路上也非常关注风险的管控,在自己不擅长的领域或发展不顺畅的行业会选择果断退出,以实现"有所不为"。正如英国著名华商叶焕荣所秉承的经营原则,"我做生意都是做我自己熟悉的行当,不熟悉的我不做,控制不了的我也不做"。

1.规避过高风险

虽然冒险与创新是企业家精神的重要特征,但这并不是说,企业家在进行产业选择时完全不顾风险。相反,他们的冒险是建立在风险评估基础上的,对于过高风险,他们会合理进行规避。

实际上,在经营实践中,很多杰出华商进行产业选择时并不会盲目冒险,而是建立在对风险充分评估与权衡的基础上。例如：

(1)包玉刚。他这样阐述自己的经营理念："用笨方法取得用户的信任,在经营管理上超过同行,我的座右铭是：宁可少赚钱,也要尽量避免冒险。"美国《新闻周刊》对这个"笨方法"的注解是："船必须能够赚钱,他(包玉刚)对追求这个目的有耐心,他避免冒险的单程包租,却以几乎达四分之三的船只承接利润较低但较为安全的几年期的定期包租。"

(2)骆文秀。马来西亚槟城大亨骆文秀是著名的"摩托车大王"和"本田大王",与冒险型企业家喜欢将自己"置之死地而后生"的冲劲不同,他一生坚持的都是攻守兼具的稳健前进型策略,不主张通过大量借贷扩展业务。在经营过程中,他的东方实业也不参与投机性商业,这种战略使公司拥有大量现金,能够从容应对经济风暴以保障企业的稳步发展。

(3)黄祖耀。在经营过程中,他始终坚持"坚持立足东南亚,不盲目在全球范围内扩张"的原则。在这样的理念下,他稳健、冷静、机敏地带领大华银行先后收购、并购了多家银行,为新加坡大华银行打开了一个全新的局面。他曾经说过,"身处银行业,我见过太多商人因业务扩展过快、资金投入过量而遭遇滑铁卢"。

2.选择性退出不擅长的产业

"知止为上",退出是硬币的另一面。在企业成长过程中,退出战略已成为一项重要内容。麻省理工学院经济学教授莱斯特·瑟罗认为,"企业要学会'自我毁灭',如果它们不自我毁灭,别人就会把它们毁灭"。即,企业要学会自觉从不具备竞争力的业务中调整退出。

在领导企业成长的过程中,越来越多的杰出华商意识到,把握进入时机、选择进入领域诚然是企业成功的重要因素,而把握退出时机、选择退出方式,同样是企业立于不败之地的关键。也就是说,他们率领企业从自身不擅长的领域退出不是失败的表现,而是为了新的开始。

例如,有"菲律宾的李嘉诚"之称的吴奕辉所坚持的原则是"什么赚钱就做什么"。JG 顶峰控股公司从成立之日起就一直尝试不同行业的经营,包括食品零售、房地产、航空、酒店、银行金融、出版等,一旦吴奕辉发现自己在某个行业中无法做到最好,他就会毫不犹豫地退出这个行业。也就是说,如果进入一个新行业,他给这个行业 5 年时间,如果自己的公司在 5 年后仍然只能在行业中排名第四或第五,并且在短期内看不到赶超对手的可能性,这个行业就一定不适合 JG 顶峰。按照这一"铁律",JG 顶峰曾退出经营五年的冰激凌和电脑主板行业。

 案例 7-9

郭鹤年的"有所为"与"有所不为"

20 世纪 80 年代初期,由于世界经济不景气,郭氏家族所有航运业务连续出现赤字,在曼谷和吉隆坡新开业的香格里拉酒店也遭受严重损失。

面对危机,郭鹤年再次显示出他睿智、果决的一面。1986 年,在航运业已经亏损数亿美元之时,郭鹤年壮士扼腕,果断退出。而对于同样处于亏损的酒店业,郭鹤年却始终坚信自己对于旅游业发展的预判,在坚守中等待春天的到来——他将酒店业作为集团的主要业务不断投入,甚至在香港因政权交接问题陷入低迷的 20 世纪 80 年代,他还在香港大举兴建豪华住宅、商业楼宇以及深湾游艇俱乐部,并合资兴建了一座 16 层高的广场。1989 年,郭鹤年又创立了四星级酒店品牌——商贸饭店。"我相信中国不会摔破这颗东方明珠,令中国遭受损失。"

值得一提的是,这个阶段的投资,郭鹤年都是在航运大萧条、酒店陷入亏损的状况下完成的。当时他的手法主要有三种:一是通过抵押香港的产业,从银行取得贷款;二是出售自己在马来西亚上市公司的股票,兑换大量现金;三是将泰国香格里拉运作上市,募集资金。如此迅速且有效的资金运作方式,难怪很多不明就里的人会发出这样的感叹:"郭鹤年似乎有用不完的钱!"

这就是郭鹤年的风格,"危机就是机会,一名生意人必须保持对时势的敏感与警觉"。

资料来源:作者根据相关材料整理。

第三节 华商的国际化战略

在经济全球化时代,没有一家企业能偏安一隅。长期以来,广大华商积极参与世界分工体系,国际化战略已成为他们的重要选择。在向海外扩展的过程中,越来越多的华商发现,国际化经营对他们不仅仅是一个全新的开始,很大程度上也是一个巨大的飞跃。

一、国际化战略的内涵

(一)国际化战略的概念

所谓国际化战略(internationalization strategy),是指在国内市场逐渐饱和的情况下,企业为了增强竞争实力和环境适应性,将其产品与服务拓展到本土之外的发展战略。与之相应,企业的管理、生产、销售、融资、服务和人才等方面的国际化程度也随之提升。

从整体上看,国际化战略可以分为本国中心战略、多国中心战略和全球中心战略三种:

1.本国中心战略

所谓本国中心战略,是指企业在总部的利益和价值判断下制定战略决策,各国分支机构负责执行,产品或服务在各国市场上完全标准化。

2.多国中心战略

所谓多国中心战略,是指企业在统一的经营原则和目标的指导下,按照各东道国当地的实际情况组织生产和经营。它的特征是,经营决策权下放到各国分支机构,产品或服务根据当地市场定制。

3.全球中心战略

所谓多国中心战略,是指企业为了取得全球化效率和谋求总体利益最大化,将全球视为一个统一的大市场,在世界范围内获取最佳的资源,并在全世界销售产品的战略。

(二)企业实施国际化战略的动机

根据《埃森哲 2022 中国企业国际化调研》报告,企业国际化经营的核心动因表现在三个方面:一是实现高速增长,通过海外业务拓展,支持公司继续保持高速增长;二是增强经营的韧性,即为了优化生产要素资源配置,优化成本结构,提升经营韧性;三是紧跟创新前沿,希望通过"出海"吸收海外创新资源和经验,助力公司创新能力升级。

总体来说,企业实施国际化战略的主要动机包括:

1.市场导向型动机

开拓国际市场是国际化战略的首要动机。即,部分企业为了占领世界商品和服务市场,利用自身优势能力,通过国际化战略规避贸易壁垒,为现有产品和服务寻找新的顾客。

2.资源导向型动机

由于资源在国家间分布的不均衡,部分企业之所以实施国际化战略,主要是为了在海外寻求国内稀缺的战略性资源,以保持企业供应链的稳定性。

3.成本导向型动机

由于国家资源禀赋和发展水平的差异,部分企业之所以实施国际化战略,还是为了利用国外廉价的自然资源和人力资源,通过组合生产要素,降低企业产品的生产成本。

4.技术与管理导向型动机

由于国家间技术水平的差异,部分企业实施国际化战略的重要动机是获取和利用国外先进的技术、生产工艺、新产品设计和先进的管理经验等现成资产。

(三)企业实施国际化战略的问题与挑战

与本国市场相比,国际市场的变动更加频繁,这对于企业的国际化发展有利有弊:一方面,国际市场为企业技术进步和向外扩展提供了契机,可以帮助"走出去"的企业累积经验、实现更好的向外扩展;另一方面,国际市场也可能给"走出去"的企业带来较大的经济风险,如果缺乏相应的预判和举措,企业将在复杂的国际市场中受挫,在国际化人才、经营融资、国际风险识别和管控等方面面临诸多问题与挑战。

根据《埃森哲 2022 中国企业国际化调研》报告,中国"出海"企业在国际化进程中面临着"五大痛点",具体来说:

第一,世界各地监管政策及法规复杂多样,合规性的要求越来越高。

第二,"出海"过程中存在文化环境差异及沟通障碍,严重影响本地融入和运营效率。

第三,"出海"企业因缺乏有效管理手段,难以确保当地业务按质按时落地。

第四,"出海"企业面临供应链如原材料采购缺乏灵活性、敏捷度的问题。

第五,全球各区域业务运作方式差异化较大且复杂。

为了应对上述问题与挑战,企业在国际化过程中,必须充分认识到国家和文化的差异,在谨慎对待市场选择、产品选择和阶段聚焦等国际化战略制定要点的基础上,深入了解国际游戏规则,加强国际化和本土化结合,练好内功,不急于求成。

二、华商国际化经营的发展历程

华商的国际化经营始于20世纪初,进入21世纪后取得了长足发展。在联合国发布的《1995年世界投资报告》中,首次按海外资产额(1993年)排列了全球发展中国家与地区最大的50家跨国公司,其中华人跨国公司有17家。华商国际化经营经历了萌芽期、高速发展期和新时期等三个阶段,如图7-1所示。

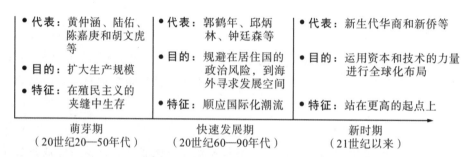

图 7-1　华商国际化经营的发展历程

在华商国际化发展的各个阶段,"双向天生"是他们成功国际化的成长逻辑,其中"双向性"是指华商与全球市场之间存在的相互贸易与投资关系,"天生"则是指由华商"三重性"(中华性、本地性和国际性)所决定的国际视野,"天生"的国际性决定了其既不同于中国人也不同于外国人的国际视野,而是以其住在国与中国之间的双向关系为基础。

基于社会历史环境和国际化背景的差异,华商依据自身的行业特点和企业发展的需要,在各个阶段呈现出了不同的特点。

(一)以"四大天王"为代表的萌芽期

早在战前殖民地时期,东南亚华商企业集团的国际化进程已经出现,曾被称为南洋"四大天王"的黄仲涵、陆佑、陈嘉庚和胡文虎等华商就进行了积极探索。例如,印尼华商黄仲涵创办的建源公司就是典型的跨国企业,其业务遍布伦敦、阿姆斯特丹、加尔各答、孟买、卡拉奇、曼谷、新加坡以及我国的上海、天津、广州等地,形成了覆盖了欧亚的贸易网络。同样,陈嘉庚的橡胶企业在20世纪20年代的鼎盛时期,也是典型的跨国企业。

遗憾的是,由于战争及决策失误等各种原因,这些华商企业在第二次世界大战后大多风光不再,只有少部分能够抓住国际经济和东南亚国家实施工业化的良好机遇,进一步发展为国际企业集团。新加坡由李成伟家族创办的华侨银行集团就属于此种类型。

(二)以东南亚华商为主体的高速发展期

20世纪60年代以来,一大批东南亚华商企业进入了快速发展期,它们的国际化发展基本符合资本逐利的特征:一方面,是为了规避在住在国的政治风险;另一方面,是到海外寻求更大的发展空间。

例如,马来西亚华商对海外市场的开拓可以分为两波:第一波发生于20世纪60—80年代,由于受当地政府干预的影响,以郭鹤年、邱炳林、张明添等为代表的一大批华商,由于对国内投资缺乏安全感,他们把产业和资金转移到海外,客观上促进了华商企业的国际化进程;第二波发生于20世纪80年代后期,这轮国际化进程主要是由海外的低生产成本、优惠税率和更大的潜在市场所推动的,大多数马来西亚华商把中国和越南看成是成长的新动力。

(三)新生代华商的崛起将华商国际化发展推向了新的发展阶段

进入21世纪以来,众多新生代华商崛起,他们与住在国政要多有密切关系,又掌管着许多跨国大企业的领导权,诸如蔡道行、林逢生、林文光等一大批新生代华裔,传承了他们父辈敢闯敢拼的精神,不断拓展着父辈们的事业。

与老一辈华商相比,他们站在更高的起点上,将华商的国际化发展推向了新的阶段,成为全球国际交往和经贸合作的一支重要力量。

总体上讲,这些新生代华商拥有强大的资本配置能力,"代表着华商海外发展的新方向。"他们掌握和运用着新经济资源,积极投资高科技、知识型的新产业,在实力得到加强后,逐渐投身到全球化发展的大潮中,尤其是伴随着中国经济的发展,他们纷纷谋划"回国创业"。

三、华商的国际化战略选择

(一)路径选择:从"借船出海"到"独步海外"

所谓"借船出海"战略,是指企业在拓展海外业务的经验或实力不足时,通过与海外企业合作成立战略联盟,借用他方的资源和优势来实现企业快速发展的战略。借助这种方式,企业通过"借钱""借才"与"借品牌",可以大大降低国际化过程中的资金和时间成本。

实际上,在华商国际化经营的各个阶段,由于国际化经验与实力不足等诸多原因,他们在刚开始进入国际市场时大多采用了"借船出海"的战略,当在国际市场上站稳脚跟之后,才开始"独步海外",走出了一条独具特色的国际化发展之路。

1.在华商国际化发展的"萌芽期"

20世纪20—50年代是西方资本主义世界殖民体系的形成与发展时期,当时华商在制造和贸易领域大多充当依附性角色。在此情况下,势单力薄的华商企业要想在国际大市场占得一席之地,前期必须有人相助,而后才能独立发展。

例如,出生于1798年的新加坡首位"太平局绅"陈笃生20岁迁居新加坡,最先从事蔬菜、水果等小生意,在生意有起色后开始从事转出口,善于结交的他借助英国商人怀特赫的特权和地位,向英国输出本地和东南亚的土特产(如胡椒)等,又从英国输入建筑材料,按此模式经营20余年成为巨富后才开始"独步海外"。

2.在华商国际化发展的"快速发展期"

即使到了20世纪60—90年代的经济全球化时期,华商企业虽取得了长足发展,但在核心技术和品牌方面,以及在国际金融与资本格局中,广大华商大多仍是"弱势群体",这决定了他们在国际化发展早期还必须"借船出海",一是"借钱",二是"借才"。例如:

1994年,钟廷森选择与北京工美集团合伙在北京开设了第一家百盛。选择与中国的公司合作,而不是自己开店,是钟廷森深思熟虑后作出的决定,"中国刚刚改革开放不久,经验告诉我,与当地企业合作是最好的选择,这就是我们选择的联营模式。这种模式可以省去市场开发工作,而且税务、公关和法律细则,可由合作伙伴有效处理"。

1995年,郭氏家族二代掌门人郭令明在通过酒店业扩张开辟疆土时,借助阿拉伯王子的力量购入纽约广场酒店后名声大噪,接下来又一举收购28家美国富豪酒店,被誉为"商界猎人",成功实现了由"借船出海"到"独步海外"的突破。

3.在华商国际化发展的"新时期"

在目前华商国际化发展的新时期,大批华商将自己定位为大型跨国公司的互补性竞争伙伴,为了加快自己的国际化进程,他们初出海外时依然强调"借船出海","借品牌出海"是其中的亮点之一。例如:

(1)黄学铭。他作为法华工商联合会名誉会长、法国卡乐皮具有限公司董事长,也是在自己创立"卡乐CARO"皮包品牌的同时,以敏锐的眼光买断了"elite"箱包商标所有权,自行设计生产的箱包行销欧洲,成为箱包行业的佼佼者。现在他旗下有几个品牌在经营,每个品牌都经营得有声有色,在业界享有很好的声誉。

(2)周家萌。作为"艺术餐饮"倡导者、新加坡同乐饮食业集团总裁,他想在北京和上海市场发展。面对当地激烈的竞争,周家萌与锦江集团合作,按各50%的比例将餐厅取名为"锦庐",进驻中国上海;同时,与北京羲和餐饮集团合作,于2013年7月在北京推出"寒舍羲和"品牌,加快进军北京市场,成功实现了"借品牌出海"。

(二)地区选择:从"寻同性"战略到"全球性布局"

所谓"寻同性"战略,是指企业海外投资时的"心理趋同效应",即"当企业第一次对外投资时,他们会优先选心理距离最小的国家,找语言文化、商业习惯环境熟悉的地方投资",这是企业国际化发展中的普遍现象。例如,丹麦、挪威、芬兰等周边国家是瑞典企业对外投资的首选目标,绝大多数美国企业走出国门的第一个国家是语言文化和经济体制相似、地理上相邻的加拿大和欧洲各国,然后才是既陌生又遥远的亚洲国家。

实践中,广大华商在进行海外投资时,其中一个共同特征也是奉行"寻同性"战略。以东南亚华商为例,他们的直接对外投资首先从周边国家开始,待经验丰富后再向外扩展,即通常所说的"首先在家门口学会游泳,然后再到大江大河中去"。他们在海外投资的初始阶段,一般投资于语言文化、消费习惯和经营规则等比较类似的东南亚国家、中国内地、中国香港等区域,以大大缩短跨国投资所面临的心理距离。

以单个华商企业为例,马来西亚郭氏兄弟集团控制和拥有的公司超过200家,他们的投资特征呈现出明显的以"东南亚—香港"为轴心的投资格局,中国香港、中国内地和新加坡是其主要投资目的地,占其对外投资总额的60%以上,其余投资主要分布在泰国、菲律宾、印度尼西亚等国家。

我国学者饶志明(1995)分析了36个样本财团,发现投向于中国香港、中国内地、新加坡和其他东盟国家的华人企业集团分别占样本总数的86%、78%、44%和75%,投资于北美、西欧和澳洲的华人企业集团分别占56%、44%和42%,显示出东南亚华人企业以东南亚、东亚地区为主的投资倾向。

 案例 7-10

李锦记的国际化路径

历经四代人、传承一百多年的李锦记,现已成为名声斐然的跨国企业。李锦记创建于1888年,迄今已有近125年的历史,拥有逾220种产品,分销网络遍布全球超过100个国家和地区。企业创立之初,李锦记以家庭作坊的形式,依靠李锦裳个人的创业精神,采取保守的逐渐发展模式打拼出了一片小天地,而第二代传人李兆南等三兄弟接手后不甘于固守旧业,遵循"寻同性"战略到"全球性布局"的发展路径,按部就班去发展海外事业。1946 年将公司总部迁往香港,并扩充生产规模。

19 世纪 50 年代"李锦记蚝油"产销两旺,逐渐发展为一个较雄厚的经济实体,他们在中国内地及港澳地区形成有效的竞争力后,先试水东南亚市场,在东南亚国家取得良好进展后,又积极开拓欧美市场,产品逐渐在中国港澳地区和东南亚一些国家打开局面,进而销往欧美诸国。如今,有着"亚洲第一食品品牌"的百年老字号李锦记集团的蚝油在美国已经占到了 88% 的市场份额,在日本的占有率排在第二位。

在欧洲、东南亚,甚至在地图上都很难找到的一些岛国,都有李锦记的蚝油、酱油等产品在销售。斐然的成绩,使李锦记殊荣备至,先后荣获"香港出口市场推广大奖"、"海外拓展成就奖"、"亚洲第四大品牌"称号及"亚洲食品第一品牌"等奖项,并当选为"香港 20 大杰出商业机构",真正实现了"有华人的地方就有李锦记产品"。

资料来源:作者根据相关材料整理。

(三)发展理念:"本土化经营"

《庄子·山木》有云:"入其俗,从其令。"所谓本土化经营,是指跨国公司在海外从事生产和经营活动过程中,为迅速适应当地的经济、文化、政治环境,在产品、营销、人才等方面淡化企业的母国色彩,以贴近当地市场的举措进行经营。

广大华商在国际化经营过程中,逐渐明白"小环境要靠创造,但大环境要靠适应"的道理,为了取得国际化经营的成功,入乡一定要随俗,在海外经商一定要"接地气"。如果墨守成规地一味坚持自身观念和行为方式,国际化经营就会受阻。例如:

(1)尼日利亚华商董瑞莘。他虽没有加入当地国籍,但很在意融入当地社会,"我们是尼日利亚的本土企业,在这里注册,在这里生产经营,尼日利亚人已经接受我们是他们的一分子。我们的华人身份没法改,但他们说我们是'尼日利亚的华人',是'中国裔非洲人'"。

(2)南非华商成城。他最骄傲的是企业用工上的本地化,"你要能养当地人,你就算在南非扎根了,我们几千员工中以南非当地人为主"。非洲假期多,而且当地员工习惯一周发一次工资,你如果一周不发工资,工人就会来堵大门。于是,成城按照当地习俗,几乎用上了所有的方法,最终确保了当地工人的稳定性。

(3)意大利华商刘光华于 1996 年开始涉足进口服装贸易行,他整天"钻"进市场研究,当地的风俗习惯、民族特点、服装面料、设计理念,都是他的必修课。一段时间后,刘光华逐渐"吃透"了海外的经营模式:"老外做生意质量第一,按照他们的习惯来改进服装,销路也就逐渐打开了。"得益于他超前的眼光,公司的生意逐步走上正轨。

(4)厄瓜多尔华商王寅龙。他想把家乡哈尔滨知名的汉斯啤酒引进当地,为此他投资了一个啤酒广场,甚至从哈尔滨引进酿制啤酒的设备,然而生意萧条。原来,当地民众虽然喜爱啤酒,但却往往只认准常喝的一个品种。痛定思痛,王寅龙渐渐领悟到,"用中国人的思维和当地人做生意是很难取得成功的,只有了解市场和民众的文化性格,才能取胜"。

 案例 7-11

马来西亚华商廖琨伟:融入很重要

"80后"马来西亚华商廖琨伟从事酒店行业已有20年。作为"侨三代",自小受家中浓郁中国传统文化熏陶,他会写毛笔字,会说潮汕话,处事做人有一套"规矩"。从酒店门童,到国际五星级酒店总经理,20年间,他辗转全球多个酒店,他从事酒店行业的别样情怀是"入乡随俗,用真心换顾客的开心。"

在实习期间,他细心观察顾客需求和当地人际交往风俗习惯,一年内赢得了众多顾客的赞誉。迪拜工作期间,正值中国人出境游火爆,他和团队综合分析市场,对中国游客推出"红地毯"服务项目,从接机到进入酒店全程陪伴,在大堂等候区设置麻将桌、房间内放绿茶和泡面等,让身处异乡的中国人有了家的温暖,也让酒店赢得了市场口碑和不俗业绩。

2010年,廖琨伟被公司派往中国成都香格里拉任管理职务,文化差异成为摆在面前的拦路虎,"我不害羞每天和四川朋友说'川普',我要尽快融入这个社会群体中"。

2020年,廖琨伟来到兰州,吃牛肉面,沿着黄河散步,他日渐融入中国西北生活。

资料来源:中国新闻网,2021年01月17日。

 本 章 精 要

1.“顺势而为”是一种大的战略,要求人们根据外在环境调整自己的行为,即做事要顺应潮流,不要逆势而行。长期以来,“善观时变、顺势而为”是广大杰出华商战略思维的根基,也是他们顽强生命力的根基。

2.在长期的经营管理过程中,广大杰出华商形成了他们独特的战略决策思维。

主要表现在三个方面:第一,立足长远,不拘泥于短期的盈利;第二,"快鱼吃慢鱼",华商战略思维中的"速度制胜";第三,"认准了就要去做",华商战略管理中的执行思维。

3.目前,大型华商企业大多是多元化经营,它们早期基本上都有一个发家的"基业",主要是食品加工、餐饮、贸易等领域。随着实力的增强,他们会充分抓住经济发展带来的机会,通过不断相关多元化和非相关多元化向新领域进军。

4.对于许多大型华商企业而言,"形散而神不散"是他们多元化经营战略的显著原则,"滚雪球"式的循序渐进是他们多元化经营战略的路径。

5.总体来讲,攻守结合是华商产业战略选择的特点。具体来讲,杰出华商的产业选择往往具有两个特征:一方面会充分利用"有所为",即"哪里有问题,哪里就有机会";另一方面,坚持稳健的策略对风险加强管控,对风险过大的产业"有所不为"。

6.国际化战略是指在国内市场逐渐饱和的情况下,企业为了增强竞争实力和环境适应性,将其产品与服务拓展到本土之外的发展战略。一般来讲,企业实施国际化战略的主要动机包括市场导向型、资源导向型、成本导向、技术与管理导向等四个方面。

7.华商在国际化战略选择过程中,从"借船出海"到"独步海外"是主要的路径选择,在地区选择上主要是从"寻同性"战略到"全球性布局",发展理念主要是"本土化经营"。

第八章 以"五缘"为纽带的华商网络

> 中国是典型的熟人社会,有熟人就好办事。对待同一件事,关系亲近就会尽心尽力帮你办,关系远或者没有关系就比较冷漠,因为"跟我没有关系"。

> ——费孝通

引 导 案 例

"菲律宾木材大王"李清泉:商业成功得益于"头家制度"

李清泉(1888—1940 年),福建晋江人,14 岁跟随父亲到菲律宾经商。李清泉 19 岁时正式接管了父亲的木材公司,凭着敏锐的商业嗅觉,使生意蒸蒸日上,巅峰时期掌控了菲律宾 80% 的木材出口,因此被誉为菲律宾的"木材大王"。纵观他的商业成功之路,除了个人商业智慧以外,还得益于菲律宾华商网络的支持,其中的"头家制度"扮演了重要角色。

李清泉

所谓"头家",指的是专门经营西方进口商品和出口土产的华人大批发商。"头家制度"就是菲律宾华商之间基于移民方言群的血缘、地缘关系,以及人与人之间信任和利益关系形成的一种稳定商业联系。它是自 1834 年马尼拉开港到 1942 年菲律宾沦陷期间,菲律宾华商之间建立的以血缘、地缘,以及华商之间信任和利益基础上的内部交易模式,也是华商在南洋强大商业势力最直接的体现。

这种商业联系对华商事业发展来说有着非常重要的作用。一方面,"头家"将业务委托给当地的华人代理商,从而不需要深入当地,在他们不熟悉的地方经营,而后者长期在当地居住,更熟悉所处经济环境,可以以更低廉的价格收购货物。另一方面,华人代理商与头家保持良好的商业联系,确保了稳定的供货渠道。头家与代理商的这种分工协作,最大程度发挥了各自优势,有效地降低了交易成本。

外国商行 ⇄进口品/出口品⇄ 头家 ⇄进口品/出口品⇄ 代理商 ⇄进口品/出口品⇄ 菲律宾人

"头家制度"运行示意图

"菲律宾木材大王"李清泉家族的发展史就清晰地呈现出这种商业联系,李清泉的父亲和叔父在马尼拉经营的"成美公司"本来只是一家小型木行,李清泉来到菲律宾后,一方面努力经营积累资本,另一方面通过积累人脉,逐渐扩大其在华侨社会的影响力。1919年李清泉获得了伐木、锯木以及经营贮木厂的20年长期特许权,次年斥巨资收购了当时菲律宾生产能力第二的美资公司内格罗斯木材公司。1928年又在南甘马辚收购并组建了菲律宾制木公司。为了方便岛际木材运输,李清泉还组建成立了成美运输公司。

木材来源和岛际运输问题的解决,不仅解决了华人代理商的问题,更重要的是加强了各地华人代理商与马尼拉"头家"之间稳定的商业联系。最终,李氏家族的木材产品不仅销售全菲,而且直接出口到美国、澳大利亚、中国、日本、欧洲和南非等地,形成了一个覆盖全菲的木材业商业网络,控制了菲律宾八成的木材交易。

对于生活在菲律宾的华商来说,信用不仅意味着信贷的获得或是做生意,而是其在当地华商社会的立足之本。基于华商之间信任和利益关系的"头家制度"与华商商业网络的这种互动,使得华商的人际关系网与商业关系网最大限度地重合,极大限度地降低了华商之间的交易成本,提高了商业活动的效率,最终造就了菲律宾华商强大的经济势力。

费孝通在(1948)曾对中国的人际关系提出了"差序格局"理论。他认为,"中国的人际关系是以'己'为中心,像石子一般投入水中,和别人所联系成的社会关系,并不像团体中的分子一般大家立在一个平面上的,而是像水的波纹一般,一圈圈推出去,愈推愈远"。

20世纪80年代,林其锬教授提出了具有一定"差序格局"特征的"五缘文化说"。它描述了在看似自由组成、纷纭杂呈的社会中存在着隐秘而井然的秩序,在这种秩序中,个体基于地缘、血缘、姻亲关系而拥有了特定的身份。

长期以来,那些只身来到异国他乡的中国人,大多是靠"五缘"关系克服人地疏、语言不通的困难,获得宝贵的精神慰藉和各种实际帮助,在当地生存发展。实践表明,基于"五缘文化"的华商网络,把全球华商以多样、灵活的方式连接在一起,不仅促进华商了企业全球化成长,也对中国的改革开放发挥了积极的作用。

第一节　"五缘文化"与华商网络

一、"五缘文化"的内涵与社会功能

(一)"五缘文化"的内涵

所谓"五缘文化说",就是对以"亲缘"、"地缘"、"神缘"、"物缘"和"业缘"为内涵的五种关系的学说。它是一种基于人际的情感文化,具有很强的归属感和凝聚力。具体来讲,包括:

1.亲缘

所谓"亲缘"(kinship relationship),是指以血缘为纽带形成的宗族、亲戚关系,包括拟亲或义亲、假亲等泛血缘在内。它起源于同姓聚居,宗族祠堂,从父母子女构成的血亲扩展到家族、乡族和宗族。其中,宗族又包括同姓单姓宗族和多姓联宗。

随着宗亲中经商人员的增多,这种最初基于亲情的感情关系就逐渐融入了商业行为,演变为基于企业发展的商业网络,并形成了相应的组织机构,如陈氏会馆、李氏宗亲会、刘杜宗亲会等。

 案例 8-1

旧金山华埠的李氏公所

李氏公所是全美最大的华侨姓氏团体之一,全美共有十多个分会,分布在全美各大都会城市。总公所设在旧金山华埠,纽约是李氏总分公所。

早年全美各地的李氏公所每隔四年聚首一堂恳亲联谊,现在改为每三年举行一次全美性恳亲大会。侨领李彪于1986年筹组成立"柔功门",并担任创会会长多年。长期以来,"柔功门"得到各界的邀请,到各不同庆会表演,包括在金州勇士队的多场比赛中演出助庆,也有远赴不同的国家,将舞龙舞狮等国术逐渐带进美国的主流小区。

老布什担任总统时,曾到旧金山华埠访问,"柔功门"也曾受邀表演,他们是第一队经过联邦政府审查而获准在政府活动表演的醒狮队。希望"柔功门"的武艺及精神可在美国传承下去,让下一代有机会学到这项国术精华。

2.地缘

所谓"地缘"(geographical relationship),就是基于地域特征而形成的邻里、乡党等关系,即通常所说的"小同乡"和"大同乡"。一般来讲,以地缘为纽带组成的社团,一般称会馆或同乡会,其组合形式通常以中国行政地区为单位,如福建会馆、潮州帮等。

"亲不亲,家乡人",中国人的乡土观念极为浓厚。由于籍贯相同而具有相同的口音和相同的生活习惯,属于同一空间区域内的社会群体,具有共同内容和特殊特征的文化系统,甚至相同的思维习惯和价值取向,从而形成同乡间特有的亲近感。

早期中国人移民国外后,既得不到祖籍国政府的保护,更无法获得侨居地政府的支持。如果没有可资依赖的亲戚,初来的"新客"往往寄寓在同乡老板的店中,免费食宿,从而得以在异国同乡平安落脚、获得生存。他们一旦自立门户,其回报的形式之一就是与帮助过自己的老乡保持生意来往,当经营产业具备一定规模后,便创立同业工会和商会等,结成商业网络。

 案例 8-2

马来西亚的"妈姐"们

据马来西亚《星洲日报》报道,妈姐也称"自梳女",在中国南部已有百年历史,而多数妈姐的故乡是广东顺德。

20世纪30年代,在世界经济大萧条的背景下,广东顺德的丝绸业日益艰难,许多妈姐纷纷背井离乡,到海外从事家庭帮佣,而当时的马来西亚也掀起了一股妈姐风潮。

早年间来到南洋打工的妈姐们,为了方便联络乡情,也为了让大家有一个立足地,联合创立了森美兰州顺德会馆,以使彼此能互相扶持照应,因此顺德会馆也算是妈姐们的"第二个家"。

1952年,第一批妈姐创办了森美兰州顺德会馆同乡会,随后合资在旧黄巴士站后方(端姑慕那威路)买地,建起了一座两层楼的会所,并于1954年开始运营。

到 1977 年,顺德会馆在旁边继续购地,建起了另一座三层楼高的会所,也就是今天森美兰州顺德会馆的前身。会馆就是妈姐们的家,以前其中一栋会所的二楼有七八间房住有妈姐,一般是两三个人同一间房。

"妈姐们会在会馆里谈天闲聊,相处融洽,去世的妈姐可以在会馆办丧事,所以当时的妈姐都觉得加入会馆是一种保障,遇上问题会馆都会伸出援手。"

3.神缘

所谓"神缘"(religious relationship),就是以宗教、信仰(如妈祖、关公等)为纽带形成的同道关系。例如,福建莆田是"东方海神"妈祖的诞生地和祖庙所在地,在全球有 1 500 多座妈祖庙和上亿的信徒。

从形成来看,"神缘"组织最初与血缘的宗亲祠堂有密切关系。出于对自然不可抗力的宿命态度,一般宗亲祠堂都会供奉一神或诸神,以渴求一种超自然的力量庇佑本族。后来,祠堂的神灵崇拜发展到超越血缘的寺庙、神社和宗教等,形成了稳定的神缘关系。

4.物缘

所谓"物缘"(product relationship),就是以物(如古币、邮票、茶叶等)为纽带形成的同道关系。即,它因物而集合,基于对某些物品的同需共好,部分人员群体之间形成的稳定关系。

在现代社会中,它表现为以商品为主体的共利关系,也会出现诸如行会、协会、研究会之类的组织。运用物缘文化,可以促进地方经济发展,如山东潍坊的国际风筝节、四川的恐龙灯会,还包括各地以自己土、特、名优产品举行的文化节等。

5.业缘

所谓"业缘"(business relationship),就是群体成员以同行、文化和同学为纽带形成的社会关系。其中,同行之间的社会关系一般指通过经济业务往来建立的工商组织,为了共同的商业利益和业务交流需要,便形成了如"米业协会"、"鞋业协会"等组织机构;以文化和同学关系为纽带的业缘组织,主要指校友会、教育和学术研究组织。如,1930 年在马来亚槟城成立的钟灵中学校友会,是建立最早的海外华侨华人组织之一。

 案例 8-3

欧美同学会:全球中国留学人员之家

作为中国最具影响力和最大的华侨华人专业人士组织,欧美同学会于 1913 年在北京创立,顾维钧、周诒春、詹天佑、蔡元培等知名海归成为创立者和早期会员。

它是由中央书记处领导、中央统战部代管的全国性留学人员组织,是党联系广大留学人员的桥梁和纽带、党和政府做好留学人员工作的助手、广大留学人员之家。2003年,增冠"中国留学人员联谊会"会名。

据2022年6月欧美同学会官网显示,欧美同学会(中国留学人员联谊会)现有42家地方组织、2家团体会员、15个国别和地区分会,个人会员突破22万人,现有常务理事125人、理事287人、海外理事35人。设有组织、宣传、联络、建言献策、团体会员、社会服务和会员活动7个专门工作委员会,以及商务人士委员会、企业家联谊会、MBA协会、酒店业专家委员会、美术家协会、医师协会、金融委员会等7个专业委员会,与主要留学国家的100多个海外留学人员团体建立了密切联系。其中,华侨华人科技企业家(包括归国人员和海外人员)是欧美同学会的重要成员。

党和国家历届领导人都十分关心欧美同学会和留学人员工作。毛泽东同志1957年在苏联接见中国留学生时曾发表"希望寄托在你们身上"的著名演讲,周恩来同志曾亲自到欧美同学会视察工作,邓小平同志为欧美同学会会刊题写刊名,江泽民同志为欧美同学会题词"学习奋斗、团结奉献",并多次参加欧美同学会的活动。党的十八大以来,习近平同志为核心的党中央高度重视欧美同学会的发展。2013年10月,习近平总书记出席欧美同学会成立100周年庆祝大会并发表重要讲话,成为欧美同学会开展工作、发挥作用的行动指南和根本遵循。

欧美同学会成立以来,遵循"修学、游艺、敦谊、励行"的宗旨,为中华民族振兴、促进中外沟通进行了卓有成效的广泛实践,在社会各个领域、各个层面产生独特影响,是党和政府联系海内外留学人员的桥梁,是全世界中国留学人员之家。

资料来源:根据"欧美同学会"官网资料整理

(二)"五缘文化"的社会功能

作为中华民族文化软实力的集中表现,林其锬教授将"五缘文化"概括为凝聚人群、沟通关系的五根纽带、五座桥梁,甚至有人形象地说"'五缘文化'可以成为凌驾海峡两岸大桥的五座桥墩"。

具体来讲,"五缘文化"的社会功能包括:

第一,它能够有效地加强人们的感情联系、社会凝聚力及扩展社会网络。长期以来,中国人个体之间因"五缘文化"而心灵相通,形成诸如宗亲会、同乡会、商会等多种组织。这些组织或团体培养了中国人的社会性,把孤立的个体汇聚在一起形成合力,使他们具有更强的生存和发展能力。

第二,它能够促进商业活动中的相互合作与信任。无论是过去的明清商帮,还是现代的中国商人群体,他们基于中国传统的"五缘文化",在彼此信任的基础上从事商业活动,在交易前期商业信息的取得、交易过程中信贷关系与商业契约的执行等方面,无不体现着相互间的合作与信任关系。例如,福建莆田在改革开放后,提出"做好妈祖文章,打好妈祖牌"的口号,通过妈祖信仰"神缘"网络,使一个贫困县转变为一个以制鞋业为支柱的著名鞋城,因而有"一尊妈祖招来一座鞋城"的说法。

第三,它能够超越国家、种族的界限,对其他民族产生亲和力、感召力和吸引力。由于其包容性和开放性,"五缘文化"以华夏民族同一姓氏为纽带,把许多国家原先素不相识的人汇聚在一起,增进同宗情谊。例如,对于不少日本人和韩国人,从其国籍和民族性来看虽不是华人,但由于其远祖来自中国,"五缘"意识使他们与中国同姓之人有一种天然的亲近感,于是就与中国同根之人同创大业。例如,2005年在武汉成立的金氏宗亲会,就与韩国第一大姓的金氏的宗亲会建立了联系,他们合作在武汉建设韩国工业园。

第四,它是全球华侨华人沟通的纽带和桥梁。正如新加坡前总理李光耀所说的,"我们都是华人,我们共享由共同祖先和文化而产生的某些特性……因此,更容易沟通和信任,而沟通和信任是一切商业关系的基础"。1991年8月6日在加拿大《大汉公报》署名"炎子"的文章称:"各地华人渐由'落叶归根'的华侨,向'落地生根'的华族转变,而'五缘文化'仍然是当今和未来华人心灵联结的一座坚固桥梁,是世界华人聚合的坚韧纽带,并且将在发展世界华人的经济联系中起重要作用。"

 案例 8-4

海外温商"抱团卖鞋"

2009年5月16日,意大利(中国)鞋业商会近日在意大利罗马成功登记注册,300多位在意大利经营鞋业的温州商人,抱团建立了一个温州鞋营销平台。

经过多年积淀,目前意大利华人鞋业贸易已初具规模,但由于在意大利的华人鞋业贸易公司各自为政,缺乏"龙头",处于散、小、弱的现状,加上受国际金融危机以及欧盟对中国皮鞋反倾销等不利因素影响,意大利华商的鞋类贸易颇受影响,因此他们决定"抱团卖鞋"。目前商会会员已有320多位,均为在意大利的华商鞋业贸易公司,分布在罗马、米兰、那波里、佛罗伦萨等地区,相当于在意大利建立了一个全新的温州鞋营销平台。商会从会长到普通会员,90%以上人员为温州鞋商。该商会首任会长为项进光,是意大利进光贸易公司董事长。

资料来源:作者根据相关材料整理。

二、"五缘文化"与华商网络的形成

(一)华商网络的内涵

所谓华商网络,是一种以华商为特定主体,以华商社团组织为载体,以五缘关系为联结纽带,以共同经济利益为核心的关系网。

实质上,它是一种基于共同利益、覆盖全球的泛商业网络。早期,海外的华商网络大多以亲缘和地缘等为基础结成单一性质的宗亲会、商帮等,20世纪50年代以后,是华商网络区域性与全球性并行的梯级发展模式逐渐形成的时期,区域化范围更广、层次更深,原以东南亚为腹地的华商网络开始向全球扩展。

到了20世纪90年代,"华商网络"的概念也逐渐得到学术界认可,被广泛运用于海外华侨华人经济与社会活动的研究中。因专业背景和研究视角不同,对"华商网络"的认识也存在差异。例如,关于华商网络的类型,刘权、罗俊翀从华商网络的历史发展角度,分为传统华商网络和现代华商网络,而刘宏根据跨国主义的定义将海外华人跨国网络具体化,分为华商与侨乡之间的网络、华商内部之间的网络这两种类型。

(二)华商网络形成的根基

亨廷顿认为,"凡是在外形上具有共同特征的人,都会对彼此产生自然的感情,如果他们也具有共同的文化和语言,这种亲切感就会加强,从而促进和睦关系和相互信任,能够为商业上的来往关系奠下基础"。

研究表明,在华商网络的形成主要依靠三个支点:

第一个支点是共同的文化。共同的亲缘、语言和表现在共同心理状态上(主要体现在价值观上)的文化基础,都能使华商之间易于建立"由同一种华文语言和中华文化产生的关系,这种关系可以弥补法治的缺乏以及规则和法规的透明度的缺少"。

第二个支点是临近的区域。个体如果处于共同或邻近的区域,则意味着他们拥有相近的地理条件和沟通便利。实际上,华商网络是区域内经济合作的一种方式,是在"自然经济区域"内的不同经济个体的合作典范。

第三个支点是历史的传承。在不同历史时期,广大华商基于共同的地域和文化基础,为了共同的经济和社会利益而聚合,在一辈又一辈华商的努力下,在实践中成功实现了华商网络的传承,这种长期维系已达数百年之久。

(三)"五缘文化"与华商网络形成的关系

王希恩在《民族认同与民族意识》一文中指出,族群认同是指社会成员对自己族群归属的认知和感情依附。周建新等(2018)指出,共同的文化特质、文化特征、文化传统、文化渊源、社会地位、民族习惯等都会成为族群认同的要素,有些甚至是基础要素。

例如,当年的陈嘉庚与其弟陈敬贤以校主身份,很照顾集美学校学生的福利。当新加坡胶业巨子陈六使和其四哥、五哥、七弟1916年到新加坡出洋发展时,陈家兄弟举目无亲。于是,陈家兄弟靠同乡和同宗、校主及学生的关系先后进入陈嘉庚的胶园或胶厂工作。创业成功后,陈六使积极担任新马胶业公会的会长,为同乡服务。

因此,长期以来,"五缘文化"将广大华商凝聚在一起,"守望相助,由近及远,形成有形和无形的社会网络",形成了众多基于亲缘、地缘和业缘性的全球性社团组织,促进全球性华商网络的形成。

1."五缘文化"是华商网络形成的文化基础

研究表明,共同的文化和语言是建立全球华商网络的基础。在实践中,具有共同文化背景的商人群体之间,其合作的社会成本比不同文化的群体之间合作的社会成本要低。如果亨廷顿将文化冲突作为政治、经济冲突的根源的说法具有合理性,那么海外华侨华人的"五缘文化"背景就是华商网络形成的文化基础。

对于近现代"老一辈"华商而言,他们基于"国弱外流"的背景到海外谋生,他们依宗族、乡土关系的互助牵引,以家庭为基础,一家带一家移居海外,一家生一家又落地生根,为了生存和发展,依靠彼此的团结互助,以亲缘、地缘为基础,兼及神缘、业缘和物缘,结成各种形式的团体,守望相助,由近及远,形成有形和无形的华族社会网络。

对于新华商而言,虽然他们到海外经商的时间较晚,但"五缘文化"依然是他们构建社会网络的文化基础。在欧洲,许多20世纪80—90年代的新移民,地缘上集中于浙江传统侨乡如青田、温州地区,抵达后多在亲戚、同乡的餐馆中从洗碗或厨房帮工干起,积累一定原始资本后开始创业发展,彼此之间形成了稳定的互助网络。

 案例 8-5

新西兰华商黄珍:与"老乡"共同成长

出生于福建省福清市的新西兰福清商会秘书长黄珍刚到新西兰时,奔走3个月,什么工作也没有找到。好在天无绝人之路,有一天,在带孩子出门散心的路上,黄珍听到了熟悉的家乡话。她循声找到自己在新西兰的"贵人"——福清老乡王大哥。王大哥不仅热情邀请黄珍到自己家做客,还给她介绍了一份工作——帮一家创办一年的华人报社《新华商报》做广告销售。

"他甚至给我介绍了第一单生意,让我得到公司老板的肯定。"黄珍说,王大哥的帮忙让她深切体会到困境中被拉一把的暖意,受此影响,在之后的工作生活中,她一直秉持着"能帮则帮"的原则,对需要帮忙的老乡伸出援助之手。

2012年,在奥克兰当地最大的华人超市,黄珍的第一家分店开张了,她聘请了两位福清老乡帮忙经营分店,勤劳肯干的老乡不仅将店铺运营得十分红火,还为黄珍寻找到开第三家分店的契机。

在发展个人事业的同时,黄珍深感与她一样的异乡人在新西兰打拼的不易,不仅语言不通、找工作困难,还可能面临着护照、签证等各种问题。为了更好地团结和服务乡亲,帮助大家办实事,有了一定经济实力的黄珍与几位福清老乡共同筹划,于2005年创立了新西兰福清同乡会。

黄珍感慨道:"成立同乡会后,福清人感觉有了一个家,乡亲有什么困难都能找人帮忙。"新西兰福清同乡会的成立为当地福清乡亲们搭建起一个相互交流的平台,提供了一个与祖国沟通的渠道。

2.基于"五缘文化"的各种社团组织构成华商网络的中枢

无论过去还是现在,以"亲缘"纽带维系的同姓或数姓联宗的宗亲会,以"地缘"纽带维系的同乡会馆,以"业缘"关系组成的行会与商会,普遍存在于海外华侨华人聚居区,这些社团构成了华商网络的基本单元和中枢机构。具体来讲:

第一,从"亲缘"的角度。当华商企业扩大并走向国际化时,血缘关系网为华商提供了联系密切的"生意圈"。例如,老挝的潮州华人陈氏兄弟,其家族企业广布四大洲,它们并非一个统一的企业集团,却形成了典型的家族国际商业网。

第二,从"地缘"的角度。早在中国人移居海外之初,华商之间的经济联系就随着同乡之间的联系而逐渐产生了。例如,早期南洋的贸易和投资很多都是在华族同乡之间进行的,如米业由泰国、新加坡和马来西亚的潮州人控制,橡胶买卖则由福建闽南人所垄断。

第三,从"业缘"的角度。华商的行业组织早在19世纪后期就产生了,几乎华商从事的所有行业都有业缘性组织,如泰国的皮业公会、美国华人珠宝商会等,它们都以经营类似产品为主且互相支持。

在欧洲,众多华商本是赤手空拳,然而它们凭借五缘文化形成了商业网络,把最初的立足点变成自己的发祥地。2011年,两个记者在其广泛调查意大利华人的基础上,写成了《不死的中国人》一书,书中对此做了生动的描写:"在意大利人的印象中,在那里的中国人有可怕的群体力量。已经有一段时间不存在单个的中国人了,现在只有一群中国人,一个由关系联结的网络——把单个中国人联结在一个家庭、合伙人、同事和朋友的网络中。"这种群体的网络力量就来自"关系",即我们所说的五缘文化。

第二节 华商网络的构成与特征

历史上,初出国门到海外打拼的华人之间为了生存而相互帮扶,由最初的人与人之间的行为,逐渐形成了以社团组织为主体的社会网络。中国传统社会的宗族组织、同乡会馆、同业行会等民间社团与组织随华侨移植海外。

一、华商网络的构成

从社会性关系认同的不同层次看,华商网络包括个人性、亲族性、族群性等关系网络。具体来讲:

(一)个人性网络

所谓个人性网络,是指华商依靠自身个人特质,在人际交往活动中逐步建立起来的关系网络,其中个人特质包括社会地位、经济实力、个性心理特点、性格、人格魅力等。

在实践中,企业家既不可能也没有必要成为一个超人(superman),但企业家应努力成为一个"蜘蛛人"(spiderman),要有非常强"结网"的能力和意识。例如,陈嘉庚凭借高瞻远瞩、公而忘私的个人魅力品格,敢怒、敢言、敢想、敢做、敢当的个人形象,以及其创业、改革和不畏失败的精神,被奉为"同安精神"代表人物之一,赢得了众多华商的支持,形成了强大的个人性网络。

(二)亲族性网络

所谓亲族性网络,是指以血缘关系为基础建立的关系网络,包括家族、宗族、姻亲和假亲等关系,它的组织形式就是姓氏宗亲团体。在亲族性网络中,既包括有血缘、亲属关系的宗族团体成员,也包括不具有血缘关系的"假亲",后者在亲族性网络中广泛存在。

例如,印尼著名的华人企业家林绍良,1938年从福建老家到印尼,最初就是为了生存投靠其叔父林光玉和长兄林绍喜,到后来才靠经营丁香及花生油生意起家,而当他创立丁香专卖公司后,林氏家族成员和同姓宗亲便在其提携下陆续参与印尼的丁香进口贸易业务,由此形成的关系网络就是亲族性网络。

（三）族群性网络

所谓族群性网络,是指群体成员基于族群认同而形成的社会网络。研究表明,族群认同强化了个体对"我群"区别于"他群"的认知,可以概括为"个人对族群的归属感""族群间的差异产生的排他性"。

在海外复杂的经营环境中,由于迁移中对"华人身份"的共同记忆,族群性认同是海外华侨华人经常涉及的问题,这使得他们的生存活动、商业活动策略、合作伙伴往往会打破地缘的限制,自觉不自觉地受到族群关系的影响,从而形成了具有"华人一家亲"特征的华商族群性网络。

二、华商网络的特征

美国著名的未来学家约翰·奈斯比特曾经把华人网络比作电脑互联网,"那是很隐形的、复杂微妙的网络,华人家族企业其实就是宗亲和同乡之网,许许多多小网交织成一大面铺盖全球的网络"。

在海外,这种富有成效的华商网络,具有封闭性和开放性相统一、确定性与不确定性相统一、正式性和非正式相统一等显著特征。

（一）封闭性和开放性的统一

1.华商网络的封闭性特征

所谓封闭性特征,是指华商群体的社会关系主要存在"小圈"内,由最亲密、信任度最高的家族宗族成员或同乡组成商业网络,导致它具有一定的排外性特征。

例如,马来西亚早期华资银行的地缘色彩严重,银行的主管和客户之间多存有乡里关系,如华侨银行、大华银行、华联银行、万兴银行属于福建系,而四海通银行是潮州系,广益银行、广利银行、利华银行则是广府系。由此产生的结果是,这种体制有一种内聚性,方便乡团之间文化、经济的交流和成长,但也会由于对外封闭而导致出现发展的瓶颈。

尤其是在 20 世纪以前,华人社团主要是以较为封闭的帮派性为主要特征,各族姓的宗亲会之间,各方言群体的同乡会之间相互排斥。在 20 世纪初的美国,华侨社会也是帮派林立。在东南亚各地,历史上的闽南帮、潮州帮、客家帮、广府帮、海南帮等各帮之间的争斗不止。

2.华商网络的开放性特征

所谓开放性特征,是指华商网络会根据现实需要不断地选择、调整和抛弃传统网络中的某些不合时宜的联系,成员来源也更加广泛,近年来各华商群体间的沟通交流更加频繁。具体来讲：

第一，传统封闭性的华商网络开始逐渐突破"地域性"、"帮派性"和"行业性"而得到快速发展，"小群可合，大群不可合"的问题有了较大改观。实际上，到20世纪初期以后，世界各地的华商社团就出现了相互合作的势头，他们大多信奉"在商言商"，他们可以和任何华商伙伴建立起关系，而这种网络关系并没有受到亲情或乡情的约束。

第二，华商网络的成员构成也更为多元，而且还加强了与其他种族与民族的联系。例如，1999年在墨尔本召开的第五届华商大会中，澳大利亚总理和很多非华裔企业家参加了大会；2005年在首尔召开的第八届华商大会上，华商网络与非华裔企业间携手发展的倾向更为明显，参会者除了华裔商界人士以外，更有800多名韩国商人。

第三，在信息化背景下，各华商群体间的沟通交流更加广泛，呈现出前所未有的广度和深度。在以电子网络为代表的信息技术革命突飞猛进的今天，传统的华商网络已被赋予新的内容与意义，那就是华商网络有了电子信息系统，华商网络之间的联系也越来越便利、快捷和系统化，并以此为基础开展了卓有成效的经济联络与合作。

(二)确定性与不确定性的统一

1.华商网络的确定性特征

所谓确定性特征，是指华商网络对促进华商全球化发展的功能、价值与作用得到了充分肯定，它对于东南亚乃至世界华商经济的整合都具有重要价值。作为华商网络的载体，侨团也因此成为海外华人社会的"三宝"之一。

长期以来，由于广大华商的家庭、家族和乡土观念较强，他们对家庭、家族和同乡往往都有比较强的责任感和信任感，由此奠定了华商网络比较牢靠的人际信用基础。在实践中，这使得华商在异国他乡彼此相互提携，他们可以通过网络关系快捷地获取资金、信息、技术和市场，在提高华商经营效率的同时也降低了运作成本。例如，在相互信任的基础上，很多华商之间的交易经常是一个电话即可成交。即使华商之间出现纠纷，也往往不去找律师来解决，而是通过华商网络找一个双方都信任的"中间人"来进行调解。

2.华商网络的不确定性特征

所谓不确定性特征，是指华商网络是在特定的政治、经济和文化环境中形成并发挥作用的，一旦超出了特定范围，这种传统的人际关系网络就很难发挥作用。

这是因为，由于成长环境的差异，新老华商在生存理念、生活方式、对文化传统的态度等方面出现了一些碰撞。根据陈文寿的调查，老一辈华商重"关系"胜于重

"利益",而年轻一辈的华商则相反,重"利益"而轻"关系"。

例如,曾有一位印尼老华侨说:"老华侨是来美国谋生的,新华商是带着资本来挣钱的。"由于这些差异,传统上由一些老华商主导建立的商会对新华商的吸引力有所下降,导致新侨组建的华商网络与当地既有的华商网络间的沟通出现一些障碍。

(三)正式性和非正式性的统一

1.华商网络具有正式性的组织特征

所谓正式性特征,是指华商网络主体(社团、商会等)作为一个组织机构,它的成立要遵循一定的规则和程序,华商网络内部成员之间、各华商网络之间的交往,具有一定的制度化特征。

具体来说:一方面,华商商会和社团等组织在成立之时,都会相应提出本华商组织的愿景、目标及运行规则等,以此吸引会员加入,并保证组织的有效运行;另一方面,华商网络发展到今天,虽然存在着华商之间联系与互动的无形联营机制,但更多地表现为,大多华人企业和机构的有形实体性交往已经制度化。

实际上,新加坡中华总商会会、菲华商联合会、泰国中华总商会等知名商会,正是依靠自身的愿景、规则等,吸引了大量会员加入。而且,商会彼此之间的交往早已具有制度化特征。例如,自1991年"世界华商大会"成立以来,每两年一次广邀全球华人企业家共聚一堂,建立彼此的经济联系。

另外,近年来由国内地方政府主导搭建的各类新侨组织平台也纷纷成立,制度化交流机制特征明显。例如,2013年12月成立了深圳市海外留学归国人员协会,紧密团结联系了近千名新侨,并通过制度化的沟通交流机制,形成了一个跨地域的海归联谊平台。

2.华商网络具有非正式性特征

所谓非正式性特征,是指华商群体在商会或社团负责人的遴选方式与规则,以及华商社团对组织成员行为的"软约束性"等方面,所表现出来的"松散性"特征。

实际上,大多华商社团组织就是以个人性、家族性和群体性、商业性联系为基本构件建立起来的,不可避免地使华商网络具有非正式性特征:

第一,华商网络成员之间的交流是开放式的,华商可以随意加入或退出任一社团(帮会)或行业协会;

第二,华商网络中的"人脉"特征依赖人际信用,即人与人之间的资金与业务往来,不是通过法律的"刚性"手段来履行承诺,而是通过华商网络内部的信誉来履行;

第三,华商网络的组织活动还具有一定的松散性,甚至有人说,华商社团组织的活动只是一种非正式的联络会,有的不过是核心经营者每月举行一次例会而已。

第三节 华商网络的功能与运行机理

经过几代人的努力,如今的华商网络随着华人移民活动的发展而遍布全球,形成了主要由与华商发展紧密联系的、遍及世界各地的华侨华人社团构成的"华人关系网络",连接起以东南亚地区为核心,遍及全球的流通领域和生产领域,对海外华商的利益维护、风险规避等起到了积极作用。

一、华商网络的功能

在早期,凭借血缘、地缘及业缘等多种纽带构建起的华商网络,致力于帮助华商获得所需的资金、人才、信息等资源要素,帮助华商克服国际贸易中的非正式壁垒,促进华商之间交易规范,积极维护华商合法权益,以此降低广大华商的风险与交易成本。

进入 21 世纪以后,华商网络与互联网完美结合,促使全球华商能够跨越地理鸿沟,使信息流、商品流、资金流、技术流和人才流呈现极大的速度和效能。目前,全方位网络时代的形成,直接强化了华商之间通过华商网络互通信息的功能。

(一)商业信息沟通与服务

华商网络的存在模式具有东方思维的特色。在华商网络内部,通过华商之间非正式的个人与社团交往,商业信息在华商网络内部得以迅速传播,这对于克服国际贸易与投资中的非正式壁垒起到了关键作用。

1.促进商业信息沟通与服务是很多华商社团的成立宗旨之一

华商网络最为突出的功能便是为华人社团建立新的人际关系提供平台。基于此,以平台为基础,为华商提供商业信息方面的支持与服务,已成为很多华商社团的成立宗旨。

例如,国际潮团联谊会在 1980 年成立时明文规定:"沟通贸易,促进文化、繁荣经济、互相交流";同样,1994 年 5 月成立的世界同安联谊会的宗旨同样包括:"互通各地工商信息,协助促进世界投资与贸易"。

2016 年,在老一辈侨领汪正亮和新侨徐柏聪的努力下,澳大利亚宁波同乡会在墨尔本成立,该社团没有走"高大上"的路线,而是致力于向同乡提供发布商机信息等"接地气"的服务。为此,徐柏聪解释了其中的原因,"侨胞在海外接收信息相对滞后,不熟悉当地相关领域,只有满足大家的真实需求,这一平台才有存在的意义"。

2.华商网络为华商之间的商业信息沟通提供了重要平台

长期以来,世界性华人社团在开展活动时,交流工商贸易信息、共同发展华人经济成了会议的主要内容。"会上叙乡谊,会下谈生意"已成许多华商社团活动的特色。实践中,华商与同乡好友会不时聚会,宗乡会馆定期或不定期地进行商务信息研讨。例如:

• 在泰国,火砻工会是华商碾米业交换米盘意见的场所,在协调华商内部米价及谷价,促进泰国米粮顺利出口方面扮演着重要角色,而火锯工会的宗旨包括交换买卖木材的意见、评议木价、推广木材外销等。

• 在马来西亚,"举办各类型有关工商业的研讨会、讲座、展览及考察团"是吉隆坡暨雪兰莪中华工商总会的重要活动之一。

 案例 8-6

"芭蕉会":一个欧洲华商的信息沟通与服务平台

"芭蕉"是"巴黎跨境商贸交流会"的简称——"巴交"的谐音。芭蕉的英文是plantain,同时它也可以翻译为 chinese banana。因为在西方,很多人总是称出生及成长在海外的华人为"香蕉人",意为他们外表是黄皮肤,内在是西方人的思维方式。

自成立以来,芭蕉会以商业信息沟通为基础,致力于为欧洲华商打造一个中欧跨境贸易无界交流平台,增加他们与合作伙伴对接需求的机会,参与方可以是电商平台、欧洲供货商、采购商、海外代购、品牌方、品牌代理商、运输物流商、区块链专家,或者对跨境贸易和区块链有浓厚兴趣并想了解最新动态的人。

资料来源:作者根据相关材料整理。

(二)关系型融资

在实践中,以华人企业或资本之间构成的华商网络,对促进华商发展的一个重要表现是关系型融资。例如,曾经热播的电视剧《温州一家人》中"周阿雨"的原型、浙江华商程慧秋举了她在海外创业融资的例子,"大家都愿意在最开始的时候,最难的时候帮助你,比如说某个老乡要创业了,需要 100 万启动资金,我们大家有人认 1 角(1 角代表 1 万),有人认 2 角,都是无息贷款,在请大家吃饭的时候抓阄,抓到数字几就是几个月还"。

实际上,在遍布世界各地的华商社团中,很多华商社团都在为众多中小华商提

供信誉担保,帮助其筹集创业资金,甚至有的华商社团还专门成立了"经互会",实行自由组合集资,自愿报息贷款的原则。例如:

· 在泰国,不少华商得到陈弼臣盘谷银行资金的支持,马来西亚华人首富郭鹤年、印度尼西亚华人首富林绍良等也经常获得盘古银行的贷款资助,陈有庆也继承了父亲陈弼臣的商法衣钵,他在香港的银行重点也是向潮州华商提供金融服务。

· 在苏里南,华商侨团成员"抱团取暖",让很多初到苏里南的华侨华人有了事业发展的"启动金"。苏里南华侨华人社团联合总会会长李学雄对当地侨团充满了感激,在他创业初期,多亏侨团为他提供了充足的贷款,他才有机会把事业做大,"我的事业有今天的成就,离不开海外侨团的大力支持"。

· 在西班牙,当地人觉得不可思议的则是华商的融资方式。在当地某电视台的一次访谈中,主持人抛给现场一位华商嘉宾一个疑问,"一个华人开了一个新店,当警察调查他们资金来源的时候会发现什么?"得到的回答是:"他们的钱来自父辈的支持,有的还是他们父辈的朋友在支持。年轻人从打工开始,干几年之后,只要想开个新店,全家族的长辈都会主动凑钱支援,有的由没有血缘关系的老板支持,相当于无息贷款,这种融资方式高效而稳定,甚至胜过金融系统。反过来,等他赚了钱,还清大家的集资,又会主动资助下一个创业者。"

 案例 8-7

《"不死的中国人"》:从哪儿来的钱?

《"不死的中国人"》是欧利阿尼、斯达亚诺两位记者以数据为依据,以实地调查和访谈为佐证,从欧洲人的视角描述了华侨华人在意大利生活、创业、做生意、开工厂的经历。他们神奇地发现,原先的帮工买下了餐馆,工匠的店铺变成了批发商店,酒吧招待成为服装厂的老板,华侨华人把那不勒斯的都凯斯特、马泰拉的帕依普等地变成了中国城……

作者把在意大利各地华商网络中运转及发生的有趣事例详细地记录下来。书中写道:"一个中国人依靠 100 个朋友和亲戚,每人给他 1 000 欧元,就可以得到 10 万欧元的创业现金。中国人的这种做法比银行强多了,因为这是靠人情;如若靠银行,在遇到困境时,他们可能就会失去他们的企业。

(三)信用监护

1.华商网络承担信用监护职能的背景

龙登高教授认为,人际信用是维系华商网络存在与运作的纽带。在海外,华商网络的关系型融资所凭的是相互间的信任及其信用。菲律宾华裔学者吴文焕对此感触颇深,"华商之间,只要两相情愿的生意,在相互信任或信用的基础上,一个电话即可成交,甚至可不用订单,有时连一个纸条都不用"。

但是,华商中也并不全是诚实守信的人,在华商网络内也会存在一些对商务交易持欺骗态度的人,而华商网络成员间的关系型融资并不受当地法律保护。基于此,华商网络在预防成员失信方面的作用就显得尤其重要。

实际上,在东南亚,基于华人社团的华商网络在这方面发挥了积极作用。总商会的记录显示,他们曾多次主动或被动地为网络成员提供信用监护或管理职能。

2.华商网络履行信用监护职能的措施

在实践中,华商网络履行信用监护的措施主要包括融资担保,以及对失信华商的集体制裁等。具体来讲:

第一,为华商个体间的关系型融资提供一定的担保与监督。在这一层面,多数华商社团组织扮演着那中介和协调监督的角色,这一角色在华商个体及企业的交往中极为重要。以马来西亚嘉应控股公司的组建为例,它是由同乡会发起并在同乡的大力支持下组建而成的,马来西亚嘉属会馆联合会于1980年为其筹资,仅两个月时间便筹集到1 000万元资本。广大华商之所以愿意积极投资,很大程度上是由于会馆的担保与监督。

第二,对不守诚信的华商个体实施集体制裁行为。在华商网络内部,不可避免也会存在不诚信的华商个体。在此情况下,华商网络会通过集体制裁行为,将这些不诚信的华商成员孤立于网络之外。而对于在海外发展的华商来说,这种孤立与边缘化所发挥的效力要比任何一种制裁都严厉。例如,香港东亚银行总裁李国宝曾经说过:"如果我违反了商务上的诺言,与华人商业网络有关的人都会知道,那么我的商业生命也就由此葬送了。"

(四)集体交涉维护华商企业的合法权益

作为代表华人社会利益的机构,华商网络一直都扮演着团结华商、争取族群权益的角色。长期以来,华商社团会利用自身的影响力,通过动员其在各个领域合作对象的领导层、制度化力量和外部组织联系,积极维护华商企业个体或群体的合法权益。

1.早期华商网络的维权实践

早在清末,新、马地区的商会就和内地商会一起,建立起了"朝廷—商部—商会"的信息沟通机制(见图8-1),借助政府的力量来维护华商的海外利益。

例如,原籍福建省安溪县的著名华商林树彦,1938年4月于新加坡源顺街(即直落亚逸街)创设侨通行。1945年秋,他以新加坡各帮汇兑公会联席会议代表的

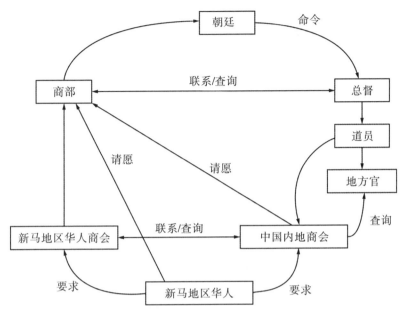

图 8-1 清末新马地区通过商会/商部提出的请愿系统

身份(该联席会议由林树彦出面邀请闽、潮、琼三帮汇兑会组成的,临时办事处即设在侨通行),一面晋谒英军政当局,一面恳请新加坡中华总商会致电中国政府速定汇率,以恢复侨汇事宜,最终中南侨汇于 1946 年 3 月 18 日(星期一)正式开放。1946 年 10 月,林树彦以汇业总会会长身份,恳请当局取消在当年 10 月 14 日所颁布的"侨汇自由兑换限制令",结果也获得成功。

在殖民时代,世界树胶交易中心在伦敦和纽约。关于树胶品质的鉴定和交易条件,产胶国的胶商无权过问,故帮助新马胶商在国际贸易中争取更大的主动权,成为新加坡树胶公会的核心任务之一。于是,作为树胶公会主席的陈六使,于1957 年 5 月率领新加坡胶商代表团出席在伦敦举行的英马胶商联席会议,宣称要"看看他们如何吸我们的血,吸至什么程度"。这次会议使英国厂家认识到,新加坡树胶分会在新马树胶界中具有重要地位,也因此为新马树胶界争取了在树胶贸易中的主动权。

2.新时期华商网络的维权实践

新时期,在海外复杂的政治和经济环境下,针对广大华商的"歧视性"政策法规依然存在,针对华商群体的"选择性"执法行为屡屡发生。在此背景下,世界各地华商社团会积极动员网络关系,积极维护广大华商的群体或个体权益。例如:

• 日本中华总商会。作为一个商业团体,在事关会员的商业权益时,会直接出面向日本主流社会提出交涉,2001 年当日本禁止中国家禽入口的临时措施出台时,总商会就及时对农林水产大臣提出停止实施这一措施的请愿书。

• 美国"百人会"。面对美国社会对华人根深蒂固的歧视,"百人会"应运而生。在美华人一旦发生人格、利益受损事件,"百人会"就会联合抗议不平等对待。比如1999年,华裔科学家李文和被恶意指控盗取美国机密文件,华人组织立即召开大会,大家联名给美国总统克林顿写信,最终李文和被无罪释放。

 案例 8-8

西班牙华商陈九松:"温州鞋革协会"帮我打赢了官司

在意大利,针对华商的犯罪活动不少,特别是烧毁华商仓库的现象屡有发生,但作案者比较隐蔽,华商利益受损后很难维权。

2004年,近千名当地鞋商和鞋厂工人聚集在西班牙埃尔切市的中国鞋城内,喊着口号,号召当地人"把进入这个城市里的所有鞋子烧掉"。城里的中国鞋铺纷纷提前关门,西班牙华商陈九松也早早关了店面。

可不巧,当游行队伍走到他的店门口时,他的一个集装箱货柜刚准备卸货。一些不法分子看到他的仓库外停着一辆满载温州鞋的集装箱卡车后,就放火烧了卡车和他的店面、仓库,烧毁温州鞋共16个集装箱、1.2万双,直接经济损失约800万元人民币。

烧鞋事件发生后,温州鞋革协会第一时间派出专人去埃尔切市,帮助处理维权事宜,埃尔切市60多位温商迅速筹资60多万元人民币,帮助陈九松应对维权诉讼。

2011年5月,西班牙埃尔切市地方法院就2004年在该市发生的焚烧华商仓库恶性群体性事件,作出终审判决,28名肇事者被判有罪。

法庭宣判后,陈九松第一时间对同行说,这是海外温籍华人大型维权诉讼案件的一个重要胜利。就像陈九松的律师季奕鸿说的那样,这是我国海外华侨华人大型维权诉讼案件的一个重要胜利,树立了海外华侨华人法律维权的典范。

这一胜诉将为华商营造一个较好的经营环境,使国外不法分子不敢轻易侵犯华侨华人的利益。

二、华商网络的运行机理

(一)扩大华商网络的"圈内"影响力:吸引华商个体加入华商社团

华人移民在异域他乡,为了繁衍生息和开拓进取,就必须寻求外在的力量"抱团取暖",于是以各种华人社团、会馆为载体的华商网络,就对他们就有天然的吸引力。那么,华商网络作为一个没有行政权力的组织,如何提高自身的影响力呢?

1.华商网络领袖的影响力

长期以来,社团、会馆的主要负责人一直是华人社会内部的重要支柱,华商网络领导层的威望与能力是华商社会网络影响力的重要来源。正如一位香港银行家所说,"如果你想在华人商业圈内寻求合作,一位圈内头面人物的推荐比在桌上拍一沓钱管用得多"。这是因为华商领袖在网络成员间享有较高的信誉。

以新加坡总商会为例,它的影响力除了来源于与外界的广泛联系、会员的代表性以外,更重要的是,它的理事会成员是由各个华人派别的领袖所组成的,使得它被视为"新加坡华人社会内部最高结构"。基于此,广大华商会员信赖总商会,相信它能够承担华商群体的信用监护、权益维护等问题,这也成为广大华商积极加入会员的原因之一。例如,李光前于1928年创办南益树胶,成为20世纪50年代全球最大的橡胶供应商,由于他有效维护了胶商的整体利益,在华人社会里产生了较大影响。李光前曾在1939—1940年和1946年担任过新加坡总商会会长,他的这种影响增加了商会对会员的黏性,也增加了华商会员对商会的信任。

 案例8-9

阿根廷超市公会主席陈大明:用自身的能力与魅力将大家凝聚在一起

在阿根廷广袤的地域上,大大小小的华人超市星罗棋布。2005年初,阿根廷首都一剧院发生火灾,死了200多人。阿当局以此为借口对华人超市进行恶意"查封",许多华人超市纷纷倒闭。"城门失火,殃及池鱼",华人成了这场火灾的最大受害者。

那时,阿根廷华人超市公会刚刚成立几个月,还没人出任公会主席,群龙无首之下,华人的力量微不足道。此时,大家想到了陈大明,在随后召开的超市公会代表大会上,一致推举陈大明为行业的"领头雁",选举他为公会主席。

陈大明说,他是"受任于败军之际,奉命于危难之时"的,是被"赶着鸭子上架的"。上任伊始,他立即组织公会领导与政府部门进行严正交涉,以法律为武器,要求政府部门"解冻"。之后,双方签订了条约,力挽狂澜于败军之际,第一次交锋便显现出了陈大明的胆量与气魄、智慧与才干。

除了向政府维权之外,团结华人社会、与"黑恶势力"作斗争也是阿根廷华人超市公会的主要任务之一。华人超市在为阿根廷政府创造经济繁荣的同时,也成了黑社会和不法商贾哄抢、袭击、枪杀、诽谤、陷害的目标,时有华人受害。在生死存亡关头,几乎所有的受害者都寄希望于陈大明,期望着这位华人领袖能伸张正义。

在极其艰难的环境中,陈大明不负众望,把为华人维权与抗争作为出发点与落脚点,每每带领公会领导者们在危难时刻挺身而出,长年累月地奔走在案发一线,据理力争,为受害者讨回一个又一个公道,解决了一个又一个的难题,获得会员的广泛认可与赞誉。

(二)华商网络所宣称的目标与宗旨

在华商社团所宣称的目标与使命中,大多与服务华商企业的发展息息相关。例如:

• 新加坡总商会的目标包括:(1)促进商业贸易;(2)收集、提供商业信息并出具证明;(3)在内外贸易联系中提供引介和建议;(4)仲裁贸易纠纷;(5)编撰商业和行业统计材料;(6)举办贸易展览,建立商业和行业学校,促进教育和社会福利工作;(7)举办商业会议,派遣代表团出国访问以促进贸易、培养友谊、增进商业交流。

• 中国香港商会的宗旨则包括"建立和密切与内地各级政府官员及机构的良好关系,帮助会员了解最新的经贸政策和市场信息,促进同行业间的商务关系,协助港商拓展内地市场,提高商会知名度,扩大商会影响力,为会员寻求福利"等。

• 中国海外投资商会的主要宗旨明确指出,"要积极开展面向会员的商务信息、法律咨询、商事等服务,使得企业在海外能够获得相应的法律支持"。

很多华商个体之所以选择加入商会社团等组织,主要原因在于,它们所宣称的使命是促进华商开展商业贸易。这对于在海外谋求商业发展的广大华商而言,无疑具有较强的吸引力。

 案例 8-10

吉国中商商会会长:维护华商利益 共创兄弟情谊

• **从 5 人小组到中商商会**

吉尔吉斯斯坦中商商会(简称"商会")在赵建共的带领下,低调、谦虚、实干、严谨作风成员们分工合作,共同面对在吉尔吉斯斯坦(简称"吉")遇到的种种困难,并与当地商人相互帮助,经常组织爱心活动,渐渐融入吉当地社会。

2004 年 4 月 16 日,因为电工工作失误,比什凯克中海市场发生火灾,大火几乎烧毁了市场的所有商铺。为了挽回华商们的损失,由赵建共和其他 4 名华商组成的 5 人小组与市场所属公司多尔多伊公司进行了谈判,最终让 108 家中商商户得到了满意的赔偿,也为中海市场留住了华商。

此次谈判的结果在吉国的整个华商圈中影响很大,当时的 5 人小组慢慢发展成为 10 人小组,在驻吉尔吉斯共和国大使馆的支持下,2013 年吉尔吉斯斯坦中商商会正式在吉国注册成立。

- **5 个部门 1 个群 华商的坚实后盾**

在吉中国商户分布于比什凯克的各个市场,因此商会成立后制定了严格的规章制度。商会建立了一个微信会员群和 5 个部门,分别是市场管理部、市场外事部、应急部、文体部和慈善部。

微信会员群中有 8 个小组,由中海市场的 4 个组和比什凯克其他市场的 4 个组构成。中海市场的商铺有 4 排,每一排为一个组,每组自行选出一名小组长。每组组员在群中的名称都包括小组编号、商户摊位号和姓名。会员一旦遇到困难,离他最近的会员或组长可以精准快速地赶到现场,帮助其解决困难。

商会成立之前,华商与当地商人发生争执或受到不公平对待时,只能吃哑巴亏。商会成立以后,华商们说话硬气了,商会会帮他们交涉,并用法律武器保护华商,维护商户利益。几年下来,商会内几乎没有发生过打架斗殴事件,吵架的人也很少,华商的人身安全和财产安全都得到了有效保障。

- **结兄弟情 传递中国心**

近年来,当地商户与华商之间的贸易往来越来越紧密,当华商的利益受到损害时,当地商户的利益也将连带受到损害。所以,当华商遇到困难时,当地商户都会主动向有关部门反映,于是在吉华商与当地商户建立了兄弟般的情谊。

商会成立以来,始终坚持慈善活动,商会中有专门负责慈善活动的部门。每年"六一"儿童节和吉新年,商会都组织捐赠物资,将爱心传递给吉民众。

赵建共说,组织捐赠之前,负责慈善活动的会员都会提前向受助者了解所需物品,然后再组织捐赠,将捐赠品送到真正需要的受助群体中。每次组织慈善活动,商户们都非常积极,有时活动都结束了,还有不少商户打电话咨询是否还可以捐赠。

商户们之所以在慈善活动中那么积极,一方面是希望尽自己的努力帮助吉普通民众,让他们感受到中国人民对他们的善意,加深中吉两国人民间的友谊。另一方面,商会成立给会员们带来了很多实实在在的好处,让身在海外华商愿意同商会一起与吉国人民相互帮助。

资料来源:中国侨网,2019 年 11 月 14 日。

(三)扩大华商网络的"圈外"影响力:建立与外部商业网络的沟通机制

以商会为主体的华商网络主要通过出版商业资讯资料、商业展览和互访机制等方式,搭建会员与外部沟通的平台,介绍世界各国的经济贸易法规政策和投资环境,组织会员企业参加国内和国际展览会、研讨会及洽谈会等,积极为会员开拓市场牵线搭桥。

1.出版商业资讯:纸质和电子媒体

华商网络的影响力需要载体的传播。在早期的纸质媒体时代,报纸、期刊和书籍是华商网络与外部沟通的主要渠道之一。在当前的数字经济时代,网站、微信公众号成为主要渠道。

历史上,华文媒体是华商网络与外部进行沟通的重要渠道。例如,1922年开始发行的《商务月刊》杂志创刊的四项宗旨——"介绍商业基础知识,报道世界经济情况的变化,沟通华侨与祖国之间的经济资讯,加强华侨之间的联系"。在印度尼西亚,华文报刊中最具影响力的当属《国际日报》、《世界日报》与《印度尼西亚商报》也具有相当的知名度和权威性,雅加达有两家华文广播电台,其中,加科哇拉第一华语广播在华人中具有较大的影响力。

在信息化高速发展的今天,当代华商网络借助信息技术,彼此之间的沟通呈现出前所未有的广度、深度、紧密性和时效性。近年来,许多华人组织也纷纷设立了自己的网站,这些网络资源除了让用户可以通过输入关键词查询所需要的商业资讯,获取全球华商企业和商业团体的资料、有潜能的商业伙伴、商业机会和贸易活动外,还备有产品和服务的分类功能,为华商间的交往提供了极大便利。例如,1995年12月8日,新加坡总商会推出了中文繁简体和英文为媒介的世界华商网络(WCBN),这一大型资料库网站包括53个国家10万多个华人企业的信息资料,是华商在线进行商务活动最活跃的平台,受到世界华商的广泛欢迎。

2.商业展览

实践中,由于商业展览具有受众广、传播力强等特点,这对于宣称华商个体和华商网络均具有良好效果。因此,它也是华商网络与外部联系的沟通机制之一。

历史上,新加坡中华总商会在1935年和1936年分别组织了三次大型展览会:第一次有来自中国和东南亚国家的300多家公司和制造商参展;第二次则有311家公司参展、20多万人参观;第三次于1959年组织了为期41天的新加坡自治展览会,以"建立新加坡在外部世界的形象和刺激当时比较迟滞的贸易"为主旨。

进入21世纪以来,不仅东南亚的华商聚集地积极开展各种形式的展览会及洽谈会,一些欧洲国家的华商商会也在积极组织。例如,2015年6月,捷克华商联合会组团参加首届中国—中东欧国家投资贸易博览会,博览会期间各方洽谈深入并取得显著成效,受到各方普遍赞誉。

3.互访

华商商会与商会之间、华商商会与华商企业间的互访现已成为常态,这也成为华商网络与外部沟通的主要渠道之一。通过互访活动,一方面通过信息沟通扩大了商会的外部影响,另一方面也切实促进了会员企业的发展。

例如,美国华商会最重要的宗旨之一就是通过搭建双方交流的平台,让美国政商人士了解中国,"握十次手不如请他们(美国政商界人士)到中国来喝一杯酒"。这是美国华商会会长邓龙常挂在嘴边的一句话。

近年来,随着交通和信息手段的日益便捷,华商网络与外部的互访次数日益增加。例如,仅1994年,新加坡总商会就在总部接待了232个代表团和访客,其中多数是来自中国的商业代表团。2014年,马来西亚商会、马中总商会、马来西亚彭亨中华总商会、马来西亚东莞商会等分别对国内厦门、东莞、茂名等地进行访问,一方面联络乡谊,另一方面寻求投资发展机会。2016年3月,马来西亚中华总商会总会长拿督戴良业率代表团一行47人访问新加坡中华总商会,对一些商家关心的重要课题进行讨论,除了推进现有的合作项目,两家商会也达成了新的共识。2016年4月,泰国潮安同乡会代表团联合潮州市潮剧团访问泰国中华总商会,也取得了丰硕的成果。

本 章 精 要

1.20世纪80年代,林其锬教授提出了具有一定"差序格局"特征的"五缘文化说"。所谓"五缘文化说",就是对以"亲缘"、"地缘"、"神缘"、"物缘"和"业缘"为内涵的五种关系的学说。它是一种基于人际的情感文化,具有很强的归属感和凝聚力。

2."五缘文化"能够有效地加强人们的感情联系、社会凝聚力及扩展社会网络,能够促进商业活动中的相互合作与信任,能够超越国家、种族的界限,对其他民族产生亲和力、感召力和吸引力,是全球华侨华人沟通的纽带和桥梁。

3.华商网络,是一种以华商为特定主体,以华商社团组织为载体,以五缘关系为联结纽带,以共同经济利益为核心的关系网。其中,共同的文化、临近的区域、历史的传承是华商网络形成的三个支点。

4.长期以来,"五缘文化"将广大华商凝聚在一起,形成了众多基于亲缘、地缘和业缘性的全球性社团组织,促进全球性华商网络的形成。

5.从社会性关系认同的不同层次看,华商网络包括个人性、亲族性、族群性等关系网络。

6.华商网络具有封闭性和开放性相统一、确定性与不确定性相统一、正式性和非正式相统一等显著特征。

7.华商网络的功能主要包括商业信息沟通与服务、关系型融资、信用监护和集体交涉维护华商企业的合法权益等四个方面。

8.华商网络作为一个没有行政权力的组织,主要通过华商网络领袖、华商网络所宣称的目标与宗旨增加自身的吸引力。

9.以商会为主体的华商网络主要通过出版商业资讯、商业展览和互访等方式搭建会员与外部沟通的平台,介绍世界各国的经济贸易法规政策和投资环境,组织会员企业参加国内和国际展览会、研讨会及洽谈会等,积极为会员开拓市场牵线搭桥。

10.华商社会网络的角色功能包括:华商财团间的信息服务与关系型融资、信用监护、维护华商企业利益。

11.华商社会网络影响力的来源是:华商领袖为领导的华商网络威望、华商社会网络所宣称的使命。

12.华商社会网络规避华商全球化发展风险的方式是:抱团取暖,充分利用社团和侨领维护合法权益;强化自我管理与自我约束;成立"联合阵线"积极应对风险。

参考文献

[1]庄国土等.华侨华人经济资源研究:以华商资产估算为重点[R].国务院侨办政法司编印,2011.

[2]冯邦彦.香港华商与"全球华人网络"的崛兴(香港华商系列之四)[J].港澳经济,1998(10):12-15.

[3]岩歧育夫.新加坡华人企业集团[M].厦门:厦门大学出版社,2001.

[4]贾益民.华侨华人研究报告(2014)[M].北京:社会文献出版社,2014.

[5]罗钦文.以侨带路推动"海丝"建设[N].人民日报海外版,2014-06-02:08.

[6]林联华.美国华商现况探析[J].亚太经济,2010(5):112-113.

[7]严嵩涛.著 新加坡发展的经验与教训[M].汤姆森学习出版集团(新加坡),2007.

[8]毛华配,徐华炳.影响海外华商投资风险认知的因素分析:以温州籍华商样本为例[J].华侨华人历史研究,2013(02):38-45.

[9]潘淑贞.当代菲律宾华商在华教育投资与管理的特点:以闽南地区为考察点[J].华侨大学学报,2014(4):30-37.

[10]龙登高.海外华商经营管理的探索:近十余年来的学术述评与研究展望[J].华侨华人历史研究,2002(03):84-94.

[11]李玉用.佛教伦理思想中的生命关怀精神:兼论印顺法师的"人之正性"思想[J].五台山研究,2012(02):8-12.

[12]张光忠.中华民族商帮文化的全球意义:基于中国企业的国际化经营战略研究[J].中南财经政法大学学报,2008(01):109-113.

[13]詹丽峰,秦国柱.论潮汕文化背景下的民间慈善心理:以2013年潮汕"8·17洪灾"民间救助为例[J].汕头大学学报(人文社会科学版),2014,30(02):24-30+95.

[14]郑晓云.文化认同与文化变迁[M].北京:社会科学出版社,1992.

[15]容和平,韩芸,王鸣.官商经济与晋商兴衰[J]商帮文化,2007(19):58-60.

[16]刘建生,燕红忠.近代以来的社会变迁与晋商的衰落:官商结合的经济学分析[J].山西大学学报:哲学社会科学版,2003(1):15-20.

[17]刘涛.重商和抑商:农本到重商何以会发生在西欧而非中国[J].学习月刊,2009(16):23-24.

[18]张卫东.基于和合文化的和合目标管理[J].中国文化与管理,2021(01):109-118+156.

[19]罗安宪.多元和合是中国哲学的根本[J].中国人民大学学报,2019,33(3):9-15.

[20]张立文.中国和合文化导论[M].北京:中共中央党校出版社,2001:26-27.

[21]王雪梅,教军章.共生思想的中国传统文化溯源及赓续[J].领导科学,2021(18):113-115.

[22]李芊霖,王世权,汪炫彤.国有企业改革中企业家如何提升员工活力:东北制药魏海军"和合共生"管理之道[J].管理学报,2021,18(7):949-958.

[23]莫申江,赵瑜.和合共生:浙江日报报业集团构建融合创新系统的单案例研究[J].浙江大学学报(人文社会科学版),2020,50(6):128-144.

[24]郭超然.和合视角下的现代企业管理[J].施工企业管理,2019(9):103-105.

[25]金应忠.再论共生理论:关于当代国际关系的哲学思维[J].国际观察,2019(1):14-35

[26]NISBETT RICHARD E. The geography of thought:how Asians and Westerners think differently-and why[M].London:Nicholas Brealey,2003.

[27]苏东水.东方管理学[M].上海:复旦大学出版社,2005.

[28]戴冬冬.华商文化在现代管理中的独特价值[J].东北大学学报(社会科学版),2004(01):42-45.

[29]庄国土,刘文正.东亚华人社会形成和发展:华商网络、移民与一体化趋势[M].厦门:厦门大学出版社,2009.

[30]吉原久仁夫著.黄仲涵集团:东南亚第一企业帝国[M].周南京译.北京:中国华侨出版社,1993.

[31]康荣平.海外华人跨国公司成长新阶段[M].北京:经济管理出版社,2009.

[32]HARA,FUJIO. Malaysia's new economy and the Chinese business community[J].The developing economies,1991,29(4):350-370.

[33]HALEY G T,TAN C T. The black hole of Southeast Asia:strategic

decision making in an informational void［J］. Management decision，1996（34）.102-113

　　［34］李明欢.东欧社会转型与新华商群体的形成［J］.世界民族，2003（2）：41-49.

　　［35］李国梁.东南亚华侨华人经济简史［M］.北京：经济科学出版社，1998.

　　［36］唐礼智.东南亚华人企业集团对外直接投资研究［M］.厦门：厦门大学出版社，2004.

　　［37］饶志明.东南亚华人财团跨国投资战略及行为特征［J］.世界经济研究，1996（01）：56-60.

　　［38］饶志明，郑丕谔.东南亚华商管理模式的文化与制度分析［J］.天津大学学报（社会科学版），2005（03）：176-180.

　　［39］郑学益.商战之魂：东南亚华人企业集团探微［M］.北京：北京大学出版社，1997.

　　［40］原晶晶.当代非洲华商的发展战略探析［J］.东北师大学报（哲学社会科学版），2011（02）：212-214.

　　［41］沙翎.东南亚华人同化的过去、现在和未来：从世界民族的融合角度看东南亚华人同化问题［J］.八桂侨史，1992（4）：17-21.

　　［42］闫婧.海外华侨在文化冲突下文化适应策略的运用［D］.内蒙古师范大学硕士论文，2014.

　　［43］刘天骄.澳大利亚多元文化政策与华人华侨文化适应的互动研究［D］.中央民族大学硕士论文，2011.

　　［44］龙登高.海外华商经营模式的社会学剖析［J］.社会学研究，1998（2）：75-82.

　　［45］张正国.沟通中国与东南亚：华侨华人的历史功用与现实启示［D］.上海外国语大学，2019.

　　［46］文峰.欧洲主权债务危机对华侨华人经济的影响及其对策研究［J］.东南亚研究，2012（02）：96-102.

　　［47］毛华配，徐华炳，影响海外华商投资风险认知的因素分析：以温州籍华商样本为例［J］.华侨华人历史研究，2013（2）：38-45.

　　［48］HIN YEE WHAH. The 1997 financial crisis and local responses：small and medium enterprises in Malaysia［J］.Journal of Malaysia Chinese studies，2003（6）：101-119.

　　［49］苏启林、欧晓明，家族企业国际化动因与特征分析［J］.外国经济与管理，2003（9）：17.

[50]张禹东.海外华商网络的构成与特征[J].社会科学,2006(3):106-111.

[51]龙登高.海外华商经营模式的社会学剖析[J].社会学研究,1998(2):75-82.

[52]庄国土.论17—19世纪闽南海商主导海外华商网络的原因[J].东南学术,2001(3):64-73.

[53]GOODMAN BRYNA. Native place,city,and nation: regional networks and identities in Shanghai,1853—1937[M].University of California Press,1995.

[54]江扬.浅析海外华人商业网络的特性:以国家与地区的视角[J].南洋问题研究,2011(3):50-60.

[55]筱崎香織."华人商务局"的成立:商业与贸易发展的催化因素[M].华社研究中心论文集,2007.

[56]庄国土.东亚华商网络的发展趋势:以海外华资在中国大陆的投资为例[J].当代亚太,2006(1):29-35.

[57]刘宏.新加坡中华总商会与亚洲华商网络的制度化[J].历史研究,2000(1):106-118.

[58]林其锬."五缘文化"与世界华商经济网络[J].福建学刊,1994(6):40-45.

[59]费孝通.乡土中国[M].上海:上海人民出版社,2006.

[60]RAUCH,JAMES E,VITORTRINDADE. Ethnic Chinese networks in international trade [J].Review of economics and statistics,2002,84(1):116-130.

[61]约翰·奈斯比特.亚洲大趋势[M].北京:外文出版社,1990.

[62]Fifty Eight Years of Enterprise: Souvenir Volume of the New Building of the Singapore Chinese Chamber of Commerce[J].Singapore,1964,171.

[63]林孝胜.新加坡华社与华商[M].新加坡亚洲研究学会,1995.

[64]蒙英华.华商网络内部信息交流机制研究[J].南洋问题研究,2009(2):58-64.

[65]雷丁.海外华人企业家的管理思想:文化背景与风格[M].上海:上海三联书店,1993.

[66]曾路,颜春龙.海外华商与海外印商经营管理特点的比较研究[J].暨南学报(人文科学与社会科学版),2004(3):52-56.

[67]庄国土.论17—19世纪闽南海商主导海外华商网络的原因[J].东南学术,2001(3):64-73.

[68]陈文寿.华侨华人经济透视[M].香港:香港社会科学出版社,1999.

[69]李国樑.海外华商网络与中国企业的跨国经营[J].东南学术,2004(S1):244-246.

[70]袁建伟.族群网络与跨界发展—当代香港福建籍政商企业家的人类学研究[J].中南民族大学学报(人文社会科学版),2014(1):60-65.

[71]S L WONG. The Chinese family firm：a model[J].British journal of sociology,1985，36(1):45-49.

[72]彼得·德鲁克.大变革时代的管理[M].上海:上海译文出版社,1999.

[73]肖伟然,黄天中.华商家族式企业与西方企业人力资源管理比较研究[J].浙江工商大学学报,2007(3):74-78.

[74]GEORGE T HALEY,USHA C V HALEY,TAN CHIN TIONG. New Asia emperous:the business strategies of the overseas Chinese[M].John Wiley & Sons(Asia)Pre Ltd,2009.

[75]郑学益,周黎安.郭鹤年的经营管理艺术与风格[J].北京大学学报,1994(5):95-101.

[76]饶志明,郑丕谔.东南亚华商管理模式的文化与制度分析[J].天津大学学报(社会科学版),2005(5):176-180.

[77]江书陆.论海外华人企业以仁为本的员工管理[J].南京航空航天大学学报(社会科学版)2005(3):27-30.

[78]弗兰西斯·福山.信任:社会美德与创造经济繁荣[M].海南出版社,2001.

[79]王树金,陈建辉.年轻一代企业家接班问题初探[J].中国人力资源社会保障,2017(4):3.

[80]周阳敏.现代企业后家族管理的基础理论模型研究[J].武汉理工大学学报(社会科学版),2001(06):579-584.

[81]崔广全.论家族管理模式的差序格局性[J].苏州大学学报,2005(03):42-45.

[82]黄明滢.新加坡华资银行的家族管理[J].特区经济,2007(04):99-100.

[83]钟辉,陈祥华.九牧王:让家族管理成员往后退[J].中国中小企业,2013(08):26-29.

[84]李晗雪.兼顾家族传承和企业长青的新型家族管理模式研究[J].企业导报,2014(24):42-43.

[85]陈志斌,吴敏,陈志红.家族管理影响中小家族企业价值的路径:基于行业竞争的代理理论和效率理论的研究[J].中国工业经济,2017(05):113-132.

[86]许建业.家族企业管理模式探析[J].经济师,2002(12):136-137.

[87]来永宝.有恒产者有恒心:新加坡"居者有其屋"政策评析[J].龙岩学院学报,2008(05):5-6.

[88]左静,张鹏,孙羽.儒商文化与中国企业家精神[J].辽宁省社会主义学院

学报,2020(4):101-104.

[89]孟令标,齐善鸿.企业家精神结构及培育的文化路径探索:基于老子管理哲学思想的视角[J].企业经济,2021,40(12):59-68.

[90]王娟,刘伟.企业家精神的涌现:一个整合框架[J].管理现代化,2019,39(4):118-121.

[91]李晓敏.华商海外政治性风险的特点和防范[J].浙江学刊,2010(5):183-188.

[92]戴圣鹏.论文化冲突产生的原因及其化解途径[J].广东社会科学,2020(4):82-87.

[93]程虹,刘芸.市场经济中的标准秩序理论研究[J].宏观质量研究,2017,5(4):1-17.

[94]高云球.市场经济的方法论原则[J].哈尔滨工业大学学报:社会科学版,2002,4(3):6.

[95]刘胜梅.契约精神及其培育路径[J].学术探索,2012(10):4.

[96]张浩等.明清徽商"焚券弃债"的动机与启示[J].黄山学院学报,2021,23(1):15-19.

[97]薛佳.伦理、契约与身份:西方责任政治分析的三重视角[J].云南社会科学,2021(3):18-25.

[98]彼德罗·彭梵得.罗马法教科书[M].黄风译.北京:中国政法大学出版社,1992.

[99]王滨,陈律.新时代契约精神的传承与创新[J].人民论坛,2021(23):75-77.

[100]夏杰长,刘诚.契约精神,商事改革与创新水平[J].管理世界,2020,36(6):26-36.

[101]亚当·斯密著,宋德利译:道德情操论[M].南京:译林出版社,2014.

[102]邓俏丽,章喜为.中国商帮文化特征综述[J].中国集体经济,2009,(30):140-142.

[103]王廷元.论徽州商人的义利观[J].安徽师范大学学报:哲学社会科学版,1998,26(4):455-462.

[104]张正明.晋商兴衰史[M].太原:山西古籍出版社,1995.

[105]李镜天.永茂和商号经营史略[M].腾冲县政协文史资料编辑委员会编,1991.

[106]王兴元,李斐斐.基于儒家价值观的鲁浙商业文化比较研究[J].商业经济与管理,2014(01):42-49.

[107]邵传林.中国商业传统对现代企业家精神的影响研究:传承机理与实证检验[J].浙江工商大学学报,2016(04):61-70.

[108]易顺,刘梦华,韩江波.文化信仰、商业模式与商帮兴衰:基于晋商与潮商的比较研究[J].广东财经大学学报,2017,32(05):82-92.

[109]修宗峰,周泽将.商帮文化情境下民营上市公司业绩对慈善捐赠的影响[J].管理学报,2018,15(09):1347-1358.

[110]孙善根,温跃卫.近代宁波商帮文献史料整理与学术研究述评[J].宁波大学学报(人文科学版),2019,32(04):10-16.

[111]谢永珍,袁菲菲.中国商帮边界划分与文化测度:"和而不同"的商业文化[J].外国经济与管理,2020,42(09):76-93.

[112]胡少东,李龙,黄元盈.乡族关系、商人信仰与近代潮汕商帮治理[J].南大商学评论,2020(04):182-195.

[113]吴玉霞,林峰.国际企业与华商家族式企业技术创新比较研究[J].经济论坛,2007(06):68-69.

[114]黄绮文.海外华商家族企业的发展与创新:以李锦记个案研究为例[J].汕头大学学报,2001(03):88-95.

[115]韦锋,谢琳琳.道儒法管理哲学及其在现代立体管理中的应用[J].重庆建筑大学学报,2004,26(3):99-102+125.

[116]张伟.法家管理哲学思想及当代价值[J].湖南税务高等专科学校学报,2017,30,(1):55-57.

[117]李非,杨春生,廖晨,等.微观权力、法家思想与管理控制研究[J].管理学报,2016,(6).789-797.

[118]谢守祥,王雅芬.家族企业代际传承的相关问题理论综述[J].中国矿业大学学报(社会科学版),2017,19(01):66-71.

[119]曾仕强.中国式管理[M].北京:北京联合出版公司,2015.

[120]陆雄文.管理学大辞典[M].上海:上海辞书出版社,2013.

[121]成中英."C理论":中国管理哲学[M].东方出版社,2011.

[122]王云峰.管理理论的生命力和实用价值:兼论其时代性与时代化[J].管理科学学报,2019,22(4):14-15.

[123]肖明主编.管理哲学[M].广西师范大学出版社,1992.

[124]苏东水.东方管理文化与华商的成功实践[J].福建通讯,2002,(5):17-19.

[125]刘立菁.经济全球化背景下华商管理的现代化改造:华商管理学与西方管理学的融合[J].中外企业家,2005(06):18-21.

[126]王东峰.香港华人家族企业的传统管理与现代化[J].东南亚研究,1997(06):31-36.

[127]苏东水.论东西方管理的融合与创新[J].学术研究,2002(05):39-45.

[128]郭咸纲.西方管理思想史(第二版)[M].经济管理出版社,2002.

[129]罗纪宁.创建中国特色管理学的基本问题之管见[J].管理学报,2005,2(1):11-17.

[130]陈宏愚.正确解读 客观评价 科学创建:与青年学者罗纪宁博士商榷[J].管理学报,2005,2(3):258.

[131]贾良定,尤树洋,刘德鹏,等.构建中国管理学理论自信之路:从个体、团队到学术社区的跨层次对话过程理论[J].管理世界,2015,(1):99-117.

[132]伍华佳.华商文化的渊源与异化[J].世界经济情况,2001,(11):27-29.

[133]白如彬.中医阴阳五行视角下的本土企业管理理论研究[J].中外企业家,2015(13):261-266+268.

[134]张晓黎.中国传统文化中的阴阳五行思想与企业竞争战略探究[J].行政事业资产与财务,2019,(8):93-94,84.

[135]苏中兴.管理"悖论"与阴阳平衡[J].清华管理评论,2017,(11):28-36.

[136]张光忠.中华民族商帮文化的全球意义:基于中国企业的国际化经营战略研究[J].中南财经政法大学学报,2008(1):109-113.

[137]龚天平.伦理道德的管理功能分析[J].伦理学研究,2003(05):64-70.

[138]郑晓云.文化认同与文化变迁[M].北京:社会科学出版社,1992.

[139]苏勇.传统文化对中国企业家的影响及文化基础观构想[J].中国文化与管理,2021(01):2-9+152.

[140]李静芳.零时间竞争的供应商关系管理[M].北京:中国财政经济出版社,2006.

[141]任娜,刘宏.归国科技企业家的"跨国文化资本"结构、特征与作用[J].华侨华人历史研究,2019(04):18-28.

[142]NDOFOR H A,PRIEM R L . Immigrant entrepreneurs,the ethnic enclave strategy,and venture performance[J]. Journal of Management,2011,37(3):790-818.

[143]J MARTiN-MONTANER,SERRANO-DOMINGO G,REQUENA-SILVENTE F . Networks and self-employed migrants[J]. small business economics,2017.

[144]张敏,张一力.距离会导致隔离吗?:海外移民创业网络与东道国集群网络的演化案例研究[J].外国经济与管理,2017,39(9):16-31.

[145]周欢怀,朱沛.为何非精英群体能在海外成功创业?:基于对佛罗伦萨温商的实证研究[J].管理世界,2014,(2):68-76,89.

[146]苏晓华,柯颖,叶文平.移民创业的研究述评:战略选择,影响因素与结果[J].研究与发展管理,2021,33(2):182-196.

[147] KLOOSTERMAN R C. Matching opportunities with resources:a framework for analysing (migrant) entrepreneurship from a mixed embeddedness perspective[J]. Entrepreneurship & regional development,2010,22(1):25-45.

[148] WANG Q, LIU C Y. Transnational activities of immigrant-owned firms and their performances in the USA[J]. small business economics,2014,44(2):345-359.

[149]FAIRCHILD G B . Intergenerational ethnic enclave influences on the likelihood of being self-employed[J]. Journal of business venturing,2010,25(3):290-304.

[150]李博.伦理型管理与法理型管理:试论文化视阈中的两种基本管理范型[J].西北人文科学评论,2010,3(00):167-173.

[151]梁漱溟.中国文化要义[M].上海:上海人民出版社,2011.

[152]林其锬.五缘文化:寻根与开拓[M].上海:同济大学出版社,2010.

[153]施忠连.论作为中华民族软实力的五缘文化[J].邵阳学院学报(社会科学版),2021,20(02):28-33.

[154]林其锬.“五缘”文化与世界华商经贸网络[J].经济纵横,1995(03):49-53.

[155]陈传仁,李晓栋.华商网络 覆盖全球的华人经贸网[J].华人世界,2007(11):34-36.

[156]周建新,俞志鹏.网络族群的缘起与发展:族群研究的一种新视角[J].西南民族大学学报(人文社科版),2018,39(02):154-159.